高等职业学校"十四五"规划地方文化类通识教育课程群建设
新形态精品教材

屈原文化

主　编　袁玉芹　盛　夏

中国·武汉

内 容 提 要

本书围绕伟大的楚国诗人屈原展开，全面系统地介绍了屈原的生平、思想、文学成就及其深远影响。主要内容分为美政渊源、美文吟诵、非遗传承、文化旅游、世界影响五个模块，旨在帮助读者深入了解屈原及《楚辞》文学跨越国界的影响力，激励读者以更广阔的视野理解并传承这份宝贵的文化遗产，增强对中国传统文化的自豪与自信。

本书适用于大中专院校中国传统文化类课程教学，也可供对中国传统文化，尤其是《楚辞》文学和屈原文化的爱好者阅读和参考。

图书在版编目(CIP)数据

屈原文化 / 袁玉芹，盛夏主编. -- 武汉：华中科技大学出版社，2024.6. --（高等职业学校"十四五"规划地方文化类通识教育课程群建设新形态精品教材）. -- ISBN 978-7-5772-0744-5

Ⅰ. K825.6

中国国家版本馆 CIP 数据核字第 2024MS7418 号

屈原文化
Quyuan Wenhua

袁玉芹　盛　夏　主编

策划编辑：肖丽华	
责任编辑：吴柯静	
封面设计：廖亚萍	
版式设计：赵慧萍	
责任校对：张汇娟	
责任监印：周治超	
出版发行：华中科技大学出版社（中国·武汉）	电话：(027) 81321913
武汉市东湖新技术开发区华工科技园	邮编：430223
录　　排：华中科技大学出版社美编室	
印　　刷：武汉科源印刷设计有限公司	
开　　本：787mm×1092mm　1/16	
印　　张：16	
字　　数：370 千字	
版　　次：2024 年 6 月第 1 版第 1 次印刷	
定　　价：59.00 元	

本书若有印装质量问题，请向出版社营销中心调换
全国免费服务热线：400-6679-118　竭诚为您服务
版权所有　侵权必究

本书编委会

顾　问
王作栋　中国地域文化研究会副主任委员
　　　　宜昌市文学艺术界联合会前副主席
　　　　国务院特殊津贴专家

主　任
王　军　湖北三峡职业技术学院党委书记

副主任
胡玉梅　宜昌科技职业学院党委书记　副研究员
余远国　湖北三峡职业技术学院通识教育学院党总支书记　教授

主　编
袁玉芹　湖北三峡职业技术学院通识教育学院院长　副教授
盛　夏　湖北三峡职业技术学院质量管理处副处长　副教授

副主编
李雅鹏　湖北三峡职业技术学院通识教育学院副院长　副教授
徐　娅　宜昌科技职业学院党委委员、纪委书记　讲师

编　者（按姓氏拼音排序）
包沁园　陈其艳　冯　可　奉　琳　李　辉　刘柳盈　田婧曦
王维国　朱妍娇

前言

屈原是中华民族爱国主义传统的精神典范，屈原文化是中华优秀传统文化的重要组成部分，是社会主义核心价值观的中国传统文化重要基础之一。1953年，屈原成为世界和平理事会纪念的世界四大文化名人之一。屈原这位中华优秀传统文化人物的代表走向了世界，成为人类文明长河中一座不朽的文化丰碑。

文化是一个国家、一个民族的根与魂。2017年1月，中共中央办公厅、国务院办公厅印发了《关于实施中华优秀传统文化传承发展工程的意见》，要求各级学校要贯彻落实。2023年6月，习近平总书记在文化传承发展座谈会上指出：" 在五千多年中华文明深厚基础上开辟和发展中国特色社会主义，把马克思主义基本原理同中国具体实际、同中华优秀传统文化相结合是必由之路。"因此，在高校开设包括屈原文化课程在内的中华优秀传统文化系列课程，正是落实党和国家关于"实施中华优秀传统文化传承发展工程"的实际行动，有利于彰显中华文化的强大感召力、影响力和创造力。

为深入贯彻落实文化传承发展座谈会精神，进一步推动屈原文化"进校园、进课堂、进头脑"工作，湖北三峡职业技术学院、宜昌科技职业学院与屈原文化研究院、宜昌市屈原学会等单位联合开发了"屈原文化"地方特色在线精品课程，并在此基础上编写了此书，其目的在于：第一，落实立德树人根本任务，建设特色校园文化，提升学生文化素养；第二，传承中华优秀传统文化，坚定大学生文化自信；第三，挖掘特色文旅资源，服务地方经济社会发展。

编写组怀着对屈原文化的热爱和强烈的使命感，结合屈原故里的文化特色及高职院校的学情特点，认真细致地对相关参考文献资料进行了梳理、总结和归纳，通过化繁为简、重构体例和集成创新，多次修改完善稿件，完成了本书的编撰工作。

本书从屈原生平入手，以文学赏析为本，以文化旅游路线为载体，以非遗传承和文化传播为目的，共设置了五大模块，基本框架如下。

模块一：美政渊源。主要从屈原的生平背景、屈原的政治生涯及其美政思想三个维度阐述屈原其人和屈原的思想。

模块二：美文吟诵。从《楚辞》的文学价值出发，选取《离骚》《天问》《九歌》等部分内容进行屈原的作品赏析。

模块三：非遗传承。重点介绍世界非物质文化遗产中国端午节，国家级非物质文化遗产屈原故里端午习俗、屈原传说、汨罗江畔端午习俗等与屈原文化有关的非物质文化遗产，从历史源流出发，展示了端午礼服、端午祭祀、龙舟竞渡、制作粽子、屈原传说等非遗魅力。

模块四：文化旅游。主要围绕屈原出生地秭归、屈原从政之地荆州、屈原投江之地汨罗的旅游线路，介绍屈原故里和荆州、汨罗的文化旅游线路，追寻屈原的人生轨迹，感受楚文化的文化魅力以及屈原忧国忧民的情怀、忠诚爱国的精神。

模块五：世界影响。主要从名人名家歌颂屈原、名家名画怀想屈原、世界文化名人屈原、楚辞文学世界传播四个方面介绍屈原及其作品的世界影响力。通过展现屈原文化的世界影响力，增强学生对中国传统文化的自信。

教材编排根据职业教育教学的特点，遵循任务驱动、成果导向的学习理念，结合校园文化活动、文旅产业经济、大学生乡村振兴"三下乡"活动，设计学习情境、发布学习任务、组织小组活动、开展学习评价，以激发学生的学习兴趣和参与热情。

本书的出版得到屈原文化研究院、宜昌市屈原学会、秭归县文联等单位的大力支持。在本书编写过程中，编写组参阅了学界前辈的丰富研究成果，在此向相关作者表示感谢！在教材编写过程中，宜昌市文联原副主席、国务院特殊津贴专家王作栋老师，秭归屈原纪念馆谭家斌老师，三峡大学屈原文化研究中心主任彭红卫老师，《三峡日报》高级编辑韩永强老师，《三峡晚报》高级编辑冯汉斌老师，秭归县党校郑承志老师以及湖北三峡职业技术学院的吴绪久老师、余远国老师等屈原文化专家给予了悉心指导，在此一并表示由衷谢意！囿于编者水平，书中不足之处在所难免，敬请各位专家和广大读者不吝赐教，批评指正，以便我们进一步修改完善。

总之，本书旨在让学生们更好地了解和传承屈原文化，树立正确的价值观念和文化意识。通过学习屈原的作品和思想，更好地理解中华优秀传统文化的精髓，增强民族自豪感和文化自信心。同时，学习过程中注重实践探究和创新思维的培养，为推动文化自信贡献自己的力量。

本书编写组
2024 年 6 月

[目录]

模块一　美政渊源 / 001

主题一　屈原的生平背景　…002
第一讲　争霸的乱世　…002
第二讲　显赫的家世　…008
第三讲　浪漫的楚风　…014
主题二　屈原的政治生涯　…020
第一讲　政治高光时期　…020
第二讲　蹉跎流放岁月　…026
主题三　屈原的美政思想　…031
第一讲　举贤授能　…031
第二讲　民本主义　…037
第三讲　清正廉洁　…042

模块二　美文吟诵 / 049

主题一　《楚辞》的文学价值　…050
第一讲　《楚辞》的成因背景　…050
第二讲　《楚辞》的文辞之美　…056
第三讲　《楚辞》的意象之美　…063
第四讲　《楚辞》的内美之美　…069
主题二　《楚辞·离骚》赏析　…074
第一讲　《离骚》写作背景介绍　…074
第二讲　《离骚》经典片段赏析　…081

	主题三	《楚辞·天问》赏析	…089
	第一讲	《天问》写作背景介绍	…089
	第二讲	《天问》经典片段赏析	…095
	主题四	《楚辞·九歌》赏析	…102
	第一讲	《九歌》写作背景介绍	…102
	第二讲	《九歌》经典片段赏析	…110

模块三　非遗传承 / 119

主题一	世界非物质文化遗产：中国端午节	…120
主题二	国家级非物质文化遗产：屈原故里端午习俗简介	…128
第一讲	端午礼服——深衣	…128
第二讲	端午祭祀	…134
第三讲	龙舟竞渡	…140
第四讲	制作粽子	…146
主题三	国家级非物质文化遗产：屈原传说	…154
主题四	国家级非物质文化遗产：汨罗江畔端午习俗	…161

模块四　文化旅游 / 169

主题一	屈原故里文化旅游	…170
第一讲	游乐平里村，感受先民楚风	…170
第二讲	游屈原故里，追思屈子精神	…179
第三讲	游万古寺村，品味四季橙香	…188
主题二	荆州、汨罗文化旅游	…194
第一讲	游荆州纪南城，探访郢都遗迹	…194
第二讲	游屈原庙宇，缅怀屈原精神	…202
第三讲	游汨罗江畔，追忆屈子诗魂	…209

模块五　世界影响 / 215

主题一	名人名家歌颂屈原	…216
主题二	名家名画怀想屈原	…222
主题三	世界文化名人屈原	…229
主题四	楚辞文学世界传播	…236

参考文献 / 243

模块一 美政渊源

[主题一]

屈原的生平背景

❦ 第一讲　争霸的乱世 ❦

● **学习情境**

校园将举办屈原文化节活动,为帮助同学们更好地理解屈原所处的时代,戏剧社准备编排独幕剧《战国时代与屈原》,现向大家征集剧本和演员。

● **学习任务**

编写《战国时代与屈原》独幕剧剧本。

● **学习目标**

【知识目标】

1. 了解战国中后期的政治经济文化情况。
2. 了解战国中后期楚国的兴衰成败。

【能力目标】

能运用批判性思维,分析时代对屈原的影响。

【素养目标】

1. 养成批判性思维和独立思考的能力。
2. 启发对人生意义和价值的思考。

新课导入

在战国这个充满战乱和变革的时代，我们将通过学习各个诸侯国之间的政治斗争、文化传承和思想思潮，了解这个时代的历史背景和各种政治力量之间的较量，从楚国兴衰存亡中吸取教训，深刻理解国家兴衰与个人价值的关系。

知识介绍

屈原生活在战国时代中后期，共经历了楚威王、楚怀王、楚顷襄王三个时期，主要活动于楚怀王时期。这个时期正是中国即将实现大一统的前夕，"争雄"是这个时代的主题。

一、战国七雄

公元前 403 年，以韩、赵、魏三家分晋为标志，战国正式拉开了序幕，当时二十多个国家展开了一场旷日持久的争霸之战，最终剩下七个强国继续争斗，它们分别是齐、楚、燕、韩、赵、魏、秦，史称"战国七雄"。

魏国在魏文侯的支持下，任用李悝为相推行新政，选贤任能，成为战国初期的霸主。齐威王在邹忌的辅佐下，实施变法，广纳贤才，使得齐国逐渐崛起，成为战国中期的霸主。楚国在吴起变法的推动下，废除贵族世卿世禄制，整顿吏治，提升了军事实力，但由于吴起变法触动了贵族利益，在楚悼王去世后被废除。燕国在燕昭王的领导下通过改革政治和军事制度，使国家逐渐强盛起来。韩国在申不害变法的影响下稳定了内部局面，增强了国力。赵国在赵武灵王推行胡服骑射后，军事力量得到了极大的提升。秦国则在商鞅变法的推动下，废除世卿世禄制，实行郡县制，奖励耕织和军功，使得秦国的经济和军事实力得到了极大的提升，为秦国完成统一奠定了基础。

二、楚国崛起

楚国的先祖火神祝融出自上古颛顼帝之后，他的世孙名为鬻熊①。商朝末年，鬻熊投奔周文王，成为火师，且以守火堆祭祀为职责，《史记》记载，"鬻熊子事文王"，意为"鬻熊如同儿子般侍奉周文王"，可见楚国始祖鬻熊对周文王的恭敬程度。鬻熊死后，其子孙熊丽、熊狂、熊绎继续为周朝王室效力，到了周成王在位时期，周成王念在鬻熊祖孙四代辅佐王室有功，把熊绎分封到了楚地，位列子爵，居丹阳，楚国由此诞生。楚国从熊绎的曾祖父鬻熊开始算起传至其最后一任国君楚王负刍，共经历了 40 多位国君。

在战国时代初期,楚国位于中原地区的荆州,势力弱小,然而通过一系列政治、军事和文化措施,楚国逐渐崛起为当时有力诸侯国之一。楚国的崛起始于楚庄王和楚穆王的统治时期,楚庄王任用虞邱子、孙叔敖等贤臣,问鼎中原,邲之战大败晋国而称霸②,开创春秋时期楚国最鼎盛的时代。楚穆王扩大国土,提倡文化艺术,引进先进的政治制度和官僚体系,促进了楚国国力的增强。进入战国,楚悼王任用吴起变法,一时间兵强马壮,初露称雄之势。楚宣王、楚威王时期,楚国疆土西起大巴山、巫山、武陵山,东至大海,南起南岭,北至今河南中部、安徽和江苏北部、陕西东南部、山东西南部,幅员广阔。楚国至此进入最鼎盛时期。当时有这样一句话:"天下大事,非秦即楚,非楚即秦。"说明楚国曾是可以与秦国一争天下的强国。

三、合纵连横

在七国纷争错综复杂的情势下,曾出现过"合纵""连横"两大外交和军事策略,简称"纵横",见图1-1。"合纵"的军事政策由公孙衍和苏秦联合实施,公孙衍首先发起,苏秦游说六国推动六国最终完成联合抗秦。秦在西方,六国在东方,六国土地南北相连,称"合纵"。后秦国用魏国人张仪,劝说各国帮助秦国进攻其他的弱国,叫作"连横"。"合纵连横"的斗争,持续了很长时间。那时候,各国为了自身利益,时而加入"合纵",时而加入"连横",反复无常。

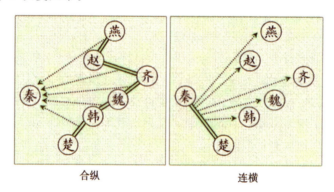

图 1-1 "合纵连横"示意图

公元前318年,公孙衍发起"合纵",联合东方各国以抗秦,推楚怀王为"纵长",参加的国家有魏、赵、韩、燕、楚。由于联军组织不严密,联军至函谷关(今河南灵宝东北),被秦军击败。次年,秦派庶长樗里疾③在修鱼(今河南原阳西),大败联军的韩、赵、魏三国军队,斩杀八万人,这次合纵攻秦的战争失败。

打败了五国伐秦后,秦更加注意扩充后方。公元前316年,秦灭巴、蜀,获取了天府之国,变得更加强大,具备了统一天下的实力,但其最忌惮的就是齐楚结盟,因为"横则秦帝,纵则楚王",意思是如果连横成功了,秦王可以称霸天下;如果合纵成功了,楚王就会称王。于是秦派张仪入楚游说,离间齐楚。张仪到楚国收买了贵族靳尚等,然后向楚怀王许诺献出商於之地六百里,使楚与齐断交。楚怀王不听屈原等人的劝告,与齐断交,但当楚人向秦讨取土地时,秦国不给,楚怀王大怒,在公元前312年发兵攻秦,秦在丹阳大败楚军,斩首八万多人,俘楚主将屈匄④及以下七十余人。进而秦占领了汉中,加强了关中和巴蜀的联系,免除了楚国对秦本土的威胁,使秦国国力更加强盛。楚怀王反击,又大败于蓝田。楚国从此一蹶不振,齐秦两国对峙,苏秦的合纵也被瓦解了。

公元前286年,宋国发生了内乱,齐国想趁此机会壮大自己的力量,便派兵攻打宋国,这加剧了齐国与其他各国的矛盾。公元前284年,秦王在张仪的劝说下联合燕、韩、赵、魏四国攻击齐国,在济西大败齐军。齐国从此一蹶不振,至此,只有秦国傲视群雄,势力无人可挡。公元前221年,秦王嬴政统一六国,秦朝也成为中国历史上第一个大一统王朝。

四、百家争鸣

百家争鸣是指春秋战国时期知识分子中不同学派不断涌现及各学派争奇斗艳的局面,这些学派被称为诸子百家,但流传较为广泛的学派分别是法家、道家、墨家、儒家、阴阳家、名家、杂家、农家、小说家、纵横家、兵家和医家。在当时复杂的社会环境下,这些学派提出了各自不同的治国理念和哲学思想,试图为解决社会矛盾提供方案。百家争鸣是中国乃至世界文化史上的一次伟大思想革命,它不仅塑造了中华民族的精神面貌,也为人类文明的进步做出了不可磨灭的贡献。

虽然百家争鸣推动了文化的繁荣,为国家的治理奠定了理论基础,但这些学派的名士们却并不是忠诚于某一国,而是只要哪一国君王重视他们的思想,他们就愿意效忠。屈原却与之不同,他始终如一地眷恋着他的国家,将国家兴亡与个人命运紧紧相连,"狐死首丘"⑤,对故国的赤诚忠心光耀史册。

屈原生活的时代

注释

① 鬻熊(yù xióng):芈姓,又称鬻熊子、鬻子,传说为祝融的后裔,楚国的先祖,楚国开国君主熊绎之曾祖。

② 邲(bì)之战:又称"两棠之役",是春秋中期晋楚两国争霸中原的第二次重要较量。楚军在邲地(今河南郑州附近)大败晋军,一洗城濮之战中失败的耻辱,楚庄王由此奠定"春秋五霸"之一的地位。

③ 樗里疾(chū lǐ jí):嬴姓,名疾,因居樗里而称樗里疾。他是秦惠王同父异母的弟弟,他的母亲是韩国女子。樗里疾待人接物能说会道,足智多谋,所以秦人都称他"智囊"。

④ 屈匄(gài):战国时楚将。楚怀王十六年,秦使张仪诱使楚与齐绝,怀王发觉受骗,次年遣屈匄攻秦。秦、楚战于丹阳,屈匄兵败被杀。

⑤ 狐死首丘:传说狐狸将死时,头必朝向出生的山丘,比喻暮年思念故乡。屈原《九章·哀郢》:"鸟飞反故乡兮,狐死必首丘。"

学习小测

1. 以下____、____、____属于"战国七雄"。（　　）
   - A. 韩国
   - B. 中山国
   - C. 楚国
   - D. 秦国

2. 楚国____技术的广泛使用，大幅提升了其国力水平。（　　）
   - A. 农耕
   - B. 炼铁锻铁
   - C. 灌溉
   - D. 青铜冶炼

3. 屈原是战国时期的人物，他所属的国家是____。（　　）
   - A. 春秋
   - B. 战国
   - C. 楚国
   - D. 巴国

知识拓展 1.1.1
屈原使齐

学习活动

请根据"学习情境"，参考"学习评价"，以小组为单位，从战国故事中选取一则设计一出小独幕剧，充分展示乱世争霸、百家争鸣的场景，剧本字数限制在 1500 字以内。

学习评价

组别			学习成果	（　）独幕剧			
评价内容				满分	学生自评	学生互评	教师评价	其他评价
一级目标	二级目标	分值					
剧本内容	紧扣主题，内容全面、丰富、有新意	20～25	25				
	内容与主题较为契合，较有新意	15～20					
	内容不太相符、不太准确，无新意	10～15					

续表

组别			学习成果	（　　）独幕剧				
评价内容			分值	满分	学生自评	学生互评	教师评价	其他评价
一级目标	二级目标							
剧目结构	结构合理，层次分明，详略得当		20～25	25				
	结构较合理，层次较分明，详略得当		15～20					
	结构层次不太分明，逻辑性不强		10～15					
台词表达	表演自然生动，通俗易懂，富有感染力		20～25	25				
	表演较自然，不太通俗，较有感染力		15～20					
	表演较普通，表达不太清晰，欠缺感染力		10～15					
文化内涵	体现战国时代特征，具有特色		20～25	25				
	较能体现战国时代特征，较有特色		15～20					
	未能体现战国时代特征，没有特色		10～15					

课后拓展

在独幕剧剧本的基础上，查阅资料，根据屈原文化节的活动要求，准备道具，进行表演，录成小视频，上传至学习平台。

屈原文化

第二讲　显赫的家世

● 学习情境

学校将举办屈原文化节活动，为帮助同学们更好地理解屈原的家族背景，准备用思维导图的方式展示屈原家族和楚王室的关系。

● 学习任务

绘制屈原家族和楚王室的关系思维导图，并配上讲解词。

● 学习目标

【知识目标】
1. 了解屈原家族与楚国王室之间的关系。
2. 了解屈原家族的特征及对屈原的影响。

【能力目标】
1. 能够讲解屈原之姓的由来。
2. 能够简述屈原家族的传统与家风对屈原的影响。

【素养目标】
1. 增强文化自信，提升品德修养。
2. 增强家国情怀，培养爱国情操。

新课导入

电视剧《芈月传》描绘了战国时期秦国宣太后的传奇一生。这位宣太后本是楚人，出身楚国贵族世家，后成为秦惠文王的姬妾，称芈八子，与同时期的大诗人屈原是同姓。不过今天的人们不免奇怪，一个姓"芈"，一个姓"屈"，如何是一家？这就要从屈原的家族渊源说起了。

知识介绍

屈氏家族起源于战国时期的楚国，作为王室的后裔，他们属于楚国贵族阶层，享有崇高的地位和特权。屈氏家族是中国历史上一支具有深厚文化底蕴和政治影响力的家族。他们通过屈原这位卓越的文化巨子，留下了宝贵的文化遗产，对中国古代文学和思想产生了深远的影响。他们的家族故事反映了那个时代政治黑暗和文化辉煌的复杂背景。

一、屈原之姓的由来

关于屈原的生平事迹，在《史记·屈原贾生列传》里有记录："屈原者，名平，楚之同姓也。"就是说屈原，姓屈，名平，字原，"楚之同姓"意思是屈原是楚国贵族，与楚王是同一个祖宗。不过楚怀王叫熊槐，姓熊，屈原则姓屈，似乎不是"同姓"，这是什么原因呢？这与先秦时期的姓氏文化有关。在先秦时期，姓和氏是有区别的，简单来说，姓是一个氏族的血缘关系标志；而氏则是氏族内家族分支的血缘关系标志。屈原和楚怀王同属芈姓①，熊氏源于殷周之际楚王室祖先鬻熊的名字，屈氏则源于春秋初年楚武王熊通的儿子瑕，即芈瑕，他曾担任楚国最高官职"莫敖"，史称"楚莫敖"。后因被封于屈邑，其后代以封地为氏，遂称屈氏，就是屈原的先祖。在楚怀王时期，屈与昭、景成为楚国最有势力的三大宗室家族，这一时期屈氏名载史册者达十余人，以三闾大夫屈原最为著名。

据《史记》记载，芈姓的源头出自黄帝的孙子颛顼高阳氏②，是以图腾崇拜为姓的姓氏。屈原在《离骚》开篇写道："帝高阳之苗裔兮，朕皇考曰伯庸。"意思为"我是天帝高阳的后裔，我的太祖叫作伯庸"，他骄傲地自叙了高贵的出身，强调自己是古帝高阳氏的子孙，与楚王同宗同源，这也说明他对楚国的兴衰负有义不容辞的责任。

二、屈原的出生日期

屈原在《离骚》中写了这两句话——"摄提贞于孟陬兮③，惟庚寅吾以降"，意思是"岁星在寅那年的孟春月，正当庚寅日那天我降生"，战国时代根据岁星（木星）的运行纪年，木星绕日一周约十二年，以十二地支表示，寅年名"摄提格"，"陬"指的是农历正月，正月是一年的开始，故叫作"孟陬"。"庚寅"指的是庚寅日，这是古代的干支纪日法。

干支最初是用来纪日的，后来多用来纪年，现在农历的年份仍用干支表示。这两句说明他是"摄提格"之岁、"孟陬"之月、庚寅之日出生的。

所以，他的生辰，恰恰是寅年寅月寅日。

在周代有"男命起寅""女命起申"的说法，即认为男孩属寅的时辰生就吉利，女孩属申的时辰生就吉利。因此，在周代民俗中，男孩不论是生于寅年，还是生于寅月，抑或生于寅日，都是吉祥的。屈原生于寅年寅月寅日，就是生于吉年吉月吉日，这在周代民俗中是最吉祥的日子，是黄道吉日。

寅在十二生肖中属虎，那么屈原生于寅年寅月寅日，亦即生于虎年虎月虎日，虎为百兽之王，虎虎有生气，亦为吉祥的象征。屈原生日"三寅"叠合，生辰奇异，这与写他的家世出身一样，也是为了表现自己的尊贵不凡，说明这正是他高贵血统和得天独厚的内在美质之所在，这既是他日后存君兴国、变法图强、热爱祖国的思想感情的原动力，又是他的悲剧的根源。

根据屈原生于寅年寅月寅日考证其出生年月日，郭沫若《屈原研究》推算为公元前340年正月初七日，胡念贻《屈原生年新考》推算为公元前353年正月二十三日。

三、屈原家族的特点

（一）执掌要职

据史书记载，屈氏家族成员在楚国具有重要的政治影响力，他们或是善于辞令的外交家，或是统领千军万马的将军，曾给屈氏家族带来过极高的荣誉。家族中如屈瑕①、屈重、屈建、屈匄都执掌要职，有很高的威望。屈氏家族还曾世袭一个叫作"莫敖"的官职。莫敖主要掌管国家的祭祀，也是确认楚王的正统性的官职。担任莫敖者不仅自身要通晓古今、明于治乱，还要有深厚的家族渊源。如同周公一族维护周王的权威，屈氏也同样肩负着维护楚王权威、教育王族后代的使命。

（二）忠君爱国

屈氏家族有爱国忠君的传统与家风，首先他们具有强烈的为国尽力的责任感，且大都在当时具有极高的个人威望，不乏被时人称为贤人者。莫敖屈到"承楚国之政，其法刑在民心而藏在王府，上之可以比先王，下之可以训后世，虽微楚国，诸侯莫不誉"。说明屈到在当时不仅为楚国人所赞誉，连中原各国也都认为他是一位贤人。其次屈氏家族中也不乏为楚君尽忠而不惧个人生死者。比如在晋楚争霸的关键战役邲之战中，当晋军赵旃弃车逃跑时，屈荡不顾个人生死，下车与其奋力搏杀。

屈原继承了这个家族整体的家风和传统，即把个人的命运和国家命运结合在一起，九死不悔。在屈原身上体现了鲜明的君主观念和国家观念。在他的心目中，君王就是国家的代表，忠君敬君、爱国兴国往往是结合在一起的，这是屈原做人的一个底线。不管他经受了多大的挫折，他对君王和国家的忠诚始终没有发生变化，一直到他生命的结束。

（三）娴于辞令

屈氏家族不少人娴于辞令，注重维护楚国利益。《左传》记载，春秋时期，齐桓公伐楚，代表楚国与中原诸侯在召陵举行盟誓的正是屈氏家族的屈完。盟誓之前，齐桓公举行了盛大的阅兵式，想在屈完面前耀武扬威，结果屈完不卑不亢地说："您若以德服人，天下谁敢不服？若想以武力胁迫，那我们楚国以方城山为城，汉水为池，您的兵再多，也不能把我们怎么样。"屈完面对齐桓公率领的八国伐楚之师毫不畏惧，不卑不亢地应对齐桓公的层层诘难，并劝谏齐桓公作为霸主应该"以德绥诸侯"，而不应选择用武力征服，同时表达了楚人绝不愿亡国的强大信念。屈完用自己的言辞巧妙化解了一次楚国难以取胜的战争，并成功维护了楚国的利益。

屈原身居要职，在内政外交上"娴于辞令"，忠君爱国至死不悔，可以说是继承了祖上遗风，但同时他将对楚国的热爱和对楚君的忠诚凝聚在《楚辞》中，使之成为楚文化史上不可逾越的高峰，也成为整个中华民族的宝贵文化遗产。

屈原的家族背景

注释

① 芈（mǐ）：芈姓是中国非常古老的姓氏，是周时楚国贵族的祖姓，由于其已经分衍为诸多其他姓氏，故今日芈姓十分罕见。

② 颛顼（zhuān xū）：传说中的上古帝王。黄帝之孙，年十岁，佐少昊，二十即帝位，在位七十八年。

③ 摄提：远古时代的纪元法，以六十甲子为运转周期。孟陬（mèng zōu）：春正月。正月为陬，又为孟春月。

④ 屈瑕（？—公元前699年），芈姓，熊氏，名瑕，楚武王之子，出生地楚国丹阳，曾担任楚国最高官职，故称"楚莫敖"。前699年，武王遣师伐罗。屈瑕作为楚武王之子，担任主帅，兵败后因无面目见君王、父老，乃自缢。

学习小测

1. 屈原之故里"屈地"现指____。（　　）
   A. 秭归　　　　　　　　　　B. 汨罗
   C. 荆州　　　　　　　　　　D. 郢都
2. 屈原所在屈氏家族具有____的特征。（　　）
   A. 执掌要职　　　　　　　　B. 忠君爱国
   C. 娴于辞令

3. "楚虽三户，亡秦必楚"所指的三户的是____、____、____。
（　　）

A. 屈 B. 景
C. 昭 D. 芈

知识拓展 1.1.2
屈氏家族与楚国

请根据"学习情境"，参考"学习评价"，以小组为单位，绘制一张屈氏家族与楚王室关系的思维导图，并用文字描述屈氏家族的家风和传统。

学习评价

组别		学习成果		思维导图			
	评价内容						
一级目标	二级目标	分值	满分	学生自评	学生互评	教师评价	其他评价
导图逻辑	逻辑清晰，内容全面、丰富，有新意	20～25	25				
	逻辑较清晰，内容较全面，较有新意	15～20					
	逻辑不清晰，内容不全面，欠缺新意	10～15					
整体布局	布局合理，核心主题明确，美观大方	20～25	25				
	布局较合理，层次较分明，较美观	15～20					
	布局不太合理，层次不太分明，欠美观	10～15					
文字讲解	通俗易懂，表达清晰，解读正确	20～25	25				
	较通俗，表达较清晰，解读较正确	15～20					
	角度普通，不易懂，表达不太清晰	10～15					

续表

组别			学习成果	思维导图			
评价内容			满分	学生自评	学生互评	教师评价	其他评价
一级目标	二级目标	分值					
文化内涵	体现屈氏家族的深厚底蕴，具有特色	20～25	25				
	较能体现屈氏家族的深厚底蕴，较有特色	15～20					
	未能体现屈氏家族的深厚底蕴，欠特色	10～15					

课后拓展

查阅资料，完善思维导图，讲述屈氏家族爱国忠君的家风和传统，录成小视频上传至学习平台。

屈原文化

第三讲　浪漫的楚风

● **学习情境**

湖北荆州正在筹备楚文化节活动，为呈现楚文化的多元内涵和时代魅力，现面向社会征集能代表楚风楚韵的文艺作品。

● **学习任务**

收集并解说代表楚风楚韵的文艺作品。

● **学习目标**

【知识目标】
1. 了解楚文化艺术风格形成的原因。
2. 了解楚风的艺术特点和艺术形式。

【能力目标】
1. 能够识别代表楚风的文艺作品。
2. 能够解说代表楚风的文艺作品。

【素养目标】
1. 培根铸魂，传承创新。
2. 提升审美，陶冶情操。

新课导入

汉绣非遗传承人康秀丽的作品《楚风》（图 1-2）取材于著名画家唐小禾、程犁夫妇创作的壁画《楚风》，作品以"平金夹绣"为主要表现形式，将楚文化中的重要图腾标志"凤凰"展现得栩栩如生，充分体现了汉绣"花无正果，热闹为先"的美学思想，呈现出楚文化浑厚、富丽的特色。

图 1-2 汉绣作品《楚风》

知识介绍

楚风，指的是楚人的艺术风格，其突出特点为"惊采绝艳，难与并能"，这种艺术风格的形成源自楚国物产丰饶的地理环境、图腾崇拜与巫觋文化[①]、进取创新的精神特质。楚人因此创造出了璀璨绚烂的文艺作品，表现出了充沛的激情、浪漫的色彩、张扬的个性、理想主义的精神与天才的审美能力。

一、楚国的地理环境造就了楚人狂放不羁的个性

楚地指古楚国所辖之地，大致为现在的湖北、湖南，多为水乡泽国，山高林深，云烟多变，这种自然环境造就了楚人奔涌跌宕、神秘浪漫的心理结构。楚地自然物产丰饶、楚人衣食无忧，故他们的个体意识强烈、性格桀骜不驯，举世闻名。荆楚自古多狂人[②]，以两千多年前的楚狂接舆、长沮、桀溺为代表人物，李白有诗云"我本楚狂人，凤歌笑孔丘"，显示楚人敢于挑战权威、桀骜不驯的秉性。司马迁《史记·货殖列传》中说楚人"剽轻，易发怒"；《史记·留侯世家》"楚人剽疾"，扬雄亦言楚人"风剽以悍，气锐以刚"[③]，这些都说明楚人情感激荡张扬、性格彪悍刚烈。袁宏道《叙小修诗》更是证明楚地的显著风格是性格刚劲朴直，文章峭急直露。

楚人狂放的个性在屈原的《天问》中体现得淋漓尽致，从宇宙万物到时空的产生，从社会历史到自然现象，从人之生死到社会变迁，即便是尧舜禹汤这样的圣人，屈原逐一质疑、追问，肆意狂放到了极致。《离骚》中屈原"亦余心之所善兮，虽九死其犹未悔"，更是淋漓尽致地体现了追求理想信念、九死不悔的执着个性。

二、楚族的重祀崇巫给予了楚人无限的想象力

《汉书·地理志》中有楚地风俗"信巫鬼，重淫祀[④]"的记载。巫风之所以能够盛行

于楚国，与楚国的原始宗教信仰和承袭殷商巫术文化有着密切的关系，这种习俗不仅赋予了楚人极为丰富的想象力，还衍生了独特的艺术形式——楚乐楚舞。

楚文化是太阳崇拜的文化，通过在屈原故里秭归东门头遗址发掘出土的"太阳人"石刻便可得知，早在新石器时代，楚地就有了太阳崇拜的习俗。"楚"字的甲骨文、金文呈日照大地森林之状，意为楚是太阳神佑护下的民族。楚人将颛顼视为自己的始祖神，《史记·楚世家》云："楚之祖先出自帝颛顼高阳。"屈原的《九歌》就是楚人祭祀太阳神的颂歌。

楚人崇火尚赤，因其先祖祝融氏曾担任"火正"之官，火为赤色，是太阳的光芒在现实生活中的转化，楚民族崇拜火红的太阳，从而产生了尚赤的风俗，无论服饰、建筑、器物均以赤为贵。

楚人以凤为图腾，源于凤凰是火正的神灵。屈原《远游》："祝融戒而跸御兮，腾告鸾鸟迎宓妃。"《白虎通·五行》："祝融者……其精为鸟，离为鸾。"说明楚人视祝融与凤为一体，他们以各种艺术形式表现凤凰的形象，比如虎座鸟架鼓、虎座立凤、凤龙虎纹绣、凤龙青铜塑像等，均呈现出凤凰绚烂多姿的神采。

楚人将祖先崇拜和神灵崇拜相互融合，在延续殷商巫术文化的同时，将巫风发扬至极致。楚地巫觋活跃，凡事皆由巫觋祈祷鬼神，在祭祀等活动中都喜以歌舞祀巫鬼，汉代王逸在《楚辞章句》中说道："昔楚南郢之邑，其俗信鬼而好祠，其祠必作歌乐鼓舞以乐诸神。"《九歌》就是屈原为楚国固有的巫觋祭神仪式所写的舞曲歌辞。楚人以其浪漫的气质和奔放的才华，不仅创造了独步一时的音乐文化，而且奉献了风格奇特的舞蹈艺术。楚舞婉曲流动，富于浪漫主义色彩，与中原宫廷典重严穆的雅舞迥然不同，"飘逸轻柔"是楚舞的一大特色，舞女腰肢纤细灵活，善用长袖，服饰"尚华艳"，因此长袖、细腰、华服也成为荆楚一带的地域风尚和审美趋向。

三、楚人的精神特质丰富了艺术的文化内涵

在周代各国地域文化中，楚文化独树一帜，它有别于周文化的典雅庄重，显得格外瑰丽奇异，其艺术表现形式更是精彩纷呈，比如超群绝伦的青铜铸造、精工细作的丝织刺绣、八音齐全的楚国音乐、飘逸轻柔的楚国舞蹈、巧夺天工的漆器制造、义理精深的老庄哲学、惊采绝艳的屈骚宋赋、恢诡谲怪的绘画美术，都是十分宝贵的文化遗产，我们可以从《离骚》《九歌》《天问》等作品中体味楚人肆意奔放地流淌于这片土地和生命间的活力，感受楚人独具魅力的精神特质。

楚人的精神特质主要有四个方面。

一是筚路蓝缕的自强不息精神。夏商更迭之际，楚人先祖率部落迁徙到了荆楚地区，首领熊绎"筚路蓝缕，以启山林"，艰苦创业、发奋图强。经过几代人的努力，楚国从一个蕞尔小国一跃成为疆域辽阔、国力强盛的诸侯国。楚庄王"不鸣则已，一鸣惊人"的历史典故也是对这种精神的有力诠释。

二是锐意进取的开拓创新精神。政治改革，楚君熊通在诸侯国中第一个称王，首创县制和吴起变法；经济方面，量入修赋与筑坡开渠；军事革新，注重战术与创新兵器；科技创新，在天文历法、铜铁冶铸和医学等诸多方面都有创新。同时，在哲学、文学、艺术等方面也都有开创之举。

三是兼收并蓄的开放包容精神。楚文化开放包容，吸收了南北文化特质，将礼乐为主的中原文明融合到南方的文明之中，同时吸收周边各类文化，比如楚国精湛的丝绸工艺融汇了当时鲁国的技术，青铜冶炼借助了中原一带巧妙的技术，这些都使得楚文化呈现出多元化的特征。

四是忠贞不渝的爱国主义精神。楚国高度团结的集体意识和忠贞不渝的爱国主义精神自古有之，如申包胥为了求得秦国发兵救楚，在秦国朝廷中痛哭七天，感动了秦王；楚将屈瑕战败，以死谢罪；楚武王、楚文王、楚庄王等都身先士卒，亲临战阵；更有代表性的是爱国主义诗人屈原，其精神千秋万代为世人所景仰，成为民族脊梁的象征。

这些精神特质丰富了楚国文艺作品的内涵，使之呈现出与中原文化截然不同的气韵和华彩，也在相当大的程度上体现了中华文明在先秦时期的发展成就，成为秦汉以来中华文明发展的重要基础。作为今人，我们要不断研究和利用好楚文化资源，不断彰显和宣传楚文化的历史价值和现代意义，促进地区经济文化的繁荣发展。

屈原成长的环境

注释

① 巫觋（wū xí）：古代称女巫为巫，男巫为觋，合称巫觋。

② 楚狂人：《论语·微子》载，楚狂人接舆歌而过孔子曰："凤兮凤兮，何德之衰！"邢昺疏："接舆，楚人，姓陆名通，字接舆也。昭王时，政令无常，乃被发佯狂不仕，时人谓之楚狂人也。""楚狂"后常用为典，亦用为狂士的通称。

③ 剽（piāo）：勇猛、轻捷。如剽轻（矫健勇猛）、剽急（勇猛敏捷）、剽姚（勇猛劲疾）。

④ 淫祀（yín sì）：不合礼制的祭祀；不当祭的祭祀。《礼记·曲礼下》："非其所祭而祭之，名曰淫祀。"

学习小测

1. 楚风突出特点为"_____，难与并能"。（　　）
A. 惊采绝艳　　　　　　　　　　B. 典雅端庄
C. 平淡无奇　　　　　　　　　　D. 井然有序

屈原文化

2. 下面不属于楚文化典型艺术表现形式的是？_____（   ）
A. 青铜器　　　　　　　　　　B. 漆器
C. 楚辞　　　　　　　　　　　D.《诗经》
3. 楚人的精神特质有哪些？（   ）
A. 自强不息　　　　　　　　　B. 开拓创新
C. 开放包容　　　　　　　　　D. 爱国主义

知识拓展 1.1.3
楚乐

学习活动

请根据"学习情境"，参考"评价学习"，以小组为单位，收集并解说代表楚风楚韵的文艺作品，形式不限，解说时间限制在 5 分钟左右。

学习评价

组别			学习成果	楚风楚韵文艺作品			
评价内容		分值	满分	学生自评	学生互评	教师评价	其他评价
一级目标	二级目标						
作品内容	主题鲜明，内容新颖，充满艺术性	20～25	25				
	主题较鲜明，内容较新颖，有艺术感	15～20					
	主题不太鲜明，内容欠新颖，欠艺术感	10～15					
讲解结构	结构合理，层次分明，详略得当，逻辑性强	20～25	25				
	结构较合理，层次较分明，详略得当	15～20					
	结构不太合理，层次不太分明，逻辑性不强	10～15					

续表

组别		学习成果		楚风楚韵文艺作品			
评价内容			满分	学生自评	学生互评	教师评价	其他评价
一级目标	二级目标	分值					
综合表达	通俗易懂，表达清晰，富有感染力	20～25	25				
	不太通俗，表达较清晰，较有感染力	15～20					
	不易懂，表达不太清晰，欠缺感染力	10～15					
文化内涵	体现楚风楚韵的丰富内涵，有文采	20～25	25				
	较能体现楚风楚韵的丰富内涵，较有文采	15～20					
	未能体现楚风楚韵的丰富内涵，欠缺文采	10～15					

课后拓展

在课堂小组介绍楚风楚韵文艺作品的基础上，查阅资料，进一步丰富完善解说稿内容，制作讲解小视频，音画并茂，上传至学习平台。

[主题二] 屈原的政治生涯

第一讲 政治高光时期

● **学习情境**

由湖北长江人民艺术剧院、湖北三峡演艺集团共同创作的历史话剧《屈原》在全国巡演,为了让全校师生再次认识这位伟大的爱国主义诗人,学校文学社准备模仿该话剧编排小话剧,在端午节游园会上演出,现面向全校征集剧本和演员。

● **学习任务**

编排小话剧演绎屈原的一生。

● **学习目标**

【知识目标】
1. 了解屈原在楚国政治舞台上的地位。
2. 了解屈原的政治抱负和思想理念。

【能力目标】
1. 能够分析屈原在政治舞台上的重大成就。
2. 能用话剧的形式演绎屈原。

【素养目标】
1. 传承屈原爱国主义精神。
2. 以美化人、以文育人。

新课导入

1942年抗战时期，郭沫若话剧《屈原》首次将屈原形象塑造于舞台之上，以无比豪迈的革命浪漫主义精神赞颂了这位爱国主义诗人，鞭挞了投降主义，怒斥了卖国主义，极具现实意义。80多年后的今天，在屈原的故乡湖北宜昌，艺术家们再次将这位伟大人物的故事搬上舞台，且赋予了新的时代内涵，展现了全新的艺术魅力，令人振奋。

知识介绍

屈原（前340—前278年），芈姓，屈氏，名平，字原；又名正则，字灵均。出生于楚国丹阳（今湖北秭归），他是楚武王熊通之子屈瑕的后代。屈原是楚国重要的政治家，早年受楚怀王信任，任左徒、三闾大夫，兼管内政外交大事。他提倡"美政"，主张对内举贤任能，修明法度，对外力主联齐抗秦。因遭贵族排挤毁谤，被先后流放至汉北和沅湘流域。公元前278年，秦将白起攻破楚都郢，屈原悲愤交加，怀石自沉于汨罗江，以身殉国。屈原亦是诗人，主要作品有《离骚》《九歌》《九章》《天问》等。他创作的《离骚》是中国浪漫主义文学的源头，与《诗经》并称"风骚"，对后世诗歌产生了深远影响。

一、志向远大的少年时代

屈原诞生在山水灵秀的巫峡附近，楚国秭归乐平里，就是现在的湖北省秭归县，这里至今仍然流传着许多他少年时代的传说，保存着有关遗迹。

由于出身于贵族家庭，屈原从小受到了良好的家庭教育。他自小聪颖过人，有极高的天赋，又饱读《论语》等儒家经典和礼乐典籍，对天文、地理、礼乐制度、周以前各代的治乱兴衰和一些重要的历史传说，都很熟悉；对于春秋以来各大国的历史和一些重要人物，也很了解，而对楚国先王的创业史，尤为精熟。良好的出身和教养使屈原具有强烈的忧国忧民和忠君致治的思想情感，早年屈原以楚国特有的物产橘树为题，吟诗自喻，写下《橘颂》一诗，托物言志，抒发自己的崇高志向，希望自己也像橘树一样"深固难徙……苏世独立……秉德无私，参天地兮"，这也成为屈原一生高洁品性的写照和悲剧的起点。

二、仕途坦荡的高光时期

青年时代的屈原，身材颀长、长相英俊，高冠美髯、身佩长剑，衣饰华丽、气宇轩

昂。楚怀王九年（前320年），他来到楚都郢（今湖北江陵）附近鄂渚（今湖北武昌附近）担任县丞。之后担任左徒，兼管内政外交，官职仅次于令尹。

据《史记·屈原贾生列传》记载："（屈原）博闻强志，明于治乱，娴于辞令。入则与王图议国事，以出号令；出则接遇宾客，应对诸侯。王甚任之。"屈原学识渊博，记忆力强，对国家存亡兴衰的道理非常了解，对外交往来、待人接物的辞令又非常熟悉。他壮年入仕，任楚怀王左徒，入朝就和楚王讨论国家大事，制定政令；对外就接待各国使节，处理对各诸侯国的外交事务。楚怀王对他非常信任，这是屈原的政治高光时期。

左徒是楚国在春秋战国时期设立的一个重要职位，是楚国君主的亲信官员，负责辅佐国君处理政治、军事和外交事务，具有重要的决策权。大部分学者据此认为，屈原任左徒所担负的具体任务大致有四个方面。一是内政事务。左徒负责管理国家内政，包括制定政策、颁布法令、监督官员和各级政府部门的工作等。二是外交事务。左徒是楚国的外交事务负责人，处理与其他国家的关系，包括谈判、缔结条约、处理外交争端等。三是军事指挥。左徒在军事方面具有重要的指挥权，负责统领楚国的军队，并参与战略决策和战争计划的制定。四是辅助君主。作为国君的亲信，左徒还负责给君主提供意见和建议，协助君主制定重要决策，维护国家稳定与发展。

少年得志，
汲汲自修

三、起伏跌宕的政治生涯

屈原任左徒期间，大力推行改革，让楚国出现国富兵强、威震诸侯的局面，但触犯了上官大夫、靳尚[①]等贵族阶级的利益，加之"上官大夫与之同列，争宠而心害其能"。上官大夫向楚怀王进谗，说每次公布法令，屈原总说除了他，别人写不出来。楚怀王大怒，罢黜屈原左徒职务，改任三闾大夫。"三闾大夫"是战国时楚国的特设官职，《史记·屈原贾生列传》裴骃集解说："《离骚序》曰：三闾之职，掌王族三姓，曰昭、屈、景。序其谱属，率其贤良，以厉国士。"可见三闾大夫是掌管王族昭、屈、景三大姓的宗族事务之官，负责宗庙祭祀和这三姓子弟的文化礼仪教育。

"三闾大夫"，"闾"是"闾巷"[②]之"闾"，本义是里巷的大门，但在古书中也被用来代指居民所在的地区和编制单位，大小并无一定；"三闾"者，从王逸的说法推断，大概是指楚国贵族昭、屈、景三氏，他们于郢都之内各有居住区，每个区以所在街门为别，呼为"昭闾""屈闾""景闾"。昭、屈、景三族[③]，都是楚国王族的分支。战国时期的楚国名臣和高官，很多都是出自这三族。

掌管三家的三闾大夫虽然地位尊崇，但无实权，实则被边缘化了。在教育昭、屈、景三大家族子弟时，屈原感到深深的失望，痛心鲜花和香草一样的孩子，被趋名逐利所感染质变，"虽萎绝其亦何伤兮，哀众芳之芜秽"。屈原自认为肩负天赐的使命，效忠楚王，殚精竭虑，明知忠言直谏有祸，却无法控制自己，终于落到流放的境地。

遭谗致志，
上下求索

注释

① 靳尚（？—前311年）：芈姓，靳氏，名尚，郢都人，战国时期楚国大臣。楚怀王十八年（公元前311年），秦惠文王派张仪诱使楚怀王绝齐，怀王发觉受骗，欲杀张仪。他接受张仪厚赂，通过怀王宠姬郑袖进言，张仪得以释归。他自请监视张仪，随同去秦，途中被魏人张旄杀死。

② 闾巷（lú xiàng）：里巷；乡里。借指民间或平民。

③ 昭、屈、景三族：这三大氏族都是楚王室的分支后裔。其中，屈氏最早起源，为楚武王之子屈瑕的后代；景氏和昭氏则出现在楚平王时期，景氏是楚平王长子子申的后代，昭氏是楚平王另一个儿子子良的后代。因楚国实行分封制，皇室诸侯林立，而这三族内斗日深，牵制君权，致使楚王难以施政。楚国覆灭，正是三族争权夺利、政治体制僵化所致。

学习小测

1. 屈原在楚国政治生涯中的高光时刻主要体现在哪些方面？（　　）
   A. 军事改革　　　　　　　　B. 外交策略
   C. 法治推行　　　　　　　　D. 以上所有选项

2. 屈原任过的官职有_____？（　　）
   A. 丞相　　　　　　　　　　B. 左徒
   C. 令尹　　　　　　　　　　D. 三闾大夫

3. 三闾大夫的工作职责是什么？（　　）
   A. 掌管王族昭、屈、景三大姓的宗族事务
   B. 负责宗庙祭祀
   C. 负责昭、屈、景三姓子弟的文化礼仪教育
   D. 发动外交战争

知识拓展 1.2.1
《屈原》话剧
第一幕（节选）

学习活动

请根据"学习情境"，参考"学习评价"，以小组为单位，设计一出以"青年屈原"为主题的小话剧，充分展示屈原在青年时代的政治作为和远大抱负，剧本字数限制在 2000 字以内。

学习评价

组别		学习成果	"青年屈原"主题小话剧				
评价内容			满分	学生自评	学生互评	教师评价	其他评价
一级目标	二级目标	分值					
剧本内容	符合史实，内容丰富，有突出的艺术设计与表现力	20~25	25				
	较符合史实，内容较丰富，较有设计感	15~20					
	内容不太相符、不太准确，无设计感	10~15					
表演能力	充分把握人物性格特征，动作得体、到位、有表现力，团体合作默契	20~25	25				
	较能把握人物性格特征，动作较得体、较有表现力，团体合作较默契	15~20					
	人物性格特征不明显，动作不到位、缺乏表现力，团体合作不默契	10~15					
现场效果	服装整洁，场景布置及道具丰富，现场观众反响好	20~25	25				
	服装较整洁，场景布置及道具较丰富，现场观众反响较好	15~20					
	服装不太整洁，场景布置及道具简单，现场观众反响一般	10~15					

续表

组别			学习成果	"青年屈原"主题小话剧				
	评价内容			满分	学生自评	学生互评	教师评价	其他评价
一级目标	二级目标	分值						
文化内涵	体现屈原时代的历史背景，对话有内涵	20～25		25				
	较能体现屈原时代的历史背景，对话较有内涵	15～20						
	屈原时代的历史背景欠缺，对话缺乏内涵	10～15						

课后拓展

在课堂小组话剧剧本的基础上，查阅资料，根据文学社要求，准备道具，角色扮演小话剧，录成小视频，上传至学习平台。

屈原文化

第二讲　蹉跎流放岁月

● **学习情境**

时值端午节来临之际，学校文学社准备编排屈原的话剧，在端午节游园会上演出，现面向全校征集剧本和演员。

● **学习任务**

编排小话剧演绎屈原的流放岁月。

● **学习目标**

【知识目标】

1. 了解屈原流放岁月中的相关历史事件。
2. 掌握屈原在流放岁月中的思想转变和政治行动。

【能力目标】

1. 能够分析历史背景和政治环境对屈原的影响。
2. 能演绎流放岁月中的屈原的思想动态和行为转变。

【素养目标】

1. 培养家国情怀，激发爱国主义精神。
2. 养成以古观今的批判性思维。

新课导入

新编历史话剧《屈原》用倒叙的方式讲述了屈原40多年的生命历程。第一幕便是屈原被贬斥而流浪于洞庭湖畔的情形，他因郢都沦陷、山河破碎，内心悲苦莫名、思绪万千，当遇到了楚怀王和张仪的灵魂时，他不断与他们辩驳、诘问，进而展开自己为了守护家国不计生死，为了崇高理想敢于斗争，为了高洁情操甘受孤苦的人生回忆。

知识介绍

据司马迁《史记·屈原贾生列传》记载，屈原在楚怀王、楚顷襄王时期有多次"疏""绌""不复在位""流放"的经历，比如"王怒而疏屈平""屈平既绌，其后，秦欲伐齐""是时屈平既疏，不复在位，使于齐""屈平既嫉之，虽放流，眷顾楚国，系心怀王""疏屈平而信上官大夫、令尹子兰""顷襄王怒而迁之"等。这里的"疏""绌""不复在位"就是指屈原与怀王关系疏远，遭到免职；"流放"则是真正意义上的被放逐。屈原在顷襄王时的"迁"，也是被放逐。后人一般认为屈原在楚怀王时代被放逐于汉北，在顷襄王时代被放逐于江南。

一、放逐汉北

楚怀王十六年（前313年），为了破楚齐联盟，秦国派张仪带了很多财宝到楚国活动。张仪贿赂了楚国的一批权贵宠臣，又欺骗楚王说："楚国如果能和齐国绝交，秦国愿意献出商、於一带六百多里土地。"利令智昏的楚怀王听信了张仪的谎言，强行与齐国毁盟断交，并派人跟张仪去秦国受地。张仪回秦后装病，三个月不见楚使，并耍赖说："我说的是六里，并不是六百里。"愚蠢的怀王还以为是张仪怪他绝齐不够坚决，又派人去辱骂齐王一通。齐王大怒，断绝了和楚的合纵，反而和秦国联合起来了。怀王大怒，仓促攻打秦国，楚军大败，八万士卒被斩杀，于是怀王召还屈原，派他出使齐国，以重新结盟。

楚怀王二十四年（前305年），楚再一次背齐合秦，去秦迎亲。第二年，怀王还与秦王会于黄棘（今河南新野东北），接受了秦退还的上庸之地（今湖北竹山）。当时屈原竭力反对，结果不但无效，反而遭到了第一次流放，流放到了汉北地区。"屈平疾王听之不聪也，谗谄①之蔽明也，邪曲之害公也，方正之不容也，故忧愁幽思而作《离骚》。"

二、放逐江南

怀王二十九年（前300年），因楚太子熊横②在秦国做质子时杀死一名秦国大夫而逃回楚国，秦国再次攻打楚国，并占领了楚城。秦昭王送信给楚怀王，表示愿与楚怀王在武关会晤，当面订约，结盟而回。楚怀王想去武关，但怕被欺骗；不去，又怕秦昭王发怒。屈原此时已从汉北的流放地返回，和昭雎③等一起，力劝怀王不要赴会，说："秦，虎狼之国，不可信，不如毋行。"可怀王的幼子子兰④竭力怂恿怀王前去。结果怀王一入武关，就被秦军扣留，劫往咸阳，要挟他割让巫郡和黔中郡，怀王不肯，

被软禁。楚将太子横立为顷襄王，公子子兰为令尹，秦又发兵攻楚，大败楚军，斩首五万，取十五城。

顷襄王三年（前296年），怀王客死秦国，秦国将他的尸体送回楚国安葬，楚人皆怜之。因屈原和许多楚国人抱怨子兰劝怀王入秦致死，子兰气急败坏，便唆使上官大夫在顷襄王面前诽谤屈原，屈原被免去三闾大夫之职，再次流放。

公元前296年到前279年，屈原第二次被流放，这次是南方的荒僻地区。屈原这次流放的路线，按《哀郢》分析，大抵从郢都东下，至夏浦（今湖北武汉汉口一带）涉江至鄂渚（今武汉武昌一带），南下绕洞庭，渡沅水，经枉渚（今湖南常德），奔辰阳（今湖南辰溪），走溆浦，东行渡资水、湘江到临湘（今湖南长沙），北上抵汨罗。一路走走停停，头顶炎炎赤日，身披雨雪风霜，历尽千辛万苦，终于在汨罗江畔南阳里的玉笥山定居下来，在这期间写下了大量优秀的文学作品。

惨遭流放，眷念故国

三、文学创作

屈原的诗歌创作高峰期集中在他的中、晚年，尤其在流放期间。屈原作品的写作年代大致划分为三个时期，第一个时期主要作品有《离骚》《惜诵》，根据《史记·屈原贾生列传》，这两篇是屈原被楚怀王疏远期间所作，表达了诗人追求政治革新、振兴楚国的美好理想，也反映了诗人对现实黑暗的反抗精神。第二个时期主要作品有《抽思》《天问》，大约作于屈原流放汉北期间，《天问》受楚王先庙和公卿祠堂壁画激发，表现了屈原追求真理的探索精神。第三个时期主要作品有《思美人》《九歌》《涉江》《渔父》《哀郢》《悲回风》《怀沙》《惜往日》，大约作于屈原流放江南时期，《思美人》作于顷襄王初期，是屈原流放至江南途中，因思念君王而作；《九歌》是诗人流放至沅湘流域时期在民歌基础上再创造的一组祭歌；《涉江》叙述了诗人从鄂渚到溆浦行程的艰苦和处境的孤独；《哀郢》写的是屈原流放江南九年后依然无法回到故土的哀思；《悲回风》是屈原沉江前一年的秋冬所写，描绘了诗人一生的生活体验和内心的悲痛；《怀沙》是诗人沉江前一个月写下的遗作，《惜往日》是屈原的绝命词，也是他精神最后一次猛烈地燃烧。另外，还有小诗《橘颂》，应该是屈原早年的作品，《大招》为屈原在楚怀王的尸体回到楚国时，为招其亡魂而作。

在流放岁月中，屈原的思想转变也十分显著。他从最初的政治理想主义者，逐渐转变为具有浓厚人文主义色彩的诗人。他通过诗歌表达了对自然、人民疾苦和人性的思考，展现了独特的艺术才华和人文关怀。

怀石沉江，舍生取义

注释

① 谗谄（chán chǎn）：说他人坏话以巴结奉承别人。

② 熊横（？—公元前263年）：芈姓，熊氏，名横，楚怀王之子，战国时期楚国国君，公元前298—前263年在位，即楚顷襄王，在位时楚国已处于衰落状态。公元前263年，楚顷襄王病死，在秦国做人质的太子完逃回楚国，是为楚考烈王。

③ 昭雎（jū）：生卒年不详，芈姓昭氏，战国楚怀王时期楚国贵族大臣，有过"善齐、韩"的提议，又有过"秦、楚之合"的主张。

④ 子兰：生卒年不详，芈姓，熊氏，名子兰，楚怀王幼子、楚顷襄王之弟。顷襄王时期，子兰任令尹，执掌军政大权，相当于丞相。

学习小测

1. 屈原一生被流放过几次？（　　）
A. 两次　　　　　　　　　　B. 三次
C. 一次　　　　　　　　　　D. 四次

2. 以下哪个不是屈原被流放的原因？（　　）
A. 主张联齐抗秦
B. 主张保卫楚国的独立和尊严
C. 谋反
D. 被奸臣毁谤

3. 屈原的流放岁月中，他的经历对他的思想产生了什么影响？（　　）
A. 加深了他对政治斗争的理解
B. 使他放弃了对国家的忠诚
C. 形成了他人文主义色彩的诗歌创作
D. 让他更加痛恨楚国王室

知识拓展 1.2.2
雷电颂（节选）

学习活动

请根据"学习情境"，参考"学习评价"，以小组为单位，在郭沫若原著的基础上，创新演绎流放途中屈原《雷电颂》的话剧独白，充分展示屈原挑战权威、反抗黑暗的情怀。

屈原文化

学习评价

组别			学习成果	话剧《雷电颂》独白			
评价内容			满分	学生自评	学生互评	教师评价	其他评价
一级目标	二级目标	分值					
剧本内容	符合原著，有创新，突出独白的特点	20~25	25				
	较符合原著，有部分创新，较有特点	15~20					
	与原著不太相符、不太准确，无特色	10~15					
表演能力	充分把握人物性格特征，动作得体、到位、有表现力	20~25	25				
	较能把握人物性格特征，动作较得体、较有表现力	15~20					
	人物性格特征不明显，动作不到位、缺乏表现力	10~15					
现场效果	服装整洁，场景布置及道具丰富，现场观众反响好	20~25	25				
	服装较整洁，场景布置及道具较丰富，现场观众反响较好	15~20					
	服装不太整洁，场景布置及道具简单，现场观众反响一般	10~15					
文化内涵	体现屈原时代的历史背景，有内涵	20~25	25				
	较能体现屈原时代的历史背景，较有内涵	15~20					
	屈原时代的历史背景欠缺，缺乏内涵	10~15					

课后拓展

在课堂小组话剧剧本的基础上，查阅资料，编写屈原流放岁月的剧本，根据文学社要求，准备道具，角色扮演小话剧，录成小视频，上传至学习平台。

[主题三]

屈原的美政思想

第一讲 举贤授能

● 学习情境

学校为选拔吸纳更多优秀人才进入学生会组织，更好地组织动员广大青年学生坚定不移听党话、跟党走，现征集关于"学生干部的选拔、考核和培养"方面的金点子。

● 学习任务

将屈原举贤授能的理念运用到实践中。

● 学习目标

【知识目标】

1. 了解战国中后期楚国的社会背景。
2. 理解屈原美政思想举贤授能的内涵。

【能力目标】

1. 能解读举贤授能的内涵。
2. 能将屈原举贤授能的理念运用到实践中。

【素养目标】

1. 树立德技并修的人才观。
2. 坚定走技能成才、技能报国之路。

屈原文化

以习近平同志为核心的党中央极其重视将马克思主义基本原理同中华优秀传统文化相结合，"任人唯贤"的理念被赋予了新的时代价值与意义。习近平总书记指出："选什么人就是风向标，就有什么样的干部作风，乃至就有什么样的党风。"

屈原政治理想的内容就是"美政"，这是他一生执着追求的政治理想。屈原的美政思想包括了举贤授能、以民为本、清正廉洁、修明法度、依法治国、施行德政等一系列政治主张。屈原认为国君首先应该具有高尚的品德，才能治理国家。其次应该选贤任能，罢黜奸佞。只有圣君贤相才能改变楚国的政治和社会的现实，使楚国强大起来。

一、屈原所处楚国的时代背景

战国时期，楚国经历了12位国君（图1-3），在这一时期，楚国与赵魏韩（即三家分晋）、秦国、齐国等诸侯国都发生过战争，但到了后期，楚国被秦国逐步蚕食，最终灭亡。

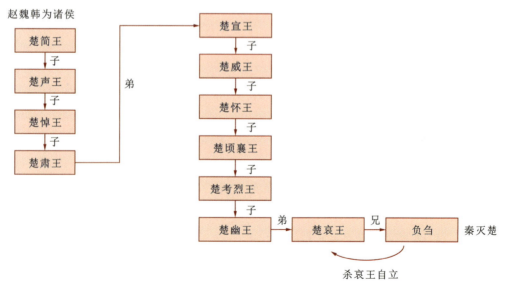

图1-3 战国时期楚国谱系

屈原生活的时代，恰好是战国末期社会急剧变革的动荡时代，从当时的历史背景来看，中国将要结束七国的战乱，走向国家的统一，但谁最有资格掌握这个领导权？在当时的七国中，比较强势的是秦国和楚国，"横则秦帝，纵则楚王"。当时的秦国经过商鞅变法，国势蒸蒸日上，秦国先后采取"连横"及"远交近攻"的策略对付诸国，对楚国构成很大威胁。面对强秦的威胁，楚国只有采取"合纵"之策，对外联合强大的齐国，对内革除弊政，富国强兵，才能摆脱内忧外患，屈原就是在这个楚国兴衰的关键时期登上历史舞台的。

屈原因出身贵族，又明于治乱，娴于辞令，故而早年深受楚怀王的宠信，位为左徒。屈原为实现楚国的统一大业，对内积极辅佐怀王变法图强，对外坚决主张联齐抗秦，使楚国一度出现了一个国富兵强、威震诸侯的局面。但是由于在内政外交上屈原与楚国腐朽贵族集团发生了尖锐的矛盾，加之上官大夫等人的嫉妒，屈原后来遭到群臣的诬陷和楚怀王的疏远。当时的楚国，贵族宗室仍把持国家政权，这些贵族都是一些竞进、贪婪之辈，他们互相倾轧，弱肉强食，穷奢极欲，盘剥人民，在政治上不肯进行任何改革，致使楚国国势日衰。

二、屈原"举贤授能"思想的内涵

"举贤授能"是屈原美政思想的重要内容，在《离骚》中被明确提出，即"汤禹俨而祗敬兮，周论道而莫差；举贤才而授能兮①，循绳墨而不颇②"。所谓"举贤授能"，就是不分贵贱，把真正有才能的人选拔上来治理国家，反对世卿世禄，限制旧贵族对权位的垄断，圣君贤相共兴楚国。

在屈原生活的时代，君主的权力是至高无上的，君主的贤明与否直接关系到国家的前途和命运。屈原为这个美好的政治理想而献身，屡遭流放，在坎坷的经历中与各阶层有广泛的接触，也与劳动人民更加接近，深知民间疾苦与人民的要求，这更加坚定了他改革政治的愿望。屈原认识到贤才辅佐是使国家踏上坦途的不可或缺的条件；认识到广大人民希望那些贤能的布衣之士参与政事，以实现比较开明的政治；认清了旧贵族集团的腐朽反动，他们朋比为奸，竞进贪婪，文恬武嬉，嫉贤妒能，败坏法纪，压榨人民，并且对敌国奴颜媚骨，出卖民族利益，以苟安一时。屈原怀着对祖国的热爱之情和赤子之心，审时度势，鉴往知来，认为只有举贤授能，同心谋国，才能改革旧制，修明法度，才能使楚国得以振兴。屈原希望楚王能够回归正道，做一个礼贤下士、举贤授能的明君，他主张由广大贤能之士形成新的社会力量，作为政治改革的主力，而在选拔任用人才时，又将目光集中到布衣贤者身上，主张识拔出身微贱的贤能之士参与国事，实质是力图打破世卿世禄制度，取消旧贵族的爵禄特权。

屈原在《离骚》中旗帜鲜明地提出"举贤授能"的政治主张，这一方面是因为屈原深受孔、孟尚贤思想的影响，另一方面是因为屈原清醒地看到了贤才在激烈的争霸斗争中富国强兵的作用。屈原提倡的"举贤授能"既是规谏楚王的建议，也是他坚持的美政理想，其中既含有"正例"的思想，也含有"变例"的精神。屈原在诗中热烈颂扬了古代的圣君如尧、舜、禹、汤、后稷、文王等，古代的贤臣如伊尹、傅说、吕望③、周公、宁戚、箕子、介子、比干、伯夷、叔齐、伍子胥等，还用对比的方法讲述非圣之君如桀、纣、羿、寒浞、浇等，以此来说明圣君贤相的重要以及屈原对明君的渴望，其目的就是摒除国家官员中的那些不贤之徒和无能之辈，以挽救楚国的危亡。

屈原就是秉持着这种忠君爱国的思想，敢于坚持真理，不向邪恶势力低头。"亦余心之所善兮，虽九死其犹未悔。"古代贤臣"忠"的美德在他身上得到充分的表现，他以毕生精力为自己的爱国理想和美政主张艰苦探索，一生都与祖国同呼吸、共命运，最终以自己的生命殉了理想、殉了祖国。他的一生虽是悲剧性的，但他在其"书楚语、记楚地、作楚声、名楚物"的壮丽诗篇中，集中概括了楚国的历史文化，强烈表现了自己的爱国精神，继承和发扬了楚人的爱国传统。

虽然屈原的"举贤授能"思想在当时没有能够实现，但在后代的历史上，在历朝历代国家政治生活中，那些公正无私、开明正直、深谋远虑并有远见卓识的政治家和思想家，都从屈原思想中继承并发扬了"举贤授能"的思想，成为留给未来的一份闪光的遗产。

屈原"举贤授能"的思想

注释

① 贤才：亦作"贤材"，指才智出众的人。授能：把政事交给有能力的人。
② 循：遵循。绳墨：木匠用来画直线的工具，比喻法度。颇：走样。
③ 吕望：指吕尚，即姜子牙。

学习小测

1. 屈原的政治主张是_____。（　　）
   A. 举贤授能　　　　　　　　　　B. 修明法度
   C. 联齐抗秦　　　　　　　　　　D. 兼爱与非政
2. 下列对于屈原的美政思想表述错误的一项是_____。（　　）
   A. 美政即圣君贤相的政治
   B. 屈原认为只有圣君贤相才能改变楚国的政治和社会现实，使楚国强大起来
   C. 屈原的美政思想反映了他与楚国腐朽贵族集团的尖锐对立，表达了他革除弊政的进步要求，而其最终目的就是要挽救祖国危亡，使楚国走上富强的道路
   D. 屈原的美政思想不符合楚国的现实及历史发展趋向

知识拓展 1.3.1 《离骚》节选

学习活动

将全体学生分为四个小组，集思广益，开展讨论，每个小组结合屈原"举贤授能"的含义，就"如何规范学生干部的选拔、考核和培养，将优秀人才凝聚并吸纳到学生会组织"提出方案。

学习评价

组别			学习成果	为学生会选拔优秀人才的方案			
评价内容			满分	学生自评	学生互评	教师评价	其他评价
一级目标	二级目标	分值					
建立标准	能谈到建立选拔制度。谈到政治、学习、品德、作风、群众基础等标准	15～20	20				
	能谈到以上部分标准	10～15					
	未能谈到建立制度及选拔标准	5～10					
规范程序	能谈到规范选拔程序。谈到公平、公正、公开，打破小圈子，接受监督等内容	15～20	20				
	能谈到以上部分内容	10～15					
	未能谈到规范程序等内容	5～10					
考核评价	能谈到建立考核制度及退出机制	15～20	20				
	能谈到以上制度的一部分	10～15					
	未能谈到考核评价等内容	5～10					
骨干培养	能谈到优化骨干培养机制。谈到健全培训体系，提升学生骨干领导力和履职能力、择优推荐就业等内容	15～20	20				
	能谈到以上部分内容	10～15					
	未能谈到学生骨干培养机制	5～10					

续表

组别			学习成果	为学生会选拔优秀人才的方案			
评价内容		分值	满分	学生自评	学生互评	教师评价	其他评价
一级目标	二级目标						
其他方面	能谈到深化学生干部健康成长教育、作风建设、监督约束机制等内容	0~20	20				

 课后拓展

查阅资料,在课堂小组活动的基础上,修改选拔方案,在班内进行投票,选出最优方案,由班长上报学生会。

第二讲　民本主义

● **学习情境**

宜昌市委市政府贯彻落实"五共"（共谋、共建、共管、共评、共享）理念，大力开展美好环境与幸福生活共同缔造活动，现面向所有居民广泛征集小区环境改造的意见和建议。

● **学习任务**

将屈原的民本主义思想运用于实践。

● **学习目标**

【知识目标】
了解屈原的民本主义思想及其背景、内涵和现实意义。

【能力目标】
1. 能用思辨和创新精神分析民本主义思想。
2. 能将屈原的民本主义思想运用于实践。

【素养目标】
1. 形成爱国忧民的情感，树立正确的权力观、政绩观。
2. 增强公民意识和社会责任感。

新课导入

党的十九届四中全会审议通过的《中共中央关于坚持和完善中国特色社会主义制度　推进国家治理体系和治理能力现代化若干重大问题的决定》明确提出要建设人人有责、人人尽责、人人享有的社会治理共同体。在实现第二个百年奋斗目标新的赶考之路上，我们要继续坚持人民至上，以人民为中心的发展理念，奋勇开拓，以更加昂扬的姿态迈进新征程、建功新时代。屈原的民本主义思想将会在新时代被赋予新的现实意义。

一、中国古代民本思想发展历程

民本思想是我国传统的治国思想之一，在我国的传世古籍《尚书》里，就已经提出了"民惟邦本、本固邦宁"的主张。我国古代的民本思想发展大致可以分为三个历史时期。

第一个是先秦时期。西周建立之初，周人汲取商覆亡的历史教训，提出"民之所欲，天必从之""天视自我民视，天听自我民听"等一系列敬天保民的思想。春秋战国时期，诸子百家争鸣，发表了各种重民的主张，如孔子"节用而爱人，使民以时""仁者爱人"，孟子"民为贵，社稷次之，君为轻""得天下有道，得其民，斯得天下矣"，荀子"君者，舟也；庶人者，水也。水则载舟，水则覆舟""天之生民，非为君也；天之立君，以为民也"等，体现了一种可贵的价值追求。

第二个时期是秦汉到唐五代。随着中央集权的君主制的建立，民本思想作为君主治国之术的组成部分，实际上沦为了封建统治工具，但鉴于前代政权的覆亡，统治者不得不重视民心向背在历史上的重要作用。秦汉以后，民本论的思想得到进一步的论证并逐步系统化、哲理化。

第三个时期是从宋代到晚清。在这期间，有一些思想家提出了进步的思想，冲破了封建制度的藩篱，如北宋张载主张："民，吾同胞；物，吾与也。"其众生平等的理念显然突破了"君君臣臣父父子子"的封建等级观念。但遗憾的是，这些进步思想并没有从整体上突破封建制度的框架。明末清初，黄宗羲猛烈抨击封建君主"荼毒天下之肝脑，离散天下之子女，以博我一人之产业"，还批评君主专制下的臣僚所以"不得不讲治之牧之之术"，只是因为"四方之劳扰，民生之憔悴，足以危吾君也"，他的这种批判已经把民本思想上升到了一个新的高度。

二、屈原民本主义思想的内涵

民本思想是屈原美政思想的另一基本内容。他在《离骚》《九章》等作品中反复谈到"民"的问题，他劝导楚王励精图治、救济民生、行义服善、实行德政，认为只有这样才能减轻人民的痛苦和灾难，才能维持国家的长治久安。归纳起来，屈原的民本思想主要反映在三个方面：一是主张举贤授能，认识民众的积极作用；二是要求施行德政，重视民众的地位；三是关注民生疾苦，同情底层百姓，欲致民于康乐之境。屈原民本思想不仅昭示着战国后期楚国政权的社会价值观，且彰显着屈原等士大夫的人格魅力。

《离骚》全诗饱含着屈原的忧心。一连四个哀句："哀众芳之芜秽""哀民生之多艰[①]""哀朕时之不当""哀高丘之无女",四哀之句,虽然是从"众芳""民生""朕时""无女"四个不同角度发出的哀声,但总的立意是站在民众之中,为民众呼吁,充分体现了诗人屈原强烈的爱国忧民的思想感情。

诗人早年以自身治国才能之价值,得到了楚怀王的信任和重用,做过左徒、三闾大夫。他倾注了全身心血,精心教育栽培了"滋兰之九畹""树蕙之百亩",希望他们能够成为精忠报国、为民造福的栋梁之材。可是这些"滋兰""树蕙",不是"萎绝",就是"芜秽"[②],甚至堕落变质。苦心的栽培,获得失望的回报,这怎能不令诗人痛心呢?在这种内忧外困、家破国亡、多艰多悲的情势下,诗人从国破想到了国人,深深发出了"哀民生之多艰"的感叹,哀叹人生道路是多么的艰难曲折。当一想到国家,想到人民,诗人又哪能置之度外呢?为了国家和人民,责无旁贷,义无反顾地献身。"虽九死其犹未悔",即使是九死一生也无怨无悔,也不改变救国救民的初衷;"宁溘死以流亡兮",纵然是马上死去,尸体随水流去,魂飞魄散,那也是为实现自己的报国之志、忠直之心、清白之身而死,在所不惜;"伏清白以死直兮",大丈夫为国家、为人民、为正义,保持淳朴的贞操和大无畏的气节去死,那也是死得其所。

"哀高丘之无女",是四个哀句中的最后一个,哀的是在楚国没有志同道合的人,只有浑浊与嫉妒贤能之人。他们遮蔽美德,称颂恶习,"好蔽美而称恶",致使屈原满腔的报国忠心没有地方倾诉,故而"怀朕情而不发兮"。诗人在这里借"美女"之美,抒发他理想中的"美政",可是楚国恰恰缺少他志同道合的知音。

屈原虽遭谗被疏,甚至被流放,但他始终以祖国的兴亡、人民的疾苦为念,希望楚王幡然悔悟,奋发图强,做个中兴之主。他明知忠贞耿直会招致祸患,但始终"忍而不能舍也";他明知自己面临着许许多多的危险,在"楚才晋用"的时代完全可以去别国寻求出路,但他却始终不肯离开楚国一步,表现了他对祖国的无限忠诚及其"可与日月争光"的人格与意志。

屈原的民本思想强调个人自由和人民自由的重要性,反对统治者的专制和压迫,主张平等和互助,这些思想对中国古代和现代的政治、社会、文化都有着长期且深远的影响。

屈原民本思想的内涵　　　　　　《离骚》中的"民生"可以翻译为"人生"吗?

注释

① 民生:人生。艰:难。
② 萎:枯萎。绝:落尽。芜(wú):荒芜。秽(huì):污秽。

学习小测

1. 下列句子中,未能体现古代民本思想的选项是_____( )
A. 民惟邦本,本固邦宁。
B. 瞻前而顾后兮,相观民之计极。
C. 天下熙熙,皆为利来;天下攘攘,皆为利往。
D. 天视自我民视,天听自我民听。

2. 下列关于坚持人民至上理念表述正确的选项是_____( )
A. 党的根基在人民、血脉在人民、力量在人民,人民是党执政兴国的最大底气。
B. 人民至上,是中国共产党所形塑和践行的最根本价值观。
C. "坚持人民至上"是中国共产党始终坚持不变的执政理念,也是我们党百年奋斗的十条宝贵经验之一。
D. 坚持人民至上的理论观点是习近平新时代中国特色社会主义思想的重要组成部分。

知识拓展 1.3.2
《离骚》节选

学习活动

每一位居民都是社区的主人,请你发挥主人翁精神,结合屈原的民本思想和习近平总书记关于人民至上的重要论述,帮你所在的社区草拟一份老旧小区改造方案,绘制一份改造草图。

学习评价

组别			学习成果	旧小区改造方案			
评价内容			分值	满分	学生自评	学生互评	教师评价	其他评价
一级目标	二级目标							
基础设施改造	包括道路改造,地下管网疏通,外墙及楼道粉刷,增加停车位,增设消防、技防设施等		0~20	20				

续表

组别			学习成果	旧小区改造方案			
评价内容		分值	满分	学生自评	学生互评	教师评价	其他评价
一级目标	二级目标						
绿化景观改造	优化绿化布局，增建公共绿地，调整补植乔（灌）木	0~20	20				
环境卫生改造	拆除违法建筑、乱搭乱建，清理占道经营、杂乱广告牌等	0~20	20				
公建配套改造	在社区增加运动场所，配备健身设施，增设休闲座椅，有条件地增设社区食堂和社区养老机构	0~20	20				
文化设施改造	合理配置各类宣传栏、公示牌，打造党建、廉洁等主题的文化教育基地	0~20	20				

课后拓展

"天下兴亡，匹夫有责。"社会责任感是每一个公民必须具备的基本素质，作为社会有生力量主体的青年更应当冲锋在前。请你结合所在社区的现状和所知所学，按照共同缔造理念，谈谈青年人在主动参与社会基层治理方面可以有哪些作为。

屈原文化

第三讲　清正廉洁

● **学习情境**

宜昌手绘廉政地图小程序正式上线，学校拟开展一场主题为"我说廉图"分享会，邀请同学们沉浸式打卡宜昌廉洁地标，为建设清廉学校营造以清为美、以廉为荣的浓厚氛围。

● **学习任务**

将屈原清正廉洁的思想观念运用到实践中。

● **学习目标**

【知识目标】

深刻理解屈原清正廉洁的思想内涵。

【能力目标】

能将屈原清正廉洁的思想观念与当今社会的一些现实问题相结合，将清正廉洁的思想运用到实践中。

【素养目标】

1. 提升道德品质，增强民族认同感和自豪感。
2. 以清为美、以廉为荣。

新课导入

宜昌市为深入挖掘本地廉洁资源，积极拓展纪律教育阵地，精心打造了一批廉洁内涵丰富、教育意义显著的廉政教育基地，并创新将13个县（市、区）、40个基地串点成线、绘制成图，可通过微信公众号便捷访问电子地图（图1-4），一键检索地址及联系方式，沉浸式打卡宜昌廉洁地标。让我们走进廉洁文化载体之屈子祠，了解屈原背后的廉洁故事。

图 1-4 宜昌手绘廉政地图

知识介绍

司马迁在《史记·屈原贾生列传》中这样描述屈原："屈平正道直行，竭忠尽智，以事其君"，"其志洁，其行廉"。屈原行为正直，竭尽自己的忠诚和智慧来辅助君主，他的志趣高洁、品行端正。屈原不仅是中国历史上最早的廉洁倡导者之一，还是用生命践行廉政的实践者。屈原用悲愤浪漫的作品和坎坷抗争的一生，书写了他高洁的品格、廉洁的品性，由此也成了中华民族崇尚清正廉洁的精神源头之一。

一、屈原廉洁思想的丰富内涵

"廉洁"一词最早出现于屈原的作品《卜居》和《招魂》中。《卜居》："宁廉洁正直以自清乎？"是设问，是否还要廉洁正直，使自己保持清白。《招魂》："朕幼清以廉洁兮，身服义而未沬。"意思是我年幼时禀赋清廉的德行，献身于道义而不昏暗不明，这些"清白""正直""清廉"中蕴含了丰富的思想内涵。

1. 内美修能，人格高尚

屈原在《离骚》开篇写道："纷吾既有此内美兮，又重之以修能。""内美修能"指的是屈原始终追求内外兼美、坚持修身励志。作为一个极度的理想主义者，他一生都在与黑暗、丑恶做斗争，他将对内美的追求蕴含于诗歌里，《怀沙》"内厚质正兮，大人所晟"表明内心正直、品质纯正是君子的品性；《橘颂》中的"深固难徙，更壹志兮……精色内白，类任道兮"，强调人只有具备美的内质，才能表里如一，堪当重任。

屈原还注重不断加强自己的修养，也就是"修能"。《离骚》中多次提到"好修"，"余虽好修姱①以鞿羁兮"意指屈原爱好修洁，严于责己；"民生各有所乐兮，余独好修以为常"，人各有所乐，但屈原却说他独爱修养并习以为常；"何昔日之芳草兮，今直为此萧艾也？岂其有他故兮，莫好修之害也！"为什么以前的芳草，现在成了荒蒿野艾？屈原说这都是不爱好修洁所造成的祸害。屈原一生坚持自修品德，努力做到品行高尚，他不断在实际行动中践行着自己的人生观，经历挫折却九死不悔。

2. 苏世独立，横而不流

屈原头脑清醒，特立独行，绝对不愿随波逐流，他以"鸷鸟不群""方圆不周"的姿态，公开把自己置于与群小对立的格局中，困顿潦倒在美恶颠倒的时期，宁愿暴死而尸漂江河，也绝不和他们同流合污，沆瀣一气②。当面对小人的胡作非为、颠倒黑白时，他"抑心而自强"，抑制住自己内心的愤恨，使自己意志坚强，即使遭祸也绝不改变立场，愿志行成为后人的榜样。他明知前路无法行通，也绝不改变道路。

当屈原遭受放逐，浪游于江潭之畔时，他发出"举世皆浊我独清，众人皆醉我独醒"的呼喊，面对渔父的规劝"圣人不凝滞于物，而能与世推移"，他仍然坚持自己的信念："安能以身之察察，受物之汶汶者乎？宁赴湘流，葬于江鱼之腹中。安能以皓皓之白，而蒙世俗之尘埃乎？"他宁可葬身鱼腹，也不愿洁白的身体蒙受世俗的尘埃，这种对廉洁的持守贯穿了他的一生。

《渔父》赏析

3. 刚正不阿，敢于斗争

屈原一生以推行美政为目标，坚持变法，反对"心治"，力主"国富强而法立"。他倡导举贤授能，废除世卿制度，带着使命感与担当，倾其一生为之奋斗。

屈原针砭时弊，挑战权威，在诗歌中以"伤灵修之数化""弗参验以考实兮，远迁臣而弗思"对楚王的昏聩进行了批评，以"众皆竞进以贪婪兮""惟夫党人之偷乐兮"对只顾私利的群小进行了讽刺揭露。他的语言犀利、态度坚决，以致为时人所不容。

屈原的清廉志节并不仅仅体现在对楚国君臣的批评上，还体现在对灵魂的自我批判上，诸如"何灵魂之信直兮，人之心不与吾心同"，表示自己孤独却执着的信念；"欲变节以从俗兮，愧易初而屈志"，曾经想变节随从流俗，却惭愧改变了当初的情怀；"吾不能变心而从俗兮，固将愁苦而终穷"，最后屈原下定决心不改变志向去顺从世俗，即便愁苦终身不得志也在所不惜。

二、屈原廉政思想的纪念与传承

屈原"志洁""行廉""美政"的理念,受到历朝历代的推崇。屈原高绝的文采、高洁的品质和高远的志向,随着《楚辞》世代流传,对中华民族的人格范式、民族精神、民风民俗都产生了深远的影响。

1. 文人宣扬

历代以文字宣扬屈原廉洁正直的文人甚多,但以宋玉、司马迁、王逸、贾谊的评述最为详细。

在《史记·屈原贾生列传》里,司马迁这样描述屈原的高洁品性:"自疏濯淖污泥之中,蝉蜕于浊秽,以浮游尘埃之外,不获世之滋垢,皭然泥而不滓者也。推此志也,虽与日光争光可也。"这是说,他自动地远离污泥浊水,像蝉脱壳那样摆脱污秽环境,以便超脱世俗之外,不沾染尘世的污垢,出淤泥而不染,依旧保持高洁的品德,推究这种志行,即使同日月争光都可以。

汉代王逸《楚辞章句》中用"不求曰清,不受曰廉,不污曰洁"对屈原的清廉人格做了最好的概括,而"不贪图名利,不谋求个人私利和特权;不偏不倚,秉公用权;不接受他人的馈赠;不让自己清白的人品受到玷污"也成为日后正人君子的行为准则。

西汉文学家贾谊创作的《吊屈原赋》成为纪念屈原的骚体赋名篇,他在赋中深切缅怀了屈原光辉的人格、壮烈的理想和悲剧的一生。

2. 官方封崇

为了达到"正人心,厚风俗,扶植纲常,激励士类"的目的,古代朝廷通常会褒崇贤臣功臣。屈原作为历史文化名人,其正直事君的事迹触动了朝廷,感动了民众,于是各地为他立祠祭祀,朝廷给他敕封名号。历朝敕封屈原始自晚唐。唐末五代封他为"昭灵侯""威显公","灵""威"是民间信仰的肯定与提炼,将屈原"神灵"化。宋代敕封他"清烈公""忠洁侯",元代封"忠节清烈公","侯"晋升为"公",屈原地位被朝廷提升,更加推崇。"忠""洁""清""节""烈"奠定了屈原作为"士人清烈忠节楷模"的伦理价值,是官方正统意识对屈原信仰文化的核心价值的建构,屈原在民间和士大夫精神信仰上的凝聚力得以增强。

3. 习俗纪念

每逢端午,人们包粽子、赛龙舟,举办骚坛诗会,游江招魂以缅怀屈原,寄托哀思。在屈原故里秭归,粽子不仅家家做、个个吃,而且人人唱,粽子歌唱道:"有棱有角、有心有肝,一身洁白、半世煎熬",三角形的粽子,象征着屈原刚直不阿;一颗红枣,预示着屈原赤胆忠心;粽叶是青的,糯米是白的,象征着清清白白;煮粽子得很长时间,预

示着屈原颠沛流离的一生。一首粽子歌代代相传，也就把屈原刚直不阿、爱国爱民的思想一代一代地传下去。

4. 基地传承

两千多年来，屈原的"忠""心"为世人所敬仰、代代相传，为了传承屈原的廉洁品质和求索精神，湖南省汨罗市屈子文化园廉洁文化教育基地、河泊潭廉洁文化教育基地、湖北省屈原祠廉政文化教育基地等均把屈原廉政文化纳入中国端午文化节之中，基地以屈原精神为内核，以屈原文化、屈原诗作为载体，形成观瞻屈原修身励志、吟读屈子诗作、感悟国家情怀的有形有魂的廉政教育氛围。人们通过学习屈原心忧国家、情系百姓、勇于探索、清正高洁的精神品质和思想精髓，树立为民生塑心、为实践聚能、为修身立行的价值观。

5. 领导祝语

中共中央总书记、国家主席习近平同志曾多次颂扬屈原的爱国精神、求索精神和民生情怀。比如2016年习近平在庆祝中国共产党成立95周年大会上说："路漫漫其修远兮，吾将上下而求索。全党同志一定要不忘初心，继续前进，永远保持谦虚、谨慎、不骄、不躁的作风，永远保持艰苦奋斗的作风，勇于变革、勇于创新、永不僵化、永不停滞，继续在这场历史性考试中经受考验，努力向历史、向人民交出新的更加优异的答卷。"

两千多年前的屈原，用生命去探索立国兴邦、廉洁清明、强国富民的光明之路，今天的中国共产党用淬火成钢的自我修炼，刀刃向内、刮骨疗毒、再塑基体，这是一个国家朗朗乾坤的希望。

注释

① 修姱（kuā）：洁美。
② 沆瀣一气（hàng xiè yī qì）：沆瀣，夜间的水汽，用来比喻臭味相投的人勾结在一起。

知识拓展 1.3.3
屈原廉政
教育基地

学习小测

1. "廉洁"一词最早出现于屈原的哪部作品中？（　　）
A.《卜居》　　　　　　　　　　　B.《招魂》
C.《离骚》　　　　　　　　　　　D.《九章》

2. 下列对屈原清廉诗句有关内容的赏析，不正确的一项是？（　　）
A. 《离骚》："路漫漫其修远兮，吾将上下而求索。"不畏艰难险阻，敢于拼搏，极力追求美好理想的精神。
B. 《九章·抽思》："善不由外来兮，名不可以虚作。"优秀品德主要依靠自身的不断修炼，美好名声主要依靠自身的实际行动。
C. 《橘颂》："秉德无私，参天地兮。"保持大公无私的美好品德，其精神则像天地一样伟大。
D. 《九章·抽思》："何独乐斯之謇謇兮？"屈原诚恳地向楚王进谏，并推行美政思想，一切都是为了个人的未来。

学习活动

通过宜昌手绘廉政地图小程序，开展一场主题为"我说廉图"分享会，邀请同学们沉浸式打卡宜昌廉洁地标，为建设清廉学校营造以清为美、以廉为荣的浓厚氛围。

学习评价

组别			学习成果	"我说廉图"分享会			
	评价内容			学生自评	学生互评	教师评价	其他评价
一级目标	二级目标	分值	满分				
结合时政要点	能准确结合最新时政要点	20～25	25				
	能结合时政要点	15～20					
	未结合时政要点	10～15					
图文赏析	赏析过程中图文相符	20～25	25				
	赏析过程中图文较为相符	15～20					
	赏析过程中图文不相符	10～15					
屈原清正廉洁内涵	能准确把握屈原清正廉洁内涵	20～25	25				
	较准确把握屈原清正廉洁内涵	15～20					
	不能准确把握屈原清正廉洁内涵	10～15					

续表

组别		学习成果		"我说廉图"分享会			
评价内容			满分	学生自评	学生互评	教师评价	其他评价
一级目标	二级目标	分值					
总结	总结有时代感、视野广、理论有深度	20～25	25				
	总结归纳平淡、完整、欠深度	15～20					
	总结生硬，欠完整，无深度	10～15					

推广宜昌手绘廉政地图小程序，通过线上"廉政地图"掀起清廉地标打卡热，让同学们实现线上浏览清廉之路，云端打卡清廉地标。

模块二 美文吟诵

[主题一]

《楚辞》的文学价值

第一讲 《楚辞》的成因背景

● **学习情境**

湖北荆州正在筹备楚文化节活动,包括楚史展览、楚艺大观、楚戏会演、楚肆赶集、楚地寻游五大板块,立体式、多元化呈现楚文化的深厚内涵和时代魅力,现面向社会征集活动策划方案。

● **学习任务**

设计楚文化节项目活动。

● **学习目标**

【知识目标】

了解《楚辞》背景中的楚地、楚语、楚声、楚物。

【能力目标】

1. 能够介绍《楚辞》产生的生态、历史、文化等背景。
2. 能够根据情境设计宣传楚文化的活动项目。

【素养目标】

1. 提升文化自信与文化修养。
2. 增强传统文化传承与传播能力。

新课导入

《诗经·国风》和《楚辞·离骚》并称为"风骚",是我国古典诗歌现实主义和浪漫主义的两大源头。《诗经》是周代北方文学的代表,反映了周初至周晚期约五百年间的社会面貌;《楚辞》是战国后期屈原、宋玉等人创作的具有浓厚的地方色彩的新诗体,北宋黄伯思《东观余论》云,"屈宋诸骚,皆书楚语,作楚声,纪楚地,名楚物,故可谓之楚辞"。

知识介绍

楚辞体是战国中晚期产生于南方长江流域楚地,由楚国的诗人吸收南方民歌的精华,融合上古神话传说,创造出的一种新体诗。不同于《诗经》的写实主义,《楚辞》极具浪漫主义风格和独特的审美意趣,这些是由楚地壮美的山川河流、富饶的物产资源、繁荣的社会经济和灿烂的文化艺术所造就的。

一、《楚辞》的文化特点

《楚辞》的文化特点鲜明,具有独特的艺术魅力,它采用楚国方言,运用楚地声调,记载楚国地理,描写楚国风物,富有楚地特色。

首先,《楚辞》采用了楚地的方言声韵,语言优美、韵律和谐。北宋黄伯思做过归纳,《楚辞》中的"些""只""羌""谇①""蹇②""侘傺③"为楚语也;悲壮顿挫,或韵或否者,楚声也。学者易祖洛同样也总结过《楚辞》中的方言词语,比如"葩、些、留、江、塞、摇、敦、佳、謇、婷、化、羌、曼曼、濡、纫、睇、增、搏、附、潭、靓、焕、缮、钦、遭、凿、判、哈、遑、莽莽、蝗"等,它们的运用使《楚辞》呈现出楚地独特的风貌。而楚声最显著的特点是句式灵活,每句字数不定,可长可短,歌唱时,乐句中间或乐句之末有着较长的拖腔,拖腔用"兮"字表出。"兮"字在上古韵部中属"匣"母,读如"侯"或"啊"。刘邦《大风歌》三句用了三个"兮"字,故称"三侯之章"。楚声的这些特点,使得它声情深长,具有一唱三叹的情调。因此《楚辞》的句子参差不齐,形式活泼自由,多用"兮"字,语句曼长流利,灵活多变,有停顿、有延伸,委婉而多情致。

其次,《楚辞》内容广泛,形式丰富,展现了诗人的卓越才华和楚地的人文风貌。最具代表性的是《离骚》,表达了诗人对自然变迁、个人命运、国家治理等的感受和思考;再如《九歌》《天问》等这些作品丰富了古代神话的内涵,展现了诗人对自然宇宙的探索;《哀郢》《抽思》等则记录了楚国的历史事件,为后代研究楚国历史提供了重要的资料;而《渔父》等展现的则是诗人的哲学思想和智慧,深刻影响了中国古代哲学的发展。

此外，《楚辞》中还提及了大量楚地名，如沅、湘、江、澧、修门、夏首等，楚植物名如兰、茝、荃、药、蕙、若、芷、蘅等，故周建忠先生称赞《楚辞》的世界"博大精深，色彩斑斓，令人神往"。

最后，《楚辞》构思奇特，想象丰富，善于运用象征、隐喻、比喻、双关等修辞手法，使得诗歌更加生动形象、富有感染力，同时也拓展了诗歌的表现范围和深度。董楚平说："《离骚》的艺术手法已超出对个别事物的比喻，而是在整体上采取象征手法，把生活本相几乎全都隐去，呈现在读者面前的，是一系列斑斓陆离，而又完整和谐的象征性的艺术群像。"屈原继承和发展了《诗经》的比兴传统，第一个成功地把象征手法运用到诗的创作中，即所谓"《离骚》之文，依《诗》取兴，引类譬喻，故善鸟香草，以配忠贞；恶禽臭物，以比谗佞；灵修美人，以媲于君；宓妃佚女，以譬贤臣；虬龙鸾凤，以托君子；飘风云霓，以为小人"。通过意象的比喻化、象征化，使象征获得了全新的意义和鲜活的生命力。

二、《楚辞》产生的背景

第一，楚国的水域山川孕育了《楚辞》。明清思想家王夫之在《楚辞通释》中解释："楚，泽国也，其南沅湘之交，抑山国也。叠波旷宇，以荡遥情，而迫之以崟嵚戌削之幽菀，④故推宕无涯，而天采矗发，江山光怪之气，莫能掩抑。"楚国位于今天的湖北、湖南、安徽和江西一带，鼎盛时期扩张至河南、江苏、浙江等省，覆盖长江上中下游及其广袤地区，这些地区山林幽深，水泽丰富，雾气弥漫，光怪陆离，因此王夫之认为屈骚的诞生与楚地的山川风貌息息相关。游国恩在《楚辞概论》中也说："不但屈原个人的文学为然，即《楚辞》的发生也与楚国的地理有绝大的关系。文学与地理上关系最深切的莫如山水……"这般灵秀的山水滋养了浪漫迤逦的《楚辞》以及变幻莫测的巫风。

第二，繁盛的社会经济滋生了《楚辞》。《楚辞》的产生与楚国的历史、文化、社会背景密切相关，《汉志》《墨子·公输》《史记·货殖列传》等书中均提到楚地江南地广，地势饶食，无饥馑之患，无冻饿之人。这种独特的地理环境、丰富的物产以及繁荣的文化和发达的经济为《楚辞》的创作提供了广阔的空间，孕育出了众多优秀的诗人和灿烂的诗篇。

第三，正统中原文化融入了《楚辞》。楚地自古以来便是中原与南方的重要交通枢纽，楚人在殷商时代已接受了中原文化的影响，春秋战国时期，随着楚国的强大、兼并战争的日益加剧和列国间交往频繁，使得楚文化进一步吸收了中原文化，并受到儒、法、墨、名、阴阳等思想的影响。屈原曾多次使齐，熟悉中原的思想礼仪、历史掌故，在《天问》中，历数唐、虞、夏、商、周这些中原王朝的史事，同时，他诗中"举贤授能""修明法度"的思想和大量的比兴手法，也是直接继承和发扬了儒法思想与《诗经》的传统。

第四，楚地的民乐民歌滋养了《楚辞》。在春秋战国时代，楚国的音乐和民歌被称为"南音"或"南风"，其句子参差灵活，多用"兮"字来加强节奏、舒缓语气，有的还用了比兴句和双关语，以《采菱歌》《凤兮》《沧浪歌》等为代表的民间创作达到了很高的水平。屈原正是在借鉴了这些民歌并运用楚地声调的基础上才创造出楚辞这一文学新体式的。楚辞体打破了《诗经》四字一句的死板格式，采取三言至八言参差不齐的句式，篇幅和容量可根据需要而任意扩充，形式上的活泼多样使《楚辞》更适宜于抒写复杂的社会生活和表达丰富的思想感情。

第五，楚地巫风盛行影响了《楚辞》。楚国一直盛行着殷商时代一种迷信色彩浓厚的巫风文化，在郢都以南的沅、湘之间，老百姓有崇信鬼神的风俗，常常举行祭祀活动。祭祀时要奏乐、歌唱、跳舞以娱神。这种巫术风俗的熏陶，丰富了人们的想象力，滋养了浪漫的歌谣和舞蹈，给《楚辞》提供了养料，这些从《九歌》《招魂》《天问》等作品中就可见一斑，正如李泽厚在《美的历程》中所言："楚辞集中代表了一种充满浪漫激情，保留着远古传统的南方神话-巫术的文化体系"。

近代学者梁启超曾说："吾以为凡为中国人者，须获有欣赏《楚辞》之能力，乃为不虚生此国。"《楚辞》是中国浪漫主义诗歌的代表，标志着中国诗歌从集体歌唱到个人创作的转变，它所表现出的强烈的个性化特征对后世诗歌创作影响至深，它所蕴含的上下求索的精神、殉身无悔的态度以及爱国主义情操、民本主义思想光耀千秋。

简析《楚辞》的开创性贡献

注释

① 谇（suì）：责骂。
② 謇（jiǎn）：迟钝；艰阻，不顺利。
③ 侘傺（chà chì）：失意而神情恍惚的样子。
④ 崟嶔（yín qīn）：形容山势险峻、壮丽的景象。戌削（xū xuē）：形容衣服裁制合体。菀（wǎn）：茂盛的样子。

学习小测

1. 北宋黄伯思《东观余论》中的："书楚语，作楚声，纪楚地，名楚物"指的是什么？（   ）
   A. 采用楚国方言　　　　　　B. 运用楚地声调
   C. 记载楚国地理　　　　　　D. 描写楚国风物
2. 《楚辞》的产生与下面哪些背景因素密不可分？（   ）
   A. 优越的地理环境　　　　　B. 繁盛的社会经济
   C. 盛行的巫风文化　　　　　D. 融汇的中原文化
3. 《楚辞》不同于《诗经》的地方在于____。（   ）
   A. 开启了浪漫主义文学的先河
   B. 表现了更丰富的情绪和美感

屈原文化

C. 句式更多地使用五、六、七言句，更富于变化
D. 文辞华美多彩，多奇思异想和神话色彩

学习活动

请根据"学习情境"，参考"学习评价"，以小组为单位，设计一出"楚风楚韵"情景剧，充分展示楚地、楚语、楚声、楚物的特色，剧本字数限制在2000字以内。

知识拓展 2.1.1
楚语和楚声

学习评价

组别			学习成果	楚文化节情景剧			
	评价内容						
一级目标	二级目标	分值	满分	学生自评	学生互评	教师评价	其他评价
剧本内容	紧扣主题，内容全面、丰富有新意	20～25	25				
	内容与主题较为契合，较有新意	15～20					
	内容不太相符、不太准确，无新意	10～15					
剧本结构	结构合理，层次分明，详略得当	20～25	25				
	结构较合理，层次较分明，详略得当	15～20					
	结构不太合理，层次不太分明，逻辑性不强	10～15					
台词表达	自然生动，通俗易懂，表达清晰，富有感染力、亲和力	20～25	25				
	表演较自然，不太通俗，表达较清晰，较有感染力、亲和力	15～20					
	角度普通，不易懂，表达不太清晰，欠缺感染力、亲和力	10～15					

续表

组别		学习成果	楚文化节情景剧				
评价内容			满分	学生自评	学生互评	教师评价	其他评价
一级目标	二级目标	分值					
文化内涵	体现楚文化丰富内涵，具有特色	20～25	25				
	较能体现楚文化丰富内涵，较有特色	15～20					
	未能体现楚文化内涵，没有特色	10～15					

课后拓展

在课堂小组情景剧剧本的基础上，查阅资料，根据楚文化节活动要求，准备道具，角色扮演情景剧，录成小视频，上传至学习平台。

屈原文化

第二讲 《楚辞》的文辞之美

● 学习情境

学校乡村振兴"诚心电商志愿服务队"正在帮秭归县万古寺村筹备夏橙销售直播会，向同学们征集广告宣传语。

● 学习任务

将《楚辞》中的修辞方法运用到宣传文案中。

● 学习目标

【知识目标】

《楚辞》的文辞特点和美学价值。

【能力目标】

1. 能够欣赏《楚辞》中的美文美句。
2. 能够将《楚辞》中的修辞方法运用到任务文案中。

【素养目标】

1. 提高文学鉴赏能力、审美能力。
2. 陶冶情操、提升文化素养。

新课导入

《楚辞》是中国浪漫主义文学的源头，中国文人灵魂的栖息之地，其中所潜藏的"美、真、善"于千百年来不断激荡着人们的心灵，影响着人们的审美，也启发着我们对人生的思考。今天让我们一起回顾经典，感受《楚辞》中的文辞之美和它蕴含的极高的美学价值。

知识介绍

《楚辞》是中华美文学的源头，郑振铎先生曾经盛赞《楚辞》："像水银泻地，像丽日当空，像春天之于花卉，像火炬之于黑暗的无星之夜。"《楚辞》的文辞美既存在于辞藻、修辞，也存在于结构之中。

一、《楚辞》的辞藻之美

所谓辞藻，也就是精妙的词汇、辞令，指的是修饰文辞的典故或华丽的词语等。《楚辞》辞藻华丽，艺术形式独特，修辞手法繁密，不仅极具文学价值，也极富美感。

1. 色彩美

《楚辞》的辞藻之美首先体现在绚丽繁复的色彩美上。自古以来楚地艺术就以绚烂和重彩为特色，楚人常在红黑主色调的基础之上，点缀缤纷的颜色，以带来极佳的视觉效果，《楚辞》不仅用色极多，而且注重配色、补色，可谓惊采绝艳。

《楚辞》在色系的选择上使用黑白青赤系列的词语较多，颜色使用的频次从高到低依次是白、青、黑、赤、黄、玄、紫等，其中"白青黑赤黄"属于中国的传统五色，被认为是滋生宇宙的颜色，所以五色和"玄、紫"等间色的铺陈使用，不仅为《楚辞》的辞藻增添了色彩之美，更为读者呈现出一个"五色杂而炫耀"的宇宙大世界。

除了铺陈使用不同色系的颜色，《楚辞》还善用同一色系的色彩来营造诗歌画面的层次感与和谐感。比如青色系，有"菉蘋齐叶兮，白芷生"中的嫩绿，有"青黄杂糅"中的黄绿，有"驾青虬兮骖白螭①"中的青绿，还有"虆藟②兮青葱"中的碧绿；红色系有朱红（"朱紫兮杂乱"）、酡红（"朱颜酡些"），还有赤红（"赤蚁若象"）和翡红（"翡翠珠被"）；黑色系有玄黑、纯黑；白色系有青白、素白和亮白。同一色系，颜色深浅不一，搭配和谐，使读者在视觉和想象上均能体会到美感。

《楚辞》还善用颜色相互对比或映衬，使诗文显得更加鲜艳明丽，比如"粉白黛黑""变白以为黑"，是黑白对比，给人视觉冲击；"青云衣兮白霓裳""驾青虬兮骖白螭"是青白映衬、勃勃生机；"红壁沙版，玄玉梁些"是红黑对比，经典用色；"红采兮骍衣③，翠缥④兮为裳""翡帷翠帐"是红绿撞色，色彩鲜明。此外，还有"绿叶兮紫茎"的紫绿对比，"紫贝阙兮朱宫"红紫相映，不同色系的色彩互融，不仅体现了诗人极高的审美力，还表达了不同情境下诗人的情绪和感情，意蕴无穷。

2. 文辞美

屈原是语言大师，他创造出了不计其数的雅词美句，后人取之不尽，无论是"善鸟香草，以配忠贞"，还是"虬龙鸾凤，以托君子"，都蕴含国人钟爱的高洁品德和美善人格。《楚辞》一直是国人取名的"宝典"之一，如现代诗人戴望舒的名字就出自《离骚》

"前望舒使先驱兮",作家朱自清的名字取自《卜居》"宁廉洁正直以自清乎",国学大师南怀瑾的名字出自《九章》"怀瑾握瑜兮,穷不知所示",京剧表演艺术家周信芳的名字出自《离骚》"不吾知其亦已兮,苟余情其信芳"等;另外,伯庸、路曼、瑾美⑤、琼佩⑥、嘉月、菀青、琬琰、清和、辰良……美轮美奂,不胜枚举。

二、《楚辞》的修辞之美

《楚辞》中修辞手法多样,一是大量运用对偶、双声叠韵,使得作品声韵谐美;二是采用排比、铺陈、夸张等方法,极尽想象;三是充分运用移情、想象、通感和象征等营造神秘的幻境。

1. 声韵美

《楚辞》是中国追求声韵之美的开端,其最突出的特点是句式较长,常用"兮"字隔断而增添文气,使得文章韵致婉转而意蕴悠长,这是其独特之处。而大量的对偶又增加了声韵的铿锵谐美,读起来朗朗上口,比如《离骚》中"朝饮木兰之坠露兮,夕餐秋菊之落英""制芰荷以为衣兮,集芙蓉以为裳""既含睇兮又宜笑,子慕予兮善窈窕",结合文义,音画并茂。

《楚辞》中的声韵美还通过大量的双声叠韵体现出来,所谓"双声"是指两个音节声母相同,"叠韵"即两个音节韵母相同。例如,"徜徉(cháng yáng)""踌躇(chóu chú)""逍遥(xiāo yáo)""骐骥(qí jì)""崴嵬(wēi wéi)""廓落(kuò luò)""徘徊(pái huái)""旖旎(yǐ nǐ)"等;此外,还有一些叠音词如"雄雄赫赫""煌煌荧荧""风飒飒兮木萧萧"等,都使得作品音调婉转、节奏舒畅,显出一种音乐美来。

2. 想象美

《楚辞》擅长用排比铺陈和夸张的手法,让读者的想象力恣意飞扬,这一点在《离骚》中表现得尤为明显,作者"驷玉虬"乘桀鹫,顺风扶摇直上苍穹,早上从苍梧山出发,傍晚就到了昆仑山,又让望舒在前开道,命神兽飞廉紧紧跟随,鸾鸟凤凰为其戒备,雷师为其准备一切事宜,命凤凰夜以继日地飞翔,连风与云霞都迎之而来。作品通过这种手法,超越了现实的限制和束缚,使得人们能够在精神的世界里肆意徜徉。

3. 意境美

《楚辞》充分运用移情、通感和象征的修辞手法来营造一种美的意境。移情就是把人的情感移到外物身上,觉得外物也有同样的情感,好像自己欢喜时,所看到的物都像在微笑,悲伤时,外物也像在叹气,物人一体,感情表达得格外强烈。比如《九歌》描绘的东君、云中君、湘君、湘夫人、河伯、山鬼(图2-1)等自然神都是情感化、"人化"的,山川日云等自然现象都拟人化了,以此来渲染诗人的情怀。

图 2-1　《九歌图·山鬼》，傅抱石绘于 1954 年

通感则是将听觉、视觉、嗅觉、味觉、触觉以及意觉等不同感觉相互融通起来的一种修辞方式。如"袅袅兮秋风，洞庭波兮木叶下"就是用人袅袅的姿态形容秋风，同时用湖面水波和缤纷落叶进行侧面描绘，将视觉、触觉融合起来描写本无形的风。

而《楚辞》中最主要的修辞手法则是象征，即一种以具体事物去表现某种抽象意义的文学手法，其中最有代表性的就是"香草美人"，即所谓"善鸟香草，以配忠贞；恶禽臭物，以比谗佞；灵修美人，以媲于君；宓妃佚女，以譬贤臣；虬龙鸾凤，以托君子；飘风云霓，以为小人"。《楚辞》通过大量意象的比喻和象征，赋予了诗歌全新的意义和鲜活的生命力，表现了诗人对被比喻的事物所作的政治的、思想的、道德的评价。因此，屈原的诗作既有丰富的形象性，也含有深刻的思想意义。比兴手法的成功运用，不仅使作品含蓄蕴藉，长于韵味，而且也增加了作品的色彩美。司马迁概括说："其文约，其辞微，其志洁，其行廉，其称文小而其指极大，举类迩而见义远。"（《史记·屈原贾生列传》）这句话全面概括了《离骚》辞微意远、寓意深刻的比兴手法的风格特色。

三、《楚辞》的结构之美

综上所述，《楚辞》辞藻华丽，讲究对偶，声律和谐，具有艳丽的色彩美、典雅美，还描绘了缤纷多彩的物象，配上灵活多变、长短不一的句式，句尾缀以"兮"字，更添韵味，加上"而""之"等虚字的穿插，诵读与吟唱时婉转悠扬，余韵不绝。这种行文结构，体现

《楚辞》的
文辞之美

了铺排的骈俪之美,开启了中国文学的俪体,后人对屈子之词冠以"俪体之先声"的至上称号,称其"以骚启俪也"。

《楚辞》文辞之美,美在辞藻,美在修辞,美在结构,这些使得其内容与形式相互映衬,辞美情深,阅读起来唇齿留香,回味无穷。

注释

① 白螭(bái chī):神话传说中的一种白色龙类动物。
② 虉蕠(jì rú):草名。毛茹蘆,茜草,其根可作绛红色染料。
③ 骍(xīng)衣:赤色的衣服。
④ 翠缥(piǎo):缥,原为一种淡青色的帛,后意为深碧色。
⑤ 珵(chéng)美:珵意为美玉,美玉在古代指品德高尚的人。
⑥ 琼佩(qióng pèi):玉制的佩饰。

学习小测

1. 《楚辞》的文辞美存在于___、___、___之中。(　　)
A. 辞藻　　　　　　　　　　　　B. 修辞
C. 结构　　　　　　　　　　　　D. 标点

2. 《楚辞》中的"香草美人"是一种___的修辞手法。(　　)
A. 象征　　　　　　　　　　　　B. 通感
C. 移情　　　　　　　　　　　　D. 夸张

3. 《楚辞》中的"雄雄赫赫""煌煌荧荧""风飒飒兮木萧萧"这些词彰显出了作品的___美。(　　)
A. 辞藻　　　　　　　　　　　　B. 声韵
C. 画面　　　　　　　　　　　　D. 感觉

美文赏析

1. 后皇嘉树,橘徕服兮。受命不迁,生南国兮。
橘啊,你这天地间的嘉美之树,生下来就适应这方水土。禀受了再不迁徙的使命,便永远生在南楚。

2. 深固难徙,廓其无求兮。苏世独立,横而不流兮。
你深固其根,难以迁徙,你心胸廓落,不求私利。你对世事清醒,独立不羁,不媚时俗,有如横渡江河而不随波逐流。

3. 秉德无私，参天地兮。愿岁并谢，与长友兮。

你那无私的品行哟，恰可与天地相比相合。愿与橘树同心并志，一起度过岁月，做长久的朋友。

4. 淑离不淫，梗其有理兮。年岁虽少，可师长兮。行比伯夷，置以为像兮。

你秉性善良从不放纵，坚挺的枝干纹理清纯。即使你现在年岁还轻，却已可做我钦敬的师长。你的品行堪比伯夷，将永远是我立身的榜样。

表面上歌颂橘树，实际是诗人对自己理想和人格的表白。

——《九章·橘颂》

学习活动

根据"学习情境"，参考"学习评价"，借鉴《楚辞》的美文美句，巧用修辞，妙用韵律，蕴含文化深意，以小组为单位，为学校"诚心电商志愿服务队"在万古寺村的夏橙销售直播会，设计一条宣传广告语。

学习评价

组别			学习成果	宣传广告语			
评价内容							
一级目标	二级目标	分值	满分	学生自评	学生互评	教师评价	其他评价
创意构思	宣传广告语有吸引力和创意	20～25	25				
	宣传广告语较有吸引力和创意	15～20					
	宣传广告语平淡普通	10～15					
语言表达	能运用所学修辞手法，有美感	20～25	25				
	运用所学修辞手法，较有美感	15～20					
	普通直白，无美感	10～15					

续表

组别		学习成果		宣传广告语			
评价内容				学生自评	学生互评	教师评价	其他评价
一级目标	二级目标	分值	满分				
宣传效果	广告语令人印象深刻，有购买愿望	20～25	25				
	广告语令人印象较深刻，较有购买意向	15～20					
	广告语普通平淡，令人无购买意向	10～15					
主题关联	广告语契合《橘颂》主题，为产品塑造了美好形象	20～25	25				
	广告语与《橘颂》主题有一定关联	15～20					
	广告语与《橘颂》主题无关	10～15					

课后拓展

秭归是著名的"脐橙之乡"，柑橘栽培历史悠久，早在两千多年前，伟大爱国诗人屈原就写下了《橘颂》名篇，请你结合本主题内容，查阅相关资料，为秭归柑橘写一篇100字左右的广告推文，图文（音画）并茂，便于线上推广。

第三讲 《楚辞》的意象之美

● **学习情境**

为助力荆楚好物出圈,"湖北发布"微信公众号联合湖北省知识产权局开展地理标志产品专项推广活动,让荆楚好味道,飘香千万家,今天的活动主题是"我为秭归脐橙代言"。

● **学习任务**

将意象的表达手法运用到宣传文案中。

● **学习目标**

【知识目标】
《楚辞》中的意象表达手法和美学价值。

【能力目标】
1. 能够理解并欣赏《楚辞》中的意象之美。
2. 能够将意象的表达手法运用到宣传文案中。

【素养目标】
1. 理解美、欣赏美、创造美。
2. 陶冶情操、提升文化素养。

新课导入

"意象"是一种寓情于景、以景托情、情景交融的艺术表达方法。古人认为"意"是内在的抽象心意,"象"是外在的具体物象,"意"源于内心并借助于"象"来表达,象其实是意的寄托物,即王国维所言"一切景语皆情语也"。意象与意境一样,都属于中国美学的基本范畴。意象是诗词中独特的文化符号,诗人常通过意象表达出不同情感,比如我们熟知的"梅兰竹菊"多用来表达品格的高尚,用"羌笛""杨柳"表达离别的惆怅,用"寒风""古道""落日"等抒发凄凉悲伤的思绪和孤独惆怅的感情。

屈原文化

《楚辞》之所以能给读者时而奔放激昂、时而神秘浪漫、时而悲戚自怜的感觉，其中很重要的原因是诗人大量运用了"意"与"象"，将作者的心理和情感移情于自然万物，寓意于神话传说，并利用大量意象来创设意境，带给读者无穷想象和美感。

一、自然意象

《楚辞》里最丰富的意象为自然物象，不仅有异彩纷呈的动植物，还有变化万千的物候气象，根据作者表达需要代表美丑善恶。《离骚》中的植物有54种，其中有代表高洁君子的香草香木，如芷、秋兰、木兰、秋菊等，也有代表奸佞小人的恶草，如萧艾、茅、榝等。这些意象信手拈来，表明作者在任何情况下都要坚持美好的理想和情操，不愿为恶俗所污染的情怀。

《楚辞》中出现的动物近70种，大致分为走兽、飞禽、鱼鳖、虫豸四类。其中马、凤、龙出现的次数最多。马在《楚辞》中大都是作为坐骑出现的，骐骥便是资质较好的良马，它们驰骋千里，不辞劳苦，对主人忠心耿耿。屈原在《楚辞》中大量使用马的意象其实便是自己对贤才的赞赏和认可，也是对自我的赞扬。

鸾凤①作为楚文化的图腾，同样大量出现在《楚辞》中。《九章》中"鸾鸟凤皇，日以远兮。燕雀乌鹊，巢堂坛兮""凤皇在笯兮，鸡鹜②翔舞"，每组都是相互对立的两种意象，用以揭露社会现实的转折颠倒，屈原也用此来印证自己高洁、超凡脱俗的品行，不与世俗同流合污的坚定决心。《楚辞》中还有鸩、鸠等意象，尤其是鸩，是古代传说中的毒鸟，用它的羽毛泡酒喝了可以毒死人。"吾令鸩为媒兮，鸩告余以不好。雄鸠③之鸣逝兮，余犹恶其佻巧④。"所以，鸩、鸠用来比喻心地奸诈的小人，在屈原与楚王之间作恶的佞臣。

除了动植物之外，《楚辞》的自然意象还有自然现象，如天地日月、风云雷雾等，且善用自然意象来创设意境，渲染一种整体的氛围和格调，如用"袅袅兮秋风，洞庭波兮木叶下"描绘辽阔的洞庭秋景图；《山鬼》里用"夜雨""鸣雷""乱石""秋风"等，描绘惊悚凄清的悲凉意象，使人身临其境。而在《悲回风》中，"悲回风之摇蕙兮，心冤结而内伤。物有微而陨性兮，声有隐而先倡"，利用"回风""蕙草""微风"变幻的意象，融情于景，不由升起一股悲凉哀伤之情，足以见得《楚辞》在神形、情景、物我上达到了高度融合。

二、人物意象

《楚辞》中的人物意象非常丰富，屈原借这些人物意象来表达自己对明君贤臣的渴望,或借历史人物反思现实政治,抒发自己的愤懑之情。典型的人物意象有明君尧、舜、禹、启、周文王,有贤臣比干、伯夷、傅说,有昏君夏桀、商纣、周幽王,还有佞臣寒浞、纯狐等,这些历史真实人物典故世人皆知,屈原用它们以史鉴今,希望国君明辨是非,远离奸佞小人。

《楚辞》中还多有女性的意象,尤其以"美人"意象最具特色,作为一种政治托寓,这种特殊意象在诗歌的不同段落中出现,指代不同含义,"美人"时而指楚王,时而指自己,时而又泛喻贤臣。如"众女嫉余之蛾眉兮,谣诼谓余以善淫",诗人将"美人"喻己,委婉表达出因小人谗言而自己遭到冷落,一腔愤恨无处宣泄。诗人还揭露了楚君的过失,宠信奸臣,疏远忠良,致使诗人的"美政"理想落空。又如"惟草木之零落兮,恐美人之迟暮""思美人兮,揽涕而伫眙⑤",这里的美人指的却是当时楚国的君主楚怀王,屈原在此象征了忠君思君的思想。

在《离骚》中,诗人还有追求"美人"的描写,但总是阻隔重重,求而不得,这其实是诗人对求君的隐喻,他将君王比作神话中的神女,以"求女"喻指求君,表达自己渴望求得贤明君主的认可和支持的心情。

三、神话意象

《楚辞》中蕴含了丰富的神话与原始宗教文化元素,其中神灵形象包括天神、人鬼、人神和生物神灵,通过这些载体,屈原抒发了心中的忧愤与热忱,透过这些意象,诗人表达了他的向往与感慨。《楚辞》想象奇谲、文笔优美,为我们打开了一个历史与神话交融、现实与虚幻交织的神奇世界,同时也为我们提供了崭新的审美视角;更重要的是在这个世界里,诗人屈原可以远离肮脏俗世,恣意徜徉,实现自我精神的放逐与救赎。

不论是自然意象、人物意象,还是神话意象,都是屈原情感喷发的载体,承载着诗人激昂的情感和丰厚的精神,反映了那个时代浓郁的文化气息和耐人寻味的艺术精神,这些就是《楚辞》的意象之美。

《楚辞》的
意象之美

① 鸾凤(luán fèng):鸾鸟和凤凰,古代传说中的神鸟,也比喻贤良、俊美的人。
② 鸡鹜(wù):鸡和鸭,比喻小人或平庸的人。
③ 雄鸠(xióng jiū):鹘鸠,似山鹊而小,短尾,青黑色。
④ 佻巧(tiāo qiǎo):轻佻巧佞,轻佻巧利,浮华小巧。
⑤ 伫眙(zhù yí):站立凝望,停步观看。

学习小测

1. "意象",就是一种____、____、____的艺术表达方法。(   )
   A. 寓情于景   B. 以景托情
   C. 情景交融   D. 寓意于象
2. 《离骚》中代表高洁君子的香草香木有哪些?(   )
   A. 芷   B. 秋兰
   C. 木兰   D. 秋菊
3. "思美人兮,揽涕而伫眙。"中的美人指的是____。(   )
   A. 屈原   B. 楚怀王
   C. 楚顷襄王   D. 神女

知识拓展 2.1.3
"橘"的象征意义

学习活动

请根据"学习情境",参考"学习评价",综合前期学习内容,以小组为单位,对以下微信朋友圈的柑橘宣传文案进行修改,巧用《楚辞》的意象增加文意,字数限制在100字以内。

文案1 38号爱媛果冻橙

皮薄,水分足,果味浓,口感好,每日现摘现发,等待了一年的橘橙爱媛,完美占据柑橘界顶端,果肉细腻如果冻般,爆汁!手动榨汁不是梦!目前是口感最佳时期!

文案2 秭归脐橙

南国有佳果,地名叫秭归,一品惊其艳,再品不忘情。

秭归脐橙,地标性水果,湖北每年有1/3的脐橙来自秭归,不打蜡,不催熟,不染色,无公害。

文案3 秭归九月红

九月红有秭归水田坝产区独有的包装,踏踏实实的基地直供,每一口都让人感到清甜恰到好处的柔软,天然健康,加上100%天然橙味带来的感觉,让你一见倾心,一口一口停不下来。

文案4 秭归夏橙

貌美如花是你,爆汁甜美是你,唇齿留香亦是你;

我们的秭归夏橙,我说一百遍"多好吃";
不如你亲自来品尝一次!

学习评价

组别			学习成果	秭归脐橙宣传文案			
评价内容							
一级目标	二级目标	分值	满分	学生自评	学生互评	教师评价	其他评价
创意构思	宣传文案结构简洁,有创意	20~25	25				
	宣传文案较复杂,有一定的创意	15~20					
	宣传文案平淡普通、较直白	10~15					
语言表达	能运用所学修辞手法,有美感	20~25	25				
	运用到所学修辞手法,较有美感	15~20					
	普通直白,无美感	10~15					
宣传效果	宣传文案令人印象深刻,有购买愿望	20~25	25				
	宣传文案令人印象较深刻,较有购买意向	15~20					
	宣传文案普通平淡,无购买意向	10~15					
主题关联	宣传文案表达了柑橘的文化内涵,为产品塑造了更好形象	20~25	25				
	宣传文案与柑橘的文化内涵有一定关联	15~20					
	宣传文案与柑橘的文化内涵无关	10~15					

屈原文化

课后拓展

因享有得天独厚的峡江气候，宜昌秭归县形成了"春有伦晚、夏有夏橙、秋有九月红、冬有纽荷尔"一年四季盛产鲜橙的优势。请积极参加"湖北发布"微信公众号"我为秭归脐橙代言"产品推广活动，在小组活动的基础上，每位同学查阅相关资料，从春夏秋冬鲜橙中挑选其一，完善秭归脐橙宣传文案，制作1分钟左右小视频，开展线上推广。

第四讲 《楚辞》的内美之美

● 学习情境

为更好地挖掘和传承屈原精神，发挥其在城市品牌塑造、屈原文化的传承与弘扬工作中的作用，屈原文化研究院决定启动"屈原精神主题征文"活动。

● 学习任务

撰写屈原精神主题论文。

● 学习目标

【知识目标】
了解《楚辞》体现的"内美"。

【能力目标】
1. 能够理解并欣赏《楚辞》中的内美之美。
2. 能够从"内美"的角度撰写屈原精神主题论文。

【素养目标】
1. 理解美、欣赏美、创造美。
2. 陶冶情操、提升内在素养。

新课导入

屈原在《离骚》开篇写道，"纷吾既有此内美兮，又重之以修能"，意思是诗人的内在已有很好的血统与品质，但还需要不断地去提升这些优秀崇高的品质。许多注本将"内美"解释为"内在美""内心美"，后延伸为蕴含楚国民族精神之"义"的内化，表现为"中正"人格。"中正"的本质是美真统一，与儒、道美学构成了中国三大美学体系。

知识介绍

《楚辞》的美学价值除了体现在文辞、意象外，最震颤人心的美，还是屈原通过诗歌所表现出来的情感美、精神美和人格美，这就是《楚辞》的"内美"。

一、情感美

《楚辞》的情感美以"哀"为主，其主基调忧郁哀怨，带有浓厚的感伤色彩。《九章·惜诵》中屈原发出"发愤以抒情"的说法，自此构成了屈骚美学的灵魂和精髓。屈原以感伤的格调、敏感的情怀、奔放的笔触抒发着对俗世的质疑与愤懑，倾泻着对宇宙、人生的热情、焦虑和绝望，一如李白所云："正声何微茫，哀怨起骚人。"这种哀怨力透纸背，让明人蒋之翘发出这样的感叹："予读《楚辞》，观其悲壮处，似高渐离击筑，荆卿和歌于市，相乐也，已而相泣，旁若无人者。凄婉处，似穷旅相思，当西风夜雨之际，哀蛩①叫湿，残灯照愁……"

具体来说，《楚辞》的"哀"表现在诗人的自怜、忧国和物哀上。其中"自怜"贯穿了屈原甚至后学宋玉的整个作品，比如《离骚》里屈原反复倾诉被小人诽谤后精神压抑的苦闷心情，"屈心而抑志兮，忍尤而攘诟""依前圣以节中兮，喟凭心而历兹"。这种"自怜"充满了求而不得、怀才不遇、备受排挤的无可奈何，但却又能延伸出一种在超越的境界中延伸生命、寄托理想的情怀，于是，诗人向天诉说完衷肠，便得到了正道，前途辉煌，他驾着玉虬，乘着凤凰飞升到理想的天界，奏起《九歌》，舞起《九韶》，在精神的世界里恣意翱翔，显现出孩子般纯真的快乐。

不过，所有"自怜"的终极指向都是忧国忧民，是壮志未酬不能为国效力的悲凉，"长太息以掩涕兮，哀民生之多艰"。但可悲的是诗人一片赤子之心换来的却是郢都的宫殿变为废墟，东门变得荒凉，"曾不知夏之为丘兮，孰两东门之可芜？"国破家亡之时，诗人却在流放途中，无法返回故都，"羌灵魂之欲归兮，何须臾而忘反"。不管他为国家多么殚精竭虑，历史还给他的都只是焦黑的故土，遍地苍凉。

这一切悲、怨、与哀，表现在物体的意象上就是"物哀"，凋伤万物，引发对生命价值的关注与思考。物哀中最突出的是诗人对时间的哀叹，《离骚》中吟："日月忽其不淹兮，春与秋其代序。惟草木之零落兮，恐美人之迟暮。"时光流逝，诗人"恐年岁之不吾与"。《悲回风》中万芳芜秽，岁月流逝，当人短暂的生命就要走到尽头时，诗人发出了人生无常的感叹："岁忽忽其若颓兮，时亦冉冉而将至。蘮蘮②槁而节离兮，芳以歇而不比。"故物哀也是《楚辞》在美学上对后人的又一启发。

二、精神美

从文化精神而言，《楚辞》的美在于它展现了屈原赤诚的爱国主义情怀、九死不悔的执着精神、上下求索的探索精神和独立不迁的个人精神，这些精神于千百年来深深影响着后人，成为当之无愧的诗魂、国魂和民族魂。

"陟升皇之赫戏兮，忽临睨夫旧乡。仆夫悲余马怀兮，蜷局顾而不行！"《楚辞》中忠君爱国、忧国忧民的情怀除了这些直接的自我表白外，更重要的是体现在屈原的美政思想中，他曾提出"善"与"义"的理念，立志"仁政"治国。《离骚》载："瞻前而顾后兮，相观民之计极。夫孰非义而可用兮，孰非善而可服。"回想过去，展望未来，总结成败得失，体察民生之计，是重要的治国之道。他还提出"举贤才而授能兮，循绳墨而不颇"，内政上要举贤任能，彰明法度。尤为可贵的是，尽管屈原惨遭流放、历经磨难，但始终不改初心，眷顾楚国，心系君主，不改对百姓的深切热爱，直至以死明志。这种为国尽忠的信念，构成了屈原精神的主体，并逐渐凝结成中华民族爱国精神的核心。

"亦余心之所善兮，虽九死其犹未悔。"

相信每一位学习了《楚辞》的同学都会被屈原的这种九死不悔的执着打动。屈原以"美政"为理想，对君王怀着极大的期望，希望君王能像唐尧虞舜一般选贤举能、修明法度，他劝谏君主却遭受贬黜；他佩戴蕙草、采撷兰芷，以此高洁自守，然而这却成了他被弹劾的罪名。他为君为国呕心沥血，渴望辅佐君王、振兴楚国，却受奸人谗言之害，远黜沅湘。这一切都没有改变诗人的志向，他坚定"心之所善"，他赞美"清白死直"的勇士，他为理想和节操献身，屈原用诗和行动向我们诠释了如何将个人的理想与国家命运紧紧结合在一起，如何坚持理想、追求理想，九死不悔。

"路漫漫其修远兮，吾将上下而求索"，追求理想的道路永远不是平坦顺遂的，屈原在追求光明理想的道路上，经受着"哀众芳之芜秽"的挫折、"羌中道而改路"的失落，忍受着"竞进以贪婪""兴心而嫉妒"者的诋毁与诽谤。他在苦难的包围中坚守着理想的初心，百折不挠地去追求、去探索真理，这种精神影响着后代许多诗人、作家，孕育出一种精神美学气息，升华了《楚辞》内在气质中的美学精魂。

在《渔父》"举世皆浊我独清，众人皆醉我独醒"中，屈原体现了他的高尚节操和不与世俗同流合污的品格。他说："宁溘死以流亡兮，余不忍为此态也。"我宁可死，也不忍以中正之性，为淫邪之态。这种坚守信念、独立不迁的精神，为后人所敬仰。

三、人格美

综上而言，屈原忧郁的诗人气质、百折不回的探索精神、独立不迁的君子品格，以及赤诚的爱国之心，构成了一个完美人格的典型，演变成了民族精神的完美象征。

"纷吾既有此内美兮，又重之以修能。"

这个完美主义者、理想主义者用"美"谱写了生命的华章，也为《楚辞》构建了一种超越生命、寄托理想的精神境界。不论是《天问》，还是《离骚》，作者不断发出对世

间万物的追问，对美丑善恶的分析，对高尚品德的追崇和对超越生命的沉思，在这些沉思中，沉淀出一种真善美的精神气质，为后世创造出了一个唯美的灵魂栖息之地，对后来美学思想的发展和文人创作产生了巨大影响。

这些就是屈原和《楚辞》带给我们的美，希望大家也能内外兼修，成为一个灵魂高贵、人格高尚，品性优良的人！

《楚辞》的内美之美

注释

① 蛩（qióng）：古指蟋蟀，也指蝗虫，俗称蚱蜢。
② 蘩蘅（fán héng）：两种香草名。

学习小测

1. 《九章·惜诵》中屈原发出的____说法，自此构成了屈骚美学的灵魂和精髓。（　　）
   A. "发愤以抒情"　　　　　　　B. "竞进以贪婪"
   C. "兴心而嫉妒"　　　　　　　D. "哀怨起骚人"
2. "岁忽忽其若颓兮，时亦冉冉而将至。"表达的是作者____的哀伤。（　　）
   A. 惨遭流放　　　　　　　　　B. 奸臣当道
   C. 美人迟暮　　　　　　　　　D. 时间流逝
3. 屈原通过诗歌所表现出来的____、____、____，构成了《楚辞》的"内美"。（　　）
   A. 情感美　　　　　　　　　　B. 精神美
   C. 人格美　　　　　　　　　　D. 形象美

知识拓展 2.1.5
美文节选

学习活动

请根据"学习情境"，参考"学习评价"，综合前期学习内容，以小组为单位，结合当代大学生的人生理想和追求，从"内美"的角度撰写屈原精神主题征文，字数限制在300字以内。

学习评价

组别			学习成果	屈原精神主题征文			
一级目标	二级目标	分值	满分	学生自评	学生互评	教师评价	其他评价
征文内容	征文内容全面完整、条理清晰，有深度	20～25	25				
	内容较全面、条理较清晰，较有深度	15～20					
	内容不太正确、条理不清晰，无深度	10～15					
征文结构	结构合理，层次分明，详略得当	20～25	25				
	结构较合理，层次较分明，详略得当	15～20					
	结构不太合理，层次不太分明，逻辑性不强	10～15					
当代价值	结合大学生现状，体现当代价值	20～25	25				
	较能体现当代大学生价值观	15～20					
	未能结合大学生现状，未体现当代价值	10～15					
文化内涵	体现内美丰富内涵，有文采	20～25	25				
	较能体现内美丰富内涵，较有文采	15～20					
	未能体现内美丰富内涵，没有文采	10～15					

课后拓展

请在小组活动的基础上，每位同学查阅相关资料，完善屈原精神主题征文，制作3分钟左右小视频，发送到屈原文化研究院参加评选。

[主题二]

《楚辞·离骚》赏析

第一讲 《离骚》写作背景介绍

● **学习情境**

端午将至,为回顾屈原流放的行吟足迹,感受屈原与日月争辉的爱国忠魂,学校发起了"重走屈原路"活动,请结合《离骚》写作背景及其他史料,绘制出一份屈原流放地图。

● **学习任务**

为"重走屈原路"活动绘制屈原流放地图。

● **学习目标**

【知识目标】

1. 掌握有关屈原和《楚辞》的文学知识。
2. 了解屈原的生平事迹及《离骚》的创作背景。

【能力目标】

1. 能解读屈原在创作《离骚》时的心境。
2. 能绘制屈原流放地图。

【素养目标】

感受屈原爱国热忱,培养爱国情怀。

新课导入

《离骚》是中国爱国主义诗篇的开山之作，开辟了中国文学浪漫主义的源头，对后世文人的创作产生了重要而深远的影响。李白曾吟诗："屈平辞赋悬日月，楚王台榭空山丘。"他的许多作品同《离骚》一样，往往大量地编织神话传说、日月风云和历史人物，构成具有象征意义的雄奇图画。鲁迅的《彷徨》在出版时也曾引《离骚》诗句作为书前的题词，彰显出孜孜不倦追求真理的精神。

知识介绍

《离骚》是屈原的代表作品，是我国古代最伟大的一篇浪漫主义抒情长诗，也是世界诗歌史上最雄奇的诗篇之一。《离骚》约作于屈原被放逐汨罗江期间，时当楚怀王十六年（公元前313年）左右。

一、解题

关于诗题"离骚"，司马迁在《史记·屈原贾生列传》中说："'离骚'者，犹离忧也。"王逸的《离骚经序》解释："离，别也；骚，愁也。"

司马迁引述刘安的《离骚传》，介绍了此诗的创作缘由："屈平疾王听之不聪也，谗谄之蔽明也，邪曲之害公也，方正之不容也，故忧愁幽思而作《离骚》。"又说："屈平正道直行，竭忠尽智，以事其君，谗人间之，可谓穷矣。信而见疑，忠而被谤，能无怨乎？屈平之作《离骚》，盖自怨生也。"屈原的"忧愁幽思"和怨愤，是和楚国的政治现实紧密联系在一起的。《离骚》就是他根据楚国的政治现实和自己的不平遭遇，"发愤以抒情"而创作的一首政治抒情诗。由于其中曲折尽情地抒写了诗人的身世、思想和境遇，因此也有人把它看作屈原生活历程的形象记录，称它为诗人的自述传。

二、写作背景

屈原生活在时代大动荡、社会大变革的战国中后期。屈原意识到楚国的危险处境，深知楚国只有改革政治，才能富强起来，才能与强秦抗衡，故而提出"举贤才而授能兮，循绳墨而不颇"的"美政"理想。"举贤授能"就是要任人唯才，反对世卿世禄，限制旧贵族对权位的垄断；"循绳墨而不颇"就是要完善法度，废除旧贵族的种种特权。这极大地触犯了楚国旧贵族的利益，招致他们的不满。屈原一心为国家前途考虑，群臣却只顾

自己眼前的利益,这就形成了尖锐的矛盾。而楚怀王昏庸浅薄,经不起小人挑拨,不能采纳屈原的主张,疏远了他。后来更因佞臣的诽谤,致使屈原先后被流放至汉北和沅湘地区。

流放途中,屈原用诗歌倾吐自己的忧愁幽思,表达不愿与世俗同流合污的志向。这首近2500字的长诗,叙述了诗人的高贵身世和远大志向,反映了楚国统治阶层中正直与邪恶两种势力的尖锐斗争,诉说诗人一生不懈的斗争和以身殉志的决心,暴露出楚国的黑暗现实和政治危机,表达了他为国为民而战斗不屈、"九死不悔"的爱国忧民情怀。

三、复杂心境

《离骚》中蕴含了作者曲折而复杂的情感,主要表现在以下五个方面。

1. 于己——悲悔之情

诗人为国尽心尽力,且不断加强自我修养,努力保持高洁的操守,却因此遭到小人的嫉妒与谗害,最终被怀王疏远,在朝中处于孤立无援的境地。诗人对自己当时的处境感到悲哀伤痛,反映在文中,经历了"不悔—后悔—不悔"的复杂心路历程。内心痛苦郁悒,常常独自叹息——"长太息以掩涕兮,哀民生之多艰。余虽好修姱以鞿羁兮,謇朝谇而夕替""忳郁邑余侘傺兮,吾独穷困乎此时也",这正是其艰难处境的真实写照。

2. 于君——怨恨之情

屈原坚持正直之行,忠贞于君,但遭到小人离间,被君王疏远,选段中抒发了他对怀王的怨恨之情。其诗云"怨灵修之浩荡兮,终不察夫民心"("灵修"指楚怀王,"民心"指人心,此处主要指自己的忠心),诗人怨恨怀王的缘由主要有两个方面:"浩荡"与"不察民心"。王逸释"浩荡"为"无思虑貌",具体指怀王出尔反尔,毫无准则。据司马迁《史记·屈原贾生列传》与刘向《新序》所载,怀王对屈原始信而终疑,先任而后疏,屈原在《离骚》中云:"初既与余成言兮,后悔遁而有他。"怨怀王反复无常,不守信用,没有主见。同时诗人指责怀王"终不察夫民心",怨恨他听信谗言,不亲躬体察其忠直之心,肆意迁怒于己,致使忠臣蒙冤难陈、无罪受罚。

3. 于佞——愤恨之情

诗人正道直行,履职尽忠,却致险境,终遭流放,无奈投湖明志。导致他悲剧命运的直接原因就是朝中奸佞的蓄意陷害,所以诗人对他们无比愤恨和憎恶,将其丑陋的嘴脸毫不留情地揭露出来,如其诗云:"众女嫉余之蛾眉兮,谣诼谓余以善淫。固时俗之工巧兮,偭规矩而改错。背绳墨以追曲兮,竞周容以为度。""众女"比喻众多奸佞小人,"蛾眉"比喻自己的高尚美德、清洁之性。诗人怒批党人嫉妒贤能,混淆是非,颠倒黑白，恶意造谣中伤自己；斥责他们投机取巧，违背规矩法度，随意歪曲事实，竞相把苟合于世、容媚于俗作为准则。需要补充说明的是，党人对诗人的陷害与诗人对党人的憎恨，表面上看是同僚之间的矛盾，实际上是以屈原为代表的新兴进步力量与贪图世卿世禄的旧贵族之间深层矛盾的集中体现，它是不可调和的，故屈子对奸佞党人的愤恨之情自然是刻骨铭心的。

4. 于国——挚爱之情

像屈子这样才能卓绝、品行高洁的有志之士，生活在"楚才晋用"成风的战国时代，为什么愿意长期忍受忧愤痛苦而不去他国另觅出路呢？或者即便要留在楚国为什么不选择随波逐流、"明哲保身"的妥协策略呢？原因是除了他那坚贞不屈的刚直个性外，更源于心底的强烈爱国之情、赤子之心的驱动，为了复兴楚国这一"美政"理想而"九死不悔"。因为内忧外患的楚国需要他，处于水深火热的楚国人民需要他。怀王时期的楚国已经开始走向衰落，强大的秦国严重威胁到了楚国的存亡，诗人希望内政上通过修明法度、举贤授能使国家富强，外交上坚持联齐抗秦的合纵策略以使秦国不敢入侵。然而昏庸无度的怀王和苟且偷乐的佞臣使楚国政治一片黑暗。诗人忧心如焚，希望怀王支持他的政治主张，而反复无常的怀王始任终弃，置诗人于危险处境。愤怒的诗人不得不重申"岂余身之惮殃兮，恐皇舆之败绩"（《离骚》），不惧殃咎于身，唯恐君国倾危，其拳拳之心跃然纸上，催人泪下。

5. 于时——伤感之情

屈原在《离骚》中，有多处表达了自己对时光流逝的感慨和无奈，如："汨余若将不及兮，恐年岁之不吾与""日月忽其不淹兮，春与秋其代序"；也有以草木凋零比喻时光流逝，"惟草木之零落兮，恐美人之迟暮"。他感叹岁月无情，年华逝去，而自己的理想却难以实现。

屈原作为爱国主义诗人的伦理依据

四、后世影响

《离骚》对中国文学的发展产生了重要影响，主要表现在以下几个方面。

1. 殉身无悔的态度

诗中包含的殉身无悔的执着和坚韧，激励着后世诗人以这种顽强执着的态度去追求理想的政治和社会，追求理想的人格和爱情。这种精神在后世文人的作品中得到了体现，例如唐代诗人杜甫的《茅屋为秋风所破歌》，表达了在困苦中坚守理想的态度。

2. 上下求索的精神

后世诗人从《离骚》中继承了对美好事物、美好情感、美好理想的追求精神,并发展了诗中以香草美人喻美好品质的比兴手法。

3. 悲秋伤时的传统

中国古代诗歌的"悲秋"传统,也源于《离骚》。这种传统在后世诗歌中得到了延续和发展,例如唐代诗人杜甫《登高》中的诗句"万里悲秋常作客,百年多病独登台",就表达了对时光流逝的悲叹和无奈。

4. 艺术价值

《离骚》在艺术上也具有很高的价值。它的叙事和抒情相结合的表现手法,对后世诗歌创作产生了深远的影响。同时,《离骚》中运用了大量的象征和隐喻,这些手法也在后世诗歌中得到了广泛的应用和发展。

1. 下列说法中有错误的一项是（　　）。
A. 屈原在楚歌的基础上,创造了一种句子长短不一、形式灵活、多用"兮"字的新诗体,人们称这种诗体为"楚辞"。
B. 《离骚》是屈原的代表作,是我国古代最长的抒情诗,后人将它与《诗经》中的《国风》并称为"风骚"。
C. 《楚辞》是我国古代爱国诗人屈原作品的总集,由汉代刘向编成。宋人朱熹有《楚辞集注》。
D. 《离骚》的意思就是"罹忧"（遭受忧愁）,是屈原晚年被放逐到江南时期的作品。

2. 屈原一共被流放了____次。（　　）
A. 1　　　　　　　　　　　　B. 2
C. 3　　　　　　　　　　　　D. 4

知识拓展2.2.1
历代名家对
《离骚》的评论

了解《离骚》的写作背景后,请搜集其他史料,结合屈原的流放经历,以小组为单位,为学校"重走屈原路"活动绘制地图。

学习评价

组别		学习成果		手绘地图（加文字解说）			
评价内容				学生自评	学生互评	教师评价	其他评价
一级目标	二级目标	分值	满分				
内容：准确完整	准确地反映了屈原流放的路线和地点，包含了所有相关的信息，如流放的起点、终点、时间等	20～25	25				
	基本切合史实，能反映屈原的流放历程	15～20					
	与史实不符，不能反映屈原的流放历程	10～15					
形式：清晰美观	地图的视觉效果清晰，易于理解，设计和绘制美观	20～25	25				
	地图的视觉效果比较清晰美观	15～20					
	地图的视觉效果不够清晰，设计和绘制的美观性较差，不易于理解	10～15					
功能：实用创新	地图具有实际应用价值，能帮助读者更好地理解屈原的生平和文学创作背景。采用了新方法或技术来展示流放路线	20～25	25				
	具有实际应用价值，但创新性不够	15～20					
	实际应用价值及创新性不足	10～15					
解说：《离骚》背景	能清晰解说屈原流放经历与《离骚》产生的关系	20～25	25				
	能较清晰解说屈原流放经历与《离骚》产生的关系	15～20					
	不能清晰解说屈原流放经历与《离骚》产生的关系	10～15					

课后拓展

屈原因忠君爱国而遭受诬陷和迫害,被楚王流放。如果屈原想要向怀王陈情,他可能会采取什么策略?请以"怀王,请听我说"为开头,设计一段屈原在流放途中与楚怀王的对话。

第二讲 《离骚》经典片段赏析

● 学习情境

端午将至,学校将举办主题为"吟诵屈子经典,感悟《楚辞》之美"的诗歌朗诵比赛。

● 学习任务

以《楚辞·离骚》为选材,进行诗歌朗诵。

● 学习目标

【知识目标】
1. 了解"楚辞体"的特征及《离骚》的艺术价值。
2. 掌握文中重要的文言现象。

【能力目标】
1. 能够流畅地诵读并翻译诗文。
2. 能够把握诗中人物形象并理解屈子的复杂情感。

【素养目标】
1. 激发爱国忧民的思想感情。
2. 养成执着追求理想的高尚节操。

新课导入

屈原的代表作《离骚》,是我国古代最长的一篇浪漫主义抒怀诗,以其可与日月争辉的光芒照耀着诗坛。《离骚》是诗人在遭流放途中,满怀"信而见疑,忠而被谤"的委屈,凝聚忧愤、感慨于笔端写成的。它有着丰富的内容、浪漫的想象、强烈的感情、自成一格的写作手法,思想和艺术上的双重魅力,令无数人为之倾倒,同时,也是我们了解屈原伟大思想与生平经历最重要的历史资料。

知识介绍

节选部分主要叙述屈子因洁身自好、坚持正道而受到群小猜疑、造谣、中伤,导致君主的疏远。屈子一方面表明决心,不愿就此退缩,和蝇营狗苟的小人们同流合污;另一方面设想隐退,同时更加努力培养自己的美好德行。这部分也是作者最集中表白自己的心志,感情表达最直接、强烈的段落。想要读懂《离骚》,还需要对其中多种写作手法的运用有所了解。

一、两个世界

《离骚》呈现出两个世界:一是"众皆竞进以贪婪兮"的现实世界;二是由天界、神灵、往古人物和人格化了的日、月、风、雷、鸾凤、鸟雀所组成的超现实世界。尤其是在后两部分,虚构了女媭詈原、陈词于舜、上款帝阍、历访神妃、灵氛占卜、巫咸降神、神游西天等一系列幻境,便使这首抒情诗具有了故事情节的成分。超现实的虚幻世界是对现实世界的一个补充,在人间见不到君王,到了天界也同样见不到天帝;在人间找不到同志,到天上"求女"也同样一事无成。不管是现实世界,还是虚构的超现实世界,都如此浑浊不堪、小人当道,实乃可悲可叹!

二、双重象征

香草:《离骚》中出现了十八种香草,包括江离、芷、留夷、揭车等。这些香草在诗中常常被用来象征美好的品质和道德。香草不仅增加了诗歌的象征意义和美学价值,也表达了屈原对美好品质和道德的追求。

求女:在《离骚》中,求女这一情节具有多重象征意义。首先,求女象征追求贤君。屈原对君主的德行和智慧寄予了厚望,他希望能求得明主,推行美政,使国家繁荣昌盛。其次,求女可以象征渴望贤臣,希望得到他们的支持,共同为国家谋求福祉。最后,求女还可以象征追求美政,希望国家能够安定富强,百姓安居乐业。

三、两相对比

圣主与昏君。《离骚》中提到了"三后",即大禹、商汤和周文王。这些人物都是中国历史上有名的明君,他们任用贤臣、推行仁政,对中国历史产生了深远的影响。屈原表达了对"三后"的敬仰和赞扬,并渴望追随圣贤的足迹,复兴楚国。同时,又描述了一些昏君的形象,以此形成鲜明的对比。其中,夏桀和纣王是被提及最多的两位昏君。

贤臣与奸佞。在《离骚》中，描述了一些贤臣的形象，他们在政治上具有高尚的品德和才能，能够为君王出谋划策、治理国家。屈原希望遇到类似傅说、吕望、宁戚的贤臣，可以共同辅佐君主推行美政，使国家繁荣昌盛。屈原也在《离骚》中表达了对奸佞的厌恶和痛恨。他认为奸佞小人会蒙蔽君主视听，导致国家衰败。

陈洪绶《屈子行吟图》见图 2-2。

图 2-2　陈洪绶《屈子行吟图》

· 离骚（节选）·

屈原

帝高阳之苗裔兮，朕皇考曰伯庸。① 摄提贞于孟陬兮，惟庚寅吾以降。②
皇览揆余初度兮，肇锡余以嘉名。③ 名余曰正则兮，字余曰灵均。④
纷吾既有此内美兮，又重之以修能。⑤ 扈江离与辟芷兮，纫秋兰以为佩。⑥
汩余若将不及兮，恐年岁之不吾与。⑦ 朝搴阰之木兰兮，夕揽洲之宿莽。⑧
日月忽其不淹兮，春与秋其代序。⑨ 惟草木之零落兮，恐美人之迟暮。⑩
不抚壮而弃秽兮，何不改乎此度？⑪ 乘骐骥以驰骋兮，来吾道夫先路！⑫
昔三后之纯粹兮，固众芳之所在。⑬ 杂申椒与菌桂兮，岂惟纫夫蕙茝！⑭
彼尧舜之耿介兮，既遵道而得路。⑮ 何桀纣之猖披兮，夫唯捷径以窘步。⑯
惟夫党人之偷乐兮，路幽昧以险隘。⑰ 岂余身之惮殃兮，恐皇舆之败绩。⑱
忽奔走以先后兮，及前王之踵武。⑲ 荃不察余之中情兮，反信谗而齌怒。⑳
余固知謇謇之为患兮，忍而不能舍也。㉑ 指九天以为正兮，夫唯灵修之故也。㉒
曰黄昏以为期兮，羌中道而改路。初既与余成言兮，后悔遁而有他。㉓

　　余既不难夫离别兮，伤灵修之数化。㉔余既滋兰之九畹兮，又树蕙之百亩。㉕畦留夷与揭车兮，杂杜衡与芳芷。㉖冀枝叶之峻茂兮，愿俟时乎吾将刈。㉗虽萎绝其亦何伤兮，哀众芳之芜秽。众皆竞进以贪婪兮，凭不厌乎求索。㉘羌内恕己以量人兮，各兴心而嫉妒。忽驰骛以追逐兮，非余心之所急。㉙老冉冉其将至兮，恐修名之不立。朝饮木兰之坠露兮，夕餐秋菊之落英。㉚苟余情其信姱以练要兮，长顑颔亦何伤。㉜擥木根以结茝兮，贯薜荔之落蕊。㉝

　　矫菌桂以纫蕙兮，索胡绳之纚纚。㊱謇吾法夫前修兮，非世俗之所服。㊲虽不周于今之人兮，愿依彭咸之遗则。㊳长太息以掩涕兮，哀民生之多艰。㊴余虽好修姱以鞿羁兮，謇朝谇而夕替。㊵既替余以蕙纕兮，又申之以揽茝。㊶亦余心之所善兮，虽九死其犹未悔。怨灵修之浩荡兮，终不察夫民心。众女嫉余之蛾眉兮，谣诼谓余以善淫。㊹固时俗之工巧兮，偭规矩而改错。㊺背绳墨以追曲兮，竞周容以为度。㊻忳郁邑余侘傺兮，吾独穷困乎此时也。㊼

注释

① 高阳：古帝颛顼号。苗裔：子孙后代。皇：大，美，是古人习用的称颂赞美的状词。考：古人称亡父为考。伯庸：屈原父亲的表字。

② 摄提：寅年。贞：正。孟陬：夏历正月，也就是寅月。庚寅：指正月里的一个寅日。

③ 揆（kuí）：估量，揣度。肇：借为"兆"，古人取名字要通过卜兆。锡：古通"赐"，送给。

④ 正：平。则：法。屈原名平，字原，正则隐括"平"字义。灵：美，善。

⑤ 内美：指先天具有的良好素质。重：加上。修能：杰出的才能，这里指后天修养的德能。

⑥ 江离：香草名，生在江边。芷：香草名，白芷。白芷生在幽僻处，所以叫辟芷。纫：连缀，编织。

⑦ 汩（yù）：水流迅速的样子，喻时间过得很快。与：等待。

⑧ 搴（qiān）：楚方言，拔取。陞（pí）：楚方言，大土山。揽：采。宿莽：楚方言，香草名，终冬不死。朝、夕是互文，言自修不息。

⑨ 淹：久留。代序："序"通"谢"。代谢，即更替轮换的意思。

⑩ 惟：思。迟暮：年老的意思。

⑪ 抚：趁着。

⑫ 来：相招之辞。道：通"导"，引。先路：前驱。

⑬ 三后：三君，禹、汤、周文王。众芳：喻群贤。

⑭ 杂：众多。惟：只。

⑮ 耿介：光明正大。道：正途，指治国的正道。

⑯ 猖披：狂乱放荡。

⑰ 党人：指当时楚国结党营私的小人。偷乐：苟安享乐。

⑱ 惮：害怕。皇舆：帝王所乘的车，喻国家。

⑲ 武：足迹。

⑳ 荃（quán）：香草名，喻指楚怀王。齌（jì）怒：大怒。

㉑ 謇謇（jiǎn）：直言的样子。舍：止。

㉒ 九天：古说天有九层，故说九天。灵修：指楚怀王。

㉓ 成言：成约，彼此说定的话。遁：迁，改变。

㉔ 难：惮，怕。数化：屡次变化。

㉕ 滋：培植。畹（wǎn）：古代土地计量单位，等于三十亩。树：栽种。

㉖ 畦：种植。留夷、揭车、杜衡、芳芷皆为香草名。

㉗ 俟（sì）：等待。刈（yì）：割，收获。

㉘ 萎绝：枯萎凋落，这里比喻所培养的人被摧残。芜秽：本义指田地长满杂草，这里比喻所培养的人变节。

㉙ 众：指群小。凭：满，楚方言。厌：足。

㉚ 羌：楚方言，发语词。兴心：生心。

㉛ 驰骛（wù）：狂奔乱跑。

㉜ 冉冉：渐渐。

㉝ 落英：坠落的花。

㉞ 苟：只要。信：实在，确实。姱（kuā）：美好。练要：精要，精诚专一。顑颔（kǎn hàn）：因饥饿而面黄肌瘦的样子。

㉟ 擥（lǎn）：同"揽"，持取。薜（bì）荔：香草名。蕊：花心。矫：举起。

㊱ 纚（xǐ）纚：长而下垂的样子。

㊲ 謇（jiǎn）：楚方言，发语词。服：用。

㊳ 周：合。遗则：留下的法则、榜样。

㊴ 太息：叹气。民生：人生，作者自谓。

㊵ 修姱（kuā）：修洁美好。羁绁：束缚，此指自己约束自己。羁（jī），马缰绳。绁，马笼头。谇（suì）：谏。替：废弃。

㊶ 蕙纕（xiāng）：以蕙草编缀的带子。纕：佩带。申：加上。

㊷ 九死：极言后果严重。

㊸ 浩荡：本义大水横流的样子，比喻楚怀王骄傲放纵。民心：人心。

㊹ 众女：指谗人。蛾眉：喻指美好的品德。谣诼（zhuó）：楚方言，造谣诽谤。

㊺ 偭（miǎn）：违背。

㊻ 绳墨：工匠用以取直的工具，这里喻法度。周容：苟合取容。

㊼ 忳（tún）：忧愁，烦闷。侘傺（chà chì）：楚方言，不得意的样子。

作品赏析

关于《离骚》的内容层次,历来有各种不同的分法。大致说来,全诗可分为三个部分再加一个礼辞。

第一部分从开头至"岂余心之可惩",是以独白和自我形象描绘为主。诗人先自叙高贵的身世,表示自己具有与生俱来的"内美"。再叙自己的道德和才干,既有先天禀赋,又有后天修养,并立志献身干一番大事业。接着叙述对楚怀王的期望,期望他修明法度,驾上骏马奔驰向前,诗人愿为楚国的变法图新作一个开路的先驱者。但由于怀王昏聩守旧,弃约变心,结果是"党人"猖獗,世风腐败,连诗人精心培养的人才,也都从俗变节。诗人陷入孤立无援的境地,遭遇排斥。面临险恶的政治环境,屈原曾产生过退隐的念头,但最后仍表示为坚持正义而九死不悔,决心坚守自己修洁的美德和高尚的情操。

第二部分从"女媭之婵媛兮"至"余焉能忍而与此终古",是以女媭形象的出现开始,由现实境界转入虚拟的幻想境界。女媭看诗人如此痛苦,异常激愤,她从爱护诗人的愿望出发,劝诫诗人应当以鲧的悲剧为戒。在没有是非曲直的社会里,忠贞不会见容于世,甚至会遭杀身之祸。因而劝诫诗人不要那般耿介,而要明哲保身,随波逐流。诗人听后不以为然,并未动摇信念。女媭不能真正理解诗人,这表明人间已无知音。于是诗人便向超现实的境界去追求真理。他渡过沅湘,向舜帝重华陈词,历数夏商周数代王朝的兴亡事例,陈诉肺腑,表明自己的"美政"理想。他为自己壮志未遂而叹息流泪,即使身死但坚持理想的决心不变。陈辞完毕后转而借幻想的形式遨游天地,上下求索,以寻找志同道合的知己和实现理想的途径。然而上下求索终归失败。天上人间,都是一样"溷浊",蔽美称恶,嫉贤妒能。

第三部分从"索琼茅以筳篿兮"至"蜷局顾而不行",是从灵氛、巫咸形象的出现开始。诗人周游求索,扣阍求女,相继失败之后,满怀孤愤,便向神巫灵氛问卜,再请巫咸降神。灵氛和巫咸都启示他远行,择明君而事,实现自己的理想,并告诫他要及早行动,不要犹疑不决。诗人确信自己留在楚国毫无出路。于是,他按照灵氛的吉占和指引的出路去选择吉日良辰。发轫去国,再次进入了"浮游求女""周流上下"的幻游境界。诗人经历了一番漫长而艰难的道路远行。就在他驱使神灵、驾驭龙凤、远走高飞、乐舞娱兴、自适惬意、忘掉一切之际,却忽然望见了故乡。局面陡变,情况急转直下。诗人悲从中来,面对祖国山川,他再也不忍离去。诗的情节发展和矛盾冲突,至此达到高潮。

"乱曰"至末尾一小节为礼辞。诗人在国内不能见容,却又不忍心去国,左右为难,无可奈何,只有一死了之。最后,就在这去留的极端矛盾中充分显现了诗人眷恋祖国和决心殉国的高尚精神。这是全诗到高潮之后的画龙点睛之笔,用以收束全诗,使诗中表现的如长江大河的奔涌情感,显示出更为明确的流向。

《离骚》是一首充满激情的政治抒情诗,是一首现实主义与浪漫主义相结合的艺术杰作。诗中的一些片段情节反映着当时的历史事实,如"初既与余成言兮,后悔遁而有他。

余既不难夫离别兮,伤灵修之数化"即指怀王在政治外交上和对屈原态度上的几次反复,但表现上完全采用了浪漫主义的方法:不仅使用了神话、传说材料,也大量运用了比兴手法,以花草、禽鸟寄托情意。由于诗人无比忧愤和难以压抑的激情,全诗如大河之奔流,浩浩荡荡,不见端绪,但无论是诗情意境的设想,还是外部结构,都体现了诗人不凡的艺术匠心。

此外,《离骚》的语言也是相当美的。首先,诗中大量运用了比喻象征的手法。如以采摘香草喻加强自身修养,佩戴香草喻保持修洁等。不仅使作品含蓄,长于韵味,而且从直觉上增加了作品的色彩美。自屈原以来,"香草美人"就成了高洁人格的象征。其次,全诗以四句为一节,每节中又由两个用"兮"字连接的若连若断的上下句组成,加上固定的偶句韵,使全诗一直在回环往复的旋律中进行,具有很强的节奏感。最后,诗中运用了对偶的修辞手法,如"朝搴阰之木兰兮,夕揽洲之宿莽""擥木根以结茝兮,贯薜荔之落蕊"等句,将"兮"字去掉,对偶之工与唐宋律诗对仗无异。

《离骚》在伦理、道德、精神、情操上,对中华民族起着巨大的陶冶作用。诗中饱含的殉身无悔的执着和坚韧,激励着后世诗人以这种顽强执着的态度去追求理想的政治和社会,理想的人格和爱情。后世那些坚持真理、不容当世的少数派,忠而见疑、婞直杀身的殉道者,以及为数甚多的生不逢时的失意之士,或多或少都能从《离骚》中找到共同语言和精神安慰。

学习小测

1. 下列哪个人物不是出自《离骚》。(　　)
A. 商汤　　　　　　　　　　　　B. 夏禹
C. 后辛　　　　　　　　　　　　D. 蚩尤

2. 下面哪句是《离骚》中的诗句。(　　)
A. 长太息以掩涕兮,哀民生之多艰。
B. 后皇嘉树,橘徕服兮。受命不迁,生南国兮。
C. 民离散而相失兮,方仲春而东迁。
D. 旌蔽日兮敌若云,矢交坠兮士争先。

3. "举贤才而授能兮,循绳墨而不颇"反映了屈原的什么观点。(　　)
A. 屈原的阶级观点　　　　　　　B. 屈原的爱国主义观点
C. 屈原的人才观　　　　　　　　D. 屈原的宗法观

学习活动

以小组为单位,在班级内组织开展"吟诵屈子经典,感悟《楚辞》之美"的诗歌朗诵比赛。

学习评价

组别			学习成果	诗歌朗诵比赛			
评价内容		分值	满分	学生自评	学生互评	教师评价	其他评价
一级目标	二级目标						
精神面貌	精神饱满，姿态自然大方，能通过表情的变化反映诗歌的内涵	25~30	30				
	精神较好，姿态自然大方	20~25					
	精神欠佳，姿态不够自然大方	15~20					
组织形式	朗诵形式富有创意，配以适当伴舞或配乐，或以其他富有创意形式朗诵，整体效果好	25~30	30				
	形式新颖、灵活多样，整体效果较好	20~25					
	朗诵形式单一，缺乏新意	15~20					
朗诵技巧	能恰如其分地表达诗歌内涵，声情并茂，朗诵富有韵味和表现力，能与现场观众产生共鸣	30~40	40				
	吐字清晰，声音洪亮，普通话标准，能够正确把握诗歌节奏和韵律	20~30					
	声音较小，普通话不够标准，缺乏感情	10~20					

《离骚》对中国文学的发展产生了重要影响，尤其是诗中包含的殉身无悔的执着，纯粹而激扬的爱国之情，在后世文人的作品中得到了继承。请在小组活动的基础上，不断练习诗歌朗诵，配上古乐，制作小视频，发布推广。

[主题三]
《楚辞·天问》赏析

第一讲 《天问》写作背景介绍

● **学习情境**

在中国科幻蓬勃发展的前提下,为了发掘科幻人才、扶持科幻作品、促进科幻产业融合发展,中国作家协会联合世界科幻大会组委会共同发起了"天问"计划,"天问奖"以鼓励新锐、青年作家为导向,成为世界科幻大会"雨果奖"的有益补充。

● **学习任务**

以《天问》为蓝本,进行科幻故事创作。

● **学习目标**

【知识目标】
1. 了解《天问》的内容和创作背景。
2. 了解《天问》的相关神话和史实。

【能力目标】
1. 能介绍《天问》中的神话和史实来源。
2. 能创作简单的科幻故事。

【素养目标】
1. 形成质疑精神,激发对知识的求知欲。
2. 提升传统文化素养,增强文化自信。

屈原文化

新课导入

屈原被放逐以后，心中忧愁憔悴，彷徨于川泽之间，游荡在平原丘陵之上，向苍穹发出呼号，仰面叹息，走进楚国先王的宗庙以及王室公卿的祠堂，看到墙壁上描绘着主宰天地山川的神灵，画面瑰奇美丽，形象神奇怪异，又有描绘古代圣君贤王行事的图画，于是在墙壁上书写了文字，以抒发心中的愤懑之情。楚人哀叹屈原的不幸命运，将这些文字收集起来，即为《天问》。《天问》在中国思想史中独树一帜，反映了屈原对当时社会政治、人类命运和宇宙起源等重大问题的探索。

知识介绍

《天问》是中国古代楚国诗人屈原的一首长诗，也是他的代表作之一。这首诗以提问的形式探讨了诸多关于宇宙、人生、社会等深刻哲学问题，表达了屈原对世界的疑惑和思考。在《天问》中，屈原主要涉及宇宙万物的现象、天道本体等问题，同时也涉及三代历史以及天道观的历史哲学问题。

《天问》全篇374句，总字数1565，包含了172个问题。其中，四言居多，穿插三言、五言、七言，行文连贯流畅，起伏有致。从自然现象如天地离分、阴阳变化、日月星辰，一直追溯至神话传说和历史故事，展示了博大精深的知识和惊人的艺术才华，被誉为"千古万古至奇之作"。夏大霖在清代称其"奇气纵横，独步千古"。前半部分主要涉及自然现象和相关问题，后半部分论述了夏商周的历史以及相关传说。屈原通过提问的方式，突出了天对历史发展的控制作用，将历史哲学与天道观巧妙融合。他质疑了天道观中的绝对法则，认为个人命运与天命并非绝对相关，这种质疑是对天道观信仰的彻底颠覆。

《天问》用的基本上是四言句式，或两句一问，或四句一问，参差错落，灵活多变，不重复，不呆板，表现了作者的构思异常精密，驾驭文字的能力十分高超。《天问》以新奇的艺术手法表现精深的内容，极富创造精神，使之成为世界文库中绝无仅有的奇作。

《天问》所问的问题包括以下几个方面。

一、对自然现象的怀疑

屈原仰观天象、俯察地理，无数的疑问涌向心头。"遂古之初，谁传道之？上下未形，何由考之？冥昭瞢暗，谁能极之？冯翼惟象，何以识之？"一开始就问出了关于宇宙的根本性问题：远古开始之时，是谁在流传导引？天地尚未成形之前，又从哪里得以产生？明暗不分混沌一片，谁能探究根本原因？迷迷蒙蒙这种现象，怎么将它认清？这些问题即使在科技发达的今天也没有真正弄明白，足见屈原的怀疑精神之高深，因为他提出了"发人所不敢发或不能发"的问题。接下来，屈原问阴阳变化、地理分布、季节物候、山川河流、神物怪兽、奇花异木等，如：东流之水总不满溢，什么原因？什么地方冬天温暖？什么地方夏天寒冷？哪儿有岩石成林？什么野兽会发人言？……这些发问，所问的都是当时流行的各种说法。

二、对历史、神话传说的怀疑

屈原从理性出发，对神话传说中的内容进行理智的检核，对传统的价值观和流行的荒诞邪说提出了疑问。如："顺欲成功，帝何刑焉？"鲧得到人们的信任和认可，被人们推举出来治水，眼看就要成功，尧为什么要对他施以极刑？治水事业半途而废，舜难道不承担渎职的责任吗？由此可以看出屈原对古圣人尧执法的怀疑。古往今来对圣人怀疑的人不多，足见屈原不随世俗、不屈服于权威的怀疑精神。又如："女娲有体，孰制匠之？"关于女娲，当时有女娲补天、造人等说法。屈原对社会上流传的说法提出了怀疑，质问神话创造者：女娲所具有的那个形体（传说女娲人首蛇身）又是怎样制造出来的呢？很显然，这一句是质疑女娲的存在。再如："何羿之射革，而交吞揆之？"为什么帝所降下的善射、力能贯革的羿，却被这"力弱"的两男女（羿妻纯狐和寒浞）互相勾结给灭掉了？力量大的竟被力量小的消灭，这是为什么呀？这是屈原对神话进行认真分析之后提出的疑问，可见其善于思索的精神。

三、对历史事件的怀疑

对历史事件的怀疑有很多，下面是几个有代表性的问题。

1. "夏问"

"启代益作后，卒然离蠥。何启惟忧，而能拘是达？皆归射鞠，而无害厥躬。何后益作革，而禹播降？启棘宾商，《九辩》《九歌》。何勤子屠母，而死分竟地？"问的是，启代伯益作了国君，为何会身受拘囚而忧患？而后竟又能逃脱？都是勤谨鞠躬尽瘁，为何仅仅伯益福祚？夏启用《九辩》《九歌》乐曲祭母，为何事前还要伤母命，肢解其尸骨？在此，诗人对天帝之不公、毫无原则、不仁慈、赏罚不明进行了谴责性的质问，多少否定了天帝是真理正义的象征的传统看法，从而审问了"天命"。

2. "商问"

"授殷天下，其位安施？反成乃亡，其罪伊何？""殷有惑妇，何所讥？""皇天集命，惟何戒之？"问的是殷商受天命而获得天下，但很快就亡国了，这是为什么呢？有人认为是因为纣王身边有"惑妇"，真的是这样的吗？皇天授命之后，为什么又不加以规诫？对于亡国原因是探讨性的提问表现出寻根问底的精神，对妲己的传统偏见质疑，表现出可贵的怀疑精神和求实精神。

3. "周问"

"玄鸟致贻,女何喜?稷维元子,帝何竺之?"周始祖稷出生有因其母"履大人迹"而生(姜源履帝迹生稷)的传说,既然是上帝之子,为什么上帝还憎恨他、抛弃他呢?屈原对天道历史观中认为夏商周三代始祖皆负"天命"而生感到怀疑,特别对商周"受命于天,可享长祚"之说表示质疑。"登立为帝,孰道尚之?"问帝王登位究竟是依据什么原则?如果帝王是"受命于天"的话,那么上天派下来的帝王为什么有明君圣王,又有昏君庸主呢?不难看出,这是站在时代前列探索真理,向"天命"提出挑战。

4. "楚问"

诗人以无比深沉的笔触在诗的结尾谈到了楚国的现实,他对楚国寄予了深深的期望,希望楚王能够改正过错,励精图治,使楚国强大起来。他说:"伏匿穴处,爰何云?荆勋作师,夫何长?悟过改更,我又何言?"虽然屈原遭受流放,人微言轻,但他还是要把心里话说出来,屈原认为楚国的失败,是因为楚国太好兴兵作战,由于国力不强,反而多次战败受辱,这样的情形怎能延长它的国运呢?唯一可行的办法就是改正错误,使楚国强大起来。屈原强调指出:"吴光争国,久余是胜。何环穿自闾社丘陵,爰出子文?"在反省楚国与吴国作战失败的历史教训中,激励楚王自强自立,不仅国家如此,臣子也是如此。斗伯比穿街绕巷,行为放荡,竟然生出了子文这样贤能的宰相,不正说明了个人努力是成功的关键吗?"吾告堵敖以不长,何试上自予,忠名弥彰?"贤明的君主只有自强自立,才能给国家带来强大;只有楚国强大,楚君的统治才能长久。二者相辅相成,缺一不可。这一节虽用笔不多,却很有分量,是整首诗歌的核心。

四、对天命的怀疑

对天命的怀疑,在诗歌中表现在多处,前面也提到,大多是间接的。下面有一句屈原直问天命的话:"天命反侧,何罚何佑?"天命反复无常,究竟其标准是什么呢?这是屈原在质疑了天地自然、神话传说、历史事实以后发出的科学的、合理的怀疑。

《天问》神话,质疑权威

学习小测

1.《天问》通过提问的方式,涵盖了哪些领域的问题?( )
A. 自然、历史、神话等 B. 政治、经济、军事等
C. 文学、哲学、艺术等 D. 数学、物理、化学等

2.《天问》对历史事件的怀疑有很多,其中最有代表性的是( )。
A. 对自然现象的怀疑 B. 对历史、神话传说的怀疑
C. 对历史事件的怀疑 D. 对天命的怀疑

学习活动

请根据"学习情境",参考"学习评价",以小组为单位,以《天问》为蓝本,思考神话、科幻故事与人类文明发展之间的关系,写一段中国式的科幻故事,字数限制在500字以内。

知识拓展2.3.1
"天问计划"

学习评价

组别		评价内容		学习成果	科幻故事写作			
一级目标	二级目标		分值	满分	学生自评	学生互评	教师评价	其他评价
主题内容	思想内容紧紧围绕主题,内容充实具体,生动感人,有思想性和启发性		15～20	20				
	思想内容基本围绕主题,内容充实具体,有一定的思想性和启发性		10～15					
	思想内容偏离主题,内容不够充实,缺少思想性和启发性		5～10					
语言表达	语言精练优美,富有感染力,人物对话自然流畅,能够深入人心		15～20	20				
	语言精练优美,人物对话自然流畅		10～15					
	语言不够精练优美,人物对话较生硬		5～10					
人物刻画	人物刻画特点鲜明,对人物心理有深刻解读,符合人物形象		15～20	20				
	人物刻画较为鲜明,有对主要人物心理的刻画解读		10～15					
	人物形象特点不够鲜明,缺少人物心理刻画,不符合人物形象		5～10					

续表

组别			学习成果	科幻故事写作			
评价内容		分值	满分	学生自评	学生互评	教师评价	其他评价
一级目标	二级目标						
故事情节	情节完整、连贯、生动,有想象力,多种手法灵活搭配使用,感染力强	15～20	20				
	情节完整、连贯,有想象力,多种手法灵活搭配使用,有一定的感染力	10～15					
	情节单一,表现手法单一,缺乏想象力	5～10					
整体结构	科幻故事的整体架构完整,情节编排合理,开篇新颖、首尾点睛	15～20	20				
	科幻故事的整体架构基本完整,情节编排基本合理,开篇鲜明、首尾呼应	10～15					
	科幻故事的整体架构较为散乱,情节编排不够合理,开篇、结尾不突出	5～10					

请在课堂小组情景剧剧本的基础上,查阅资料,优化科幻故事,利用AI软件,配上背景和音频,录成小视频,上传至学习平台。

第二讲 《天问》经典片段赏析

● **学习情境**

端午将至，学校将举办一系列纪念屈子的文化活动，邀请同学们参加主题为"吟诵屈子经典，感悟《楚辞》之美"的诗歌朗诵比赛。

● **学习任务**

以《楚辞·天问》为选材，进行诗歌朗诵。

● **学习目标**

【知识目标】
1. 了解《天问》"问天"部分的主要内容。
2. 掌握文中重要的文言现象。

【能力目标】
1. 能够朗诵并较准确地将本文翻译为现代汉语。
2. 能够把握诗中屈子的质疑精神和科学精神。

【素养目标】
1. 体会诗歌情感，感受屈原的怀疑精神。
2. 提高诗歌审美鉴赏能力，增强文化自信。

新课导入

《天问》是屈原思想学说的集萃，所问都是上古传说中不甚可解的怪事、大事。"天地万象之理，存亡兴废之端，贤凶善恶之报，神奇鬼怪之说"，他似乎是要求得到一个解答，找出一个因果。而这些问题也都是春秋战国以来的许多学人所探究的问题，在诸子百家的文章里，几乎都已讨论到。屈原为楚之宗室重臣，有丰富的学识和经历，以非凡才智作此奇文，颇有整齐百家、是正杂说之意，这样也就很清楚地呈现出《天问》的光辉和价值。

屈原文化

知识介绍

《天问》是《楚辞》中的一篇"奇"文:说它奇,不仅是艺术的表现形式不同于屈原的其他作品,更主要是从作品的构思到作品所表现出来的思想的"奇"——奇绝的内容显示出其惊人的艺术才华,表现出诗人非凡的学识和超卓的想象力。

这是一首以四字句为基本格式的长诗,一共提出了一百七十多个(统计标准不一,一说一百五十多个,又说一百十六个)问题,其中天文方面三十问,地理方面四十二问,历史方面多达九十五问,可谓包罗万象。这些问题有许多是在他那个时代尚未解决而他又怀疑的,也有明知故问的,对许多历史问题的提问,往往表现出作者的思想感情、政治见解和对历史的总结、褒贬;对自然所提的问题,表现的是作者对宇宙的探索精神,对传说的怀疑,从而也看出作者比同时代人进步的宇宙观、认识论。《天问》以新奇的艺术手法表现精深的内容,使之成为世界文库中绝无仅有的奇作。

从结构及内容来看,全诗三百七十多句一千五百多字,大致上可分两大部分,每部分又可分为若干小节。

从篇首至"曜灵安藏",这部分屈子问的是天,宇宙生成是万事万物的先决,这便成了屈原问难之始,其中从"遂古之初"至"何以识之"问的是天体的情况,"明明暗暗"四句讲宇宙阴阳变化的现象。第二小节自"圜则九重"到"曜灵安藏"则是对日月星辰的提问:它们何以不会坠落?太阳每日要走多少路?月亮何以有阴晴圆缺?以及有关日月的一些传说的疑问。从大禹治水过渡到"何气通焉"说的是古传说中关于地球的一些情况,而"日安不到"以下六句则就地球上所看到的日的现象发问。第三小节从"焉有石林"到"乌焉解羽",多为二句一问,都是当时民间传说中的怪事。《天问》的第一大部分,大体是就自然界的事物发问,并联想到与自然有关的一些神话与历史传说,文章富有变化,联想丰富而有情致,除少数可能有错简外(如"河海应龙"二句或为错简,或有失误),不能以后人习惯的文章结构之法去看它,而认为是"与上下文不属",杂乱而无章法。

从"禹之力献功"起,对大量的神话故事和历史传说与史实提出了问题,这些各种各样的人事问题构成了《天问》的第二大部分。女岐、鲧、禹、共工、后羿、启、浞、简狄、后稷、伊尹……屈原对这些传说中的事和人,一一提出了许多问题,在对这些人与神的传说的怀疑中,往往表现着诗人的情感、爱憎。尤其是关于鲧禹的传说,表现了作者极大的不平之情,他对鲧治水有大功而遭极刑深表同情,在他看来,鲧之死不是如儒家所认为的是治水失败之故,而是由于他为人正直而遭到了帝的疑忌,这种"问",实际上表现了诗人对自己在政治斗争中所遭遇到的不平待遇的愤懑,《天问》的思想光辉就应当是这样来理解的。自"天命反侧"起则进一步涉及商周以后的历史故事和人物诸如舜、桀、汤、纣、比干、梅伯、文王、武王、师望、昭王、穆王、幽王、褒姒直到齐桓公、吴王阖庐、令尹子文等,屈原提出的好多问题,充分表现了作者对历史政治的正邪、善恶、成败、兴亡的看法。这些叙述可以看成这位"博闻强志"的大诗人对历史的总结,比《离骚》更进一步、更直截了当地阐明了自己的政治主张,而对楚国政治现实的抨击，也是希望君主能举贤任能，接受历史教训，重新治理好国家的一种变幻了的表现手法。

　　《天问》的艺术表现手法主要是以四字为句，以问的形式从一个问题联想到另一个问题。细细读去还是可以理清脉络，弄明主脑的。《天问》在语言运用上与屈赋的其他篇章不尽相同，通篇不用"兮"字，也没"些""只"之类的语尾助词。句式以四言为主，间杂以三、五、六、七言。大致四句为一节，每节一韵，节奏、音韵自然协调。有一句一问、二句一问、三句一问、四句一问等多种形式。又用"何""胡""焉""几""谁""孰""安"等疑问词交替使用，富于变化，因而尽管通篇发问，读来却圆转活脱而不呆板，参差错落而有风致。这构成了《天问》独特的艺术风格，当然它表现的是屈原的学术思想，问的是实实在在的问题。因此在修辞手法上，自然没有像《离骚》《九歌》《九章》那样绮丽而富于浪漫色彩，但正如清贺裳《骚筏》所评"其词与意，虽不如诸篇之曲折变化，自然是宇宙间一种奇文"。

原文吟诵

曰：遂古之初，谁传道之？①
上下未形，何由考之？②
冥昭瞢暗，谁能极之？③
冯翼惟象，何以识之？④
明明暗暗，惟时何为？⑤
阴阳三合，何本何化？⑥
圜则九重，孰营度之？⑦
惟兹何功，孰初作之？⑧
斡维焉系，天极焉加？⑨
八柱何当，东南何亏？⑩
九天之际，安放安属？⑪

隅隈多有，谁知其数？⑫
天何所沓？十二焉分？⑬
日月安属？列星安陈？
出自汤谷，次于蒙汜。⑭
自明及晦，所行几里？⑮
夜光何德，死则又育？⑯
厥利维何，而顾菟在腹？⑰
女岐无合，夫焉取九子？⑱
伯强何处？惠气安在？⑲
何阖而晦？何开而明？⑳
角宿未旦，曜灵安藏？㉑

注释

① 遂：往。传道：传说。
② 上下：指天地。
③ 冥昭：指昼夜。瞢（méng）暗：昏暗不明的样子。极：穷究。
④ 冯（píng）翼：大气鼓荡流动的样子。象：本无实物存在的只可想象的形。
⑤ 时：通"是"，这样。

⑥ 三合：参错相合。三，通"参"。化：化生。
⑦ 圜（yuán）：天体。九重：九层。
⑧ 功：事。
⑨ 斡（guǎn）：转轴。维：绳。天极：天的顶端。加：安放。
⑩ 八柱：古代传说有八座大山做支撑天空的柱子。当：在。
⑪ 九天：指天的中央和八方。际：边界。属：连接。
⑫ 隅：角落。隈（wēi）：弯曲的地方。
⑬ 沓（tà）：会合，指天地相合。十二：指古天文学家把天划分的十二区，每区都有星宿做标记。
⑭ 蒙汜（sì）：古代神话中太阳在晚上停住的地方。
⑮ 明：天亮。晦：夜晚。
⑯ 夜光：月亮。德，德行，一说通"得"，得以。
⑰ 顾菟（tù）：菟，即"兔"，"顾菟"是月中的兔名，闻一多认为即蟾蜍。
⑱ 女岐：或作"女歧"，神话中的神女，没有丈夫而生了九个孩子。合，匹配。取：得，生。
⑲ 伯强：大厉疫鬼。惠气：和气。
⑳ 阖（hé）：关闭。
㉑ 角宿（xiù）：二十八宿之一，东方青龙的第一宿，由两颗星组成，夜里出现在东方，古代传说两颗星之间为天门。曜（yào）灵：太阳。

翻译：
请问：远古开始时，谁将此态流传导引给后代？
天地尚未成形前，又从哪里得以产生？
明暗不分混沌一片，谁能够探究其中原因？
大气一团迷蒙无物，凭什么将它识别认清？
白天光明夜日屯黑暗，究竟它是如何安排？
阴阳参合而生万物，何为本源何为演变？
传说青天浩渺共有九重，是谁曾去环绕量度？
如此规模巨大的工程，是谁开始把它建造？
斗柄的轴绳系在何处？天极遥远延伸到何方？
八个擎天之柱撑在哪里？大地为何低陷东南？
天的中央与八方四面，究竟在哪里依傍相连？
边边相交隅角众多，有谁能统计周全？
天在哪里与地交会？十二区域怎样划分？
日月天体如何连属？众星列陈究竟何如？
太阳早上从汤谷出来，夜晚在蒙汜栖息。

从天亮直到天黑，所走之路究竟几里？
月亮有着什么德行，竟然能够死而再重生？
对月亮有什么好处，而有玉兔在其腹中？
神女女岐并没有丈夫，为何会有九个儿子？
伯强之神居于何处？天地和气又在哪里？
关闭什么门使得天黑？开启什么门使得天亮？
东方角宿还没放光，太阳又在哪里匿藏？

作品赏析

《天问》开篇至"曜灵安藏"，探讨了宇宙生成为万事万物的先决条件，标志着屈原对宇宙的初始质疑。从"遂古之初"至"何以识之"，探讨了天体的情况，而"明明暗暗"四句则描绘了宇宙阴阳变化的现象。

第二节从"圜则九重"到"曜灵安藏"则围绕日月星辰提出了一系列疑问：它们为何不会坠落？太阳每日行驶多少路程？月亮的阴晴圆缺是如何产生的？同时也涉及了一些关于日月的传说疑问。

从"不任汩鸿"开始涉及了地球的情况，由禹治水引出，探讨了古代传说中关于地球的一些情况，而接下来的六句从"日安不到"起，提出了关于地球日象的一系列问题。

第三部分从"焉有石林"至"乌焉解羽"，多以二句一问的形式，涵盖了当时民间传说中的奇异现象。

整篇《天问》开篇主要探讨了天地日夜的创造，涵盖了上下、明暗、阴阳等对立范畴及其力量效应，从混沌状态推演出宇宙的起源。屈原以一种反讽意味，将超越人类的天问天，提出了比答案更深一层的问题，挑战了回答"答案何以来"的难题。

总的来说，《天问》的第一部分主要围绕自然界的事物提出问题，并联想到与自然相关的神话与历史传说。文章变幻丰富，联想丰富而富有情感。虽然可能存在少数错简或错误（如"河海应龙"二句），但不能用后人习惯的文章结构法来看待它，认为它杂乱无章，反而应当欣赏其富有情感的表达和思考深度。

学习小测

1. 《天问》中自然结构部分的问题主要包括以下哪些方面？（   ）
A. 宇宙的起源
B. 日月星辰的运行轨迹
C. 大地结构和治水事件
D. 阴阳的变化

2."冯翼惟象"中"冯翼"是指（　　）。

A. 人名　　　　　　　　　　　　B. 宽阔的样子

C. 一种天气现象　　　　　　　　D. 大气鼓荡流动的样子

以小组为单位，在班级内组织开展"吟诵屈子《天问》，感悟科学之美"的诗歌朗诵比赛。

学习评价

组别			学习成果	诗歌朗诵比赛			
	评价内容		满分	学生自评	学生互评	教师评价	其他评价
一级目标	二级目标	分值					
精神面貌	精神饱满，姿态得体大方，能通过表情的变化反映诗歌的内涵	25～30	30				
	服装整洁，姿态自然大方	20～25					
	服装较整洁，姿态不够自然大方	15～20					
组织形式	朗诵形式富有创意，以适当配乐或其他富有创意形式朗诵，整体效果好	25～30	30				
	形式新颖、灵活多样，整体效果较好	20～25					
	朗诵形式单一，缺乏新意	15～20					
朗诵技巧	能恰如其分地表达诗歌内涵，声情并茂，朗诵富有韵味和表现力，能与现场观众产生共鸣	30～40	40				
	吐字清晰，声音洪亮，普通话标准，能够正确把握诗歌节奏和韵律	20～30					
	声音较小，普通话不够标准，缺乏感情	10～20					

课后拓展

屈原的《天问》涉及很多历史事件和神话传说，请阅读《天问》问地、问历史的部分，加深理解，并在小组活动的基础上，不断练习诗歌朗诵，配上古乐和图画背景，制作小视频，发布在学习平台上。

[主题四]

《楚辞·九歌》赏析

第一讲 《九歌》写作背景介绍

● **学习情境**

端午节将至,学校话剧社准备以屈原的《九歌》为创作背景,编排一出话剧,现面向全校同学征集原创剧本。

● **学习任务**

结合《九歌》中的巫文化和中国古代神话传说,编写话剧剧本。

● **学习目标**

【知识目标】

了解《九歌》的创作背景。

【能力目标】

1. 能够理解和赏析文中表达的诗歌意象。
2. 能够以现代艺术手法展现《九歌》神话故事。

【素养目标】

1. 体会楚地巫文化习俗与诗歌形式的艺术融合,提高审美鉴赏能力。
2. 提升传统文化素养,增强文化自信。

新课导入

千百年来，人们对于《九歌》的研究从未中断过。作为屈赋中最精美、最富魅力的诗篇，《九歌》代表了屈原艺术创作的最高成就。《九歌》披着巫歌面纱，有着浓郁的楚巫文化特点。它以楚国民间的神话故事为背景，充满了浪漫主义色彩。屈原所写的各类神灵，既是具备威严神性的神祇，又被赋予了人的特征、性格，从而使作品情致缥缈，洋溢着奇幻瑰丽的浪漫气息。

知识介绍

《九歌》是屈原流放江南沅湘流域时，在当地民间流传的原始《九歌》基础上再创造的一组带有"巫风"迎神、送神、颂神、娱神色彩的祭歌。《九歌》共十一篇，除《礼魂》为送神曲外，其余十篇每篇都主祭一神，可分三类：祭祀天神的《东皇太一》《云中君》《大司命》《少司命》《东君》五篇，祭祀地祇的《湘君》《湘夫人》《河伯》《山鬼》四篇，还有一篇祭祀人鬼的《国殇》。

一、"九歌"之名的由来

《九歌》共有十一篇作品，但为什么叫"九歌"呢？对此学界主要有三种看法：第一种解释认为《九歌》是沿用古乐曲名称。《山海经》中描述"西南海之外，赤水之南，流沙之西，有人珥两青蛇，乘两龙，名曰夏后开。开上三嫔于天，得《九辩》与《九歌》以下。此天穆之野，高二千仞，开焉得始歌《九招》。"意思是《九歌》是夏启从天帝那里偷盗带到人间的。可知《九歌》最早是夏启时代的古曲，而且是用于祭天的乐舞。楚人素来信巫重祀，崇尚鬼神，屈原创作的《九歌》沿用了夏"九歌"的"祭天"传统，与楚国当地的祭祀仪式相结合，在楚地民间祭神乐歌的基础上创造出的一组诗歌。第二种解释认为"九"不是实数，而表示"数目多"，如《离骚》中"余既滋兰之九畹兮""虽九死其犹未悔"等，所以"九歌"表示"多首乐曲组合而成的曲子"。第三种解释认为《九歌》是以夏乐"箫韶九成"为基础，加上始乐的迎神曲和终乐的送神曲，数目正好是"十一"。这三种说法各有一定的道理。

二、《九歌》与巫文化

巫文化是人类最早的文化形态之一，《九歌》是我国巫文化的杰出代表作品。许慎《说文解字》对巫的解释为："巫，祝也。女能事无形，以舞降神者也。"意思是"巫"就

是向神祝祷的人，能事奉无形奥秘的事物，用歌舞使神灵降临现场。以歌舞降神，是南楚先民在祭祀典礼中常用的手段。巫祝往往可以通过颂咏、歌唱、舞蹈或其他方式见到鬼神，甚至使鬼神附体，具有不同于常人的与鬼神沟通的特殊能力。

屈原的故乡是楚国丹阳，即今天的湖北省宜昌市秭归县，位于长江巫峡地区。楚国地理条件得天独厚，与中原各国相对独立，历史变迁和谐平缓，加之楚原始氏族形态的保留，楚国先民形成了独特的民族意识和民族传统，使楚民族保留了比较原始的习俗和信仰——"巫"。整个楚国巫风弥漫，浸渍朝野。屈原作为楚国贵族，长期受到原始巫文化的熏陶和影响，使得他的作品融合了许多巫文化元素，充满了神话色彩。

三、《九歌》与楚国神话

《九歌》与楚国神话有着密切的关系。在屈原的时代，楚国是南方的一个大国，其人民对神话和传说有着深厚的信仰。据史书记载，楚国的先祖是祝融，为火神的后代，这可能与南方多火的自然环境有关。在楚国神话中，祝融被尊为文化神和音乐神，这也可以解释为什么《九歌》中的音乐元素如此丰富。《九歌》充满了浪漫主义气息，意境缥缈，情调缠绵，语言优美，风格绮靡。他所描述的，虽是天上地下神灵的形象，表达的却是人间世人的情思。《九歌》的十一篇，除末篇送神曲外，其余十篇各祀一神。所祀神灵遍及天神、地祇和人鬼，其中天神有至上神东皇太一、云神云中君、日神东君；地祇有湘水之神湘君、湘夫人，黄河之神河伯和巫山女神山鬼，掌管生命之神大司命和少司命；人鬼是《国殇》中为国捐躯的英勇战士。

（一）祭祀天神

1. 东皇太一

传说东皇太一是造天地、化万物的天帝。他"主使十六神，知风雨、水旱、地震、海啸、兵革、饥馑、疾疫"，为"天地之本"，是楚国人民信仰的至高无上的尊神，他包含宇宙，又是宇宙的本体。没有容貌没有形态，无所不在。据传说，只有人们首先祭祀他，其他的神才会接受人们的祭祀。也有说东皇太一就是楚人崇拜的先祖颛顼高阳氏，楚人在东郊祭祀颛顼，故称之为东皇。此天神五篇体现了楚人对神的敬畏，天神威严且尊贵，当以最为庄严肃穆的仪式去供奉。

2. 云中君

传说云神"云中君"又叫"丰隆"（雷神、电神）、"屏翳"（云神、雨神）。云神就是掌管雨、电等方面的神，他居于远古时代的九万里的云梦之泽。他就如云雾一般飘来飘去。他的脾气比较暴躁，高兴时风调雨顺、五谷丰登；生气时人间久旱不雨，这时君王会祭祀他求雨。云中君没有男女之分，包含柔美和阳刚。经常驾龙车，穿着赤红黄白黑五种颜色的帝王之袍，闪耀着无尽的光芒，游于苍缈的虚空。

3. 大司命

大司命是传说中掌管人间寿夭生死的神。他是与人类息息相关的神明。他巡视掌管着人间的善恶、杀伐和生死大权。在这首诗中，屈原把大司命刻画得形神毕肖。首先是，他要到人间不是一般地打开天门，而是"广开天门"，他以龙为马，以云为车，命旋风在前开路，让暴雨澄清旷宇，俨然主宰一切的天帝，其服饰、乘驾、精神、职责、作为，无一不表现出大司命的威严和神秘。大司命看似高傲不值得世人亲近，其实他对世人是公正、爱护的，他既是一个严明的阳刚的执法者，也是一位慈柔的护世神！

4. 少司命

少司命相传是主宰人间子嗣生育和儿童命运的女神，是生育之神。少司命抚驭彗星、拿剑拥艾、荷衣蕙带、出没云际，是一位美丽善良、温柔端庄，却又勇敢刚毅的爱神。在古时生孩子生存率并不是很高，先民认为一个孩子的诞生是上大的赐予和自己积德的福报。而少司命就是佑护幼儿生命之神。少司命具有多情善感、爱护弱小、凛然不可侵犯的母性的形象。少司命的母性光辉是伟大的，是世人爱慕和赞美的女神。全诗充满了对神的爱悦之情，祈求少司命降临人间，保佑子孙繁茂、种族兴旺。

5. 东君

东君传说是太阳神或光明之神。他代表着力量和生机，为人类带来光明并守护着光明。他忠于职守，具有最原始的阳刚之美。他要保护着给世间带来光明的太阳和月亮；他要把一切吞噬光明的妖魔鬼怪驱赶，防止黑暗的灾祸降临人间。东君可以手操弓箭射杀贪婪的天狼。在胜利的时候他用北斗装满酒，高歌畅饮，洒向大地，为世间人类赐福。他雍容华贵，威武无敌，驾着龙车在宇宙间来往穿梭，驱赶着黑暗，调和宇宙的阴阳，是先民们对自然壮美的崇敬，也是人类向往光明的美好象征。

（二）祭祀地祇

1. 湘君、湘夫人

《湘君》和《湘夫人》互为姊妹篇，"二湘"的形象在中国历史上经历了多次演变，从民间传说、地方神灵到尧女舜妻，学界对其实际身份莫衷一是。目前国内比较普遍的说法是湘君为湘水男神，湘夫人乃天帝之女。楚人在对湘水之神的祭祀中，除了对其礼敬，还蕴含对湘君与湘夫人之间纯真爱情的向往。屈原笔下的河伯与山鬼同样化作两位多情人，一位为与女神相恋、温良恭俭的翩翩公子，一位为等待约会、多愁善感的怀春少女，这种以情歌为形式的祭祀文化蕴含楚人对自然的崇拜与浪漫情怀。

另一种说法是相传帝尧的女儿娥皇、女英为舜的两位妃子，因舜帝"南巡"病死，葬在九嶷山，二妃听闻噩耗，悲痛欲绝，最后投江自尽而成为湘水女神。诗人用浪漫抒情手法和清新典丽的语言，如痴如醉、如泣如诉地抒发了湘君、湘夫人两位美丽、多情女神对夫君的思念和爱慕之情（图2-3）。

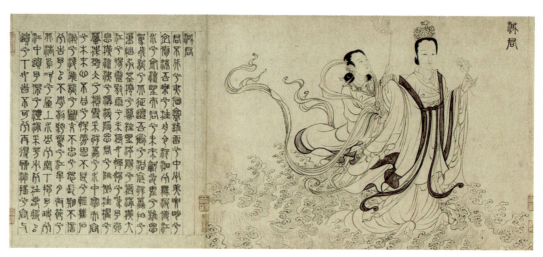

图2-3　（元）张渥1346年创作《湘君》，现藏于吉林省博物馆

2. 河伯

河伯即黄河之神，河神是尊贵的地祇，是一个风流倜傥的花花公子。在上古时期，所有水系的河神都叫作河伯。而黄河之神河伯更是人们主要祭祀的对象。河伯不但尊贵、富有而且喜爱游历人间。他居住于金碧辉煌、雕龙砌玉的河底龙宫。出入驾着龙车或者踏着灵鳌，极具奢华。相传他能倾听着人们的呼唤，为人类降福，佑得平安。所以也是先民祭祀的一个对象。该诗描写了男巫想象与河伯一起游九河、登昆仑、戏河渚、别南浦的友谊，最后恋恋不舍送别河伯，表达人对神的诚心，祈求河神不为水害，五谷丰登，百姓平安。

3. 山鬼

山鬼是上古时代掌握山岳的神明。他们的出身不一，或为草木之灵，或为动物之精，或为神明转化。《九歌》里的山鬼是身披兰萝珍卉、略带幽怨、驾豹车的极具神性的女神。多认为是楚襄王所梦的巫山神女。诗歌叙述的是一位多情的山鬼，在山中与心上人幽会以及再次等待心上人而心上人未来的情绪，描绘了一个瑰丽而又离奇的神鬼形象。

《九歌》诸神，
美与善的赞歌

（三）祭祀人鬼

国殇既是一首悼念阵亡将士的祭歌，也是一首发扬蹈厉、鼓舞士气的战歌。诗中创造了一个忠诚、勇武、威毅、刚强的悲剧性"鬼雄"形象,表现了楚国将士保家卫国、不怕牺牲、勇往直前的英雄气概。尽管战争残酷激烈,并且惨遭失败,但诗中毫无感伤和悲观的情绪。全诗风格刚健悲壮、慷慨激昂,是一首惊天地、泣鬼神的爱国主义颂歌。

《九歌》以优美动人的神话传说、民间故事和山川风物等为题材,用华美的语言、浪漫的手法、超人的想象,塑造了许多栩栩如生、光彩照人的艺术形象,表达了诗人热爱祖国、热爱人民、热爱生活的真挚情感,它永远是世界诗歌史上一朵光彩夺目的奇葩!

《国殇》的三重主题分析

学习小测

1. 屈原是中国浪漫主义文学的奠基人,"楚辞"的创立者和代表作家,开辟了"香草美人"的传统,被誉为"辞赋之祖""中华诗祖"。下列不属于屈原作品的是(　　)。

   A.《九歌》　　　　　　　　B.《九章》
   C.《九辩》　　　　　　　　D.《天问》

2. 属于《九歌》的作品是(　　)。

   A.《山鬼》　　　　　　　　B.《悲回风》
   C.《大司命》　　　　　　　D.《国殇》

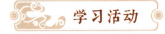

知识拓展2.4.1
音乐剧《九歌》

以屈原《九歌》中的神话故事为创作背景,为学校话剧社创作一份话剧剧本。

学习评价

组别			学习成果	原创剧本写作			
	评价内容						
一级目标	二级目标	分值	满分	学生自评	学生互评	教师评价	其他评价
主题内容	思想内容紧紧围绕主题,内容充实具体,生动感人,有思想性和启发性	15~20	20				

续表

组别		学习成果	原创剧本写作				
评价内容			满分	学生自评	学生互评	教师评价	其他评价
一级目标	二级目标	分值					
主题内容	思想内容基本围绕主题，内容充实具体，有一定的思想性和启发性	10~15	20				
	思想内容偏离主题，内容不够充实，缺少思想性和启发性	5~10					
语言表达	语言精练优美，富有感染力，人物对话自然流畅，能够深入人心	15~20	20				
	语言精练优美，人物对话自然流畅	10~15					
	语言不够精练优美，人物对话较生硬	5~10					
人物刻画	人物刻画特点鲜明，对人物心理有深刻解读，符合人物形象	15~20	20				
	人物刻画较为鲜明，有对主要人物心理的刻画解读	10~15					
	人物形象特点不够鲜明，缺少人物心理刻画，不符合人物形象	5~10					
故事情节	情节完整、连贯、生动，有戏剧性，多种手法灵活搭配使用，具有较强的感染力	15~20	20				
	情节完整、连贯，有戏剧性，多种手法灵活搭配使用，有一定的感染力	10~15					
	情节单一，缺少戏剧冲突，表现手法单一，缺乏感染力	5~10					

续表

组别		学习成果	原创剧本写作				
评价内容							
一级目标	二级目标	分值	满分	学生自评	学生互评	教师评价	其他评价
整体结构	剧本故事的整体架构完整，情节编排合理，开篇新颖、首尾点睛	15～20	20				
	剧本故事的整体架构基本完整，情节编排基本合理，开篇鲜明、首尾呼应	10～15					
	剧本故事的整体架构较为散乱，情节编排不够合理，开篇、结尾不突出	5～10					

课后拓展

请在小组活动的基础上，优化自创《九歌》剧本，小组准备道具和场景，排练表演，制作小视频，发布推广。

第二讲 《九歌》经典片段赏析

● **学习情境**

学校"屈原文化"社团准备举办一场主题为"吟诵屈子经典,感悟《楚辞》之美"的诗歌朗诵比赛,邀请同学们报名参加。

● **学习任务**

以《楚辞·九歌》为选材,进行诗歌朗诵比赛,体悟《楚辞》的语言之美。

● **学习目标**

【知识目标】
1. 了解《九歌》的主要内容。
2. 掌握文中重要的文言现象。

【能力目标】
1. 能够较准确地将本文翻译为现代汉语。
2. 能声情并茂进行《九歌》诗歌朗诵。

【素养目标】
1. 体会诗歌情感,感受屈原忠君爱国情怀。
2. 提高诗歌审美鉴赏能力。

新课导入

清人吴世尚评价《九歌》曰:"九歌之词,最为按脉切理之作。盖各就其神而实指之。而情致缥缈,既见其情性功效之所在,又使人有仿佛不可为象之意。可谓善言鬼神之情状矣。"在屈原众多作品中,《九歌》清丽缥缈,充满奇思妙想。根据不同上神的"神性",《九歌》各篇的语言风格各异,《东皇太一》雍容庄肃,《大司命》《东君》《河伯》豪放雄奇,《国殇》激烈悲壮,《云中君》等篇则清丽婉转,带给读者不同的感受,显示了《九歌》变幻多姿的无穷魅力,堪称屈原作品中一朵别具韵味的奇葩。

模块二 美文吟诵

知识介绍

《九歌》共十一篇：《东皇太一》《云中君》《湘君》《湘夫人》《大司命》《少司命》《东君》《河伯》《山鬼》《国殇》《礼魂》。

众神祭曲谱
《九歌》

1.《东皇太一》

《东皇太一》是《九歌》中的首篇，是楚人祭祀天神中最尊贵的神即上帝的乐歌。全诗并没有具体地描写东皇太一的形象，只是着力铺叙祭礼仪式和祭神场面，隆重热烈；抒发了人们对东皇太一的尊敬与祈望，希望春神赐福人间，给人类的生命繁衍、农作物生长带来福音。篇首以"穆将愉兮上皇"统摄全文，篇末以"君欣欣兮乐康"作结，一呼一应，贯穿着祭神时人们的精神活动，从而突出了主题。

2.《云中君》

这是祭祀云神（或说月神）的乐歌。本篇从巫女的角度写人对云神的爱慕企盼。诗中生动地描写了群巫扮云神出现时的场面和祭者的赞颂、景慕以及对神的依恋之情。对云神的刻画都是根据云的自然特点加以想象、夸张、增饰来完成的，其中既有对自然美的捕捉，又包含人们对光明、自由等美好事物的追求。

3.《湘君》

《湘君》与下篇《湘夫人》同是祭祀湘水神的乐歌。全诗善于运用比兴手法和景物描写，表现女主人公复杂的心理活动，使湘夫人的性格得到完满表现。文笔细腻，情韵悠长。

4.《湘夫人》

这是以湘君的口气表现这位湘水男神对湘夫人的怀恋，表现了他对爱情的忠贞。诗人通过对现实景物、假想景物和幻想境界的描写，构成了多种形式的情景交融境界，多方面地烘托了人物情感的起伏变化。《湘君》《湘夫人》互相对映，实为一篇。诗人用"误会法"曲折地表现二人对纯真爱情的追求和对美好生活的向往。

《湘夫人》
为什么是
"千古言秋之祖"

5.《大司命》

大司命是古人心目中掌管人类寿夭、生死的天神。大司命的形象严肃而又神秘，人间凡女的形象温柔而又多情。她爱恋大司命，但掌管人类寿夭、生死的大司命却不得不与她分别。那么，人间福祸荣辱，究竟由谁来主宰呢？人们热爱生活，都希望长寿，但人生无常，死亡经常威胁着人们。因此，人们虔诚地祭祀司命之神。

6.《少司命》

少司命是掌管人的子嗣后代的天神。全诗都是主祭的男觋的唱词。开头六句和结尾四句，是对少司命的正面赞颂，说她时刻关心人的子嗣问题；中间部分描写人神恋爱之情，从另一方面表现了这位女神的温柔与多情，从而使少司命的形象更加丰满而动人。"悲莫悲兮生别离，乐莫乐兮新相知"两句，概括了人们相思离别之情，具有浓郁的民歌风味，脍炙人口，常为后人所引用，被誉为"千古情语之祖"。

7.《东君》

《东君》是祭祀日神的乐歌。本诗既是祭祀太阳神的祭歌，也是礼赞太阳神的颂歌。全诗采用拟人化的写法，成功地塑造了日神东君的形象。东君既是太阳本身的艺术化，具有自然界的太阳的诸多特点；同时他又是被人格化了的神的形象，被赋予了种种人的感情，成为一个有个性、有情感的活生生神的形象。全诗场面繁华热烈、风格雄奇瑰丽，描绘了东君壮美而崇高的形象，既反映了太阳自然属性的美，又反映了人本质力量的伟大，达到神与人的统一，自然与艺术、感性与理性的统一。

《东君》——
太阳崇拜

8.《河伯》

河伯为黄河之神，为祭祀河神的乐歌，通篇以女子的语气叙说与河伯的欢会畅游。此诗的主旨历来众说纷纭。一般认为是祭祀河伯的祭歌，歌中没有礼祀之词，而是河伯与女神相恋的故事，大约是以恋歌情歌作为娱神的祭词。也有学者认为此诗是以主祀黄河河神为题，假借一次九河的神游之旅，象征表现出深深的故国之思最终战胜"远逝以自疏"的去国之念的矛盾心态，表现出诗人的爱国情怀。全诗景物美丽神奇，情感激昂奋发。

9.《山鬼》

《山鬼》为祭祀山神的乐歌，因非正神，故称鬼（图 2-4）。这首诗是描写山中女神追求爱情的恋歌。全诗细致地刻画了一个女子在追求爱情而不得时的那种相思、苦恼、忧伤以至于失望的情绪，生动地写出了一个深情的女子在失恋时那种特有的心理波折和凄苦的情态。

10.《国殇》

《国殇》是指为国牺牲的将士，未成年人夭折谓之殇。《国殇》取民间"九歌"之祭奠之意，以哀悼死难的爱国将士，追悼和礼赞为国捐躯的楚国将士的亡灵。乐歌分为两节，先是描写在一场短兵相接的战斗中，楚国将士奋死抗敌的壮烈场面，继而颂悼他们为国捐躯的高尚志节。屈原写这篇作品就是为了歌颂楚国将士为保卫国家不惜牺牲、视死如归的英雄气概和豪迈精神。

图 2-4 《山鬼图》，傅抱石绘

11.《礼魂》

《礼魂》是礼成送神之辞。魂，也就是神，它包括九歌前十篇所祭祀的天神、地祇和人鬼。祭祀是一种典礼，送神是祭祀的最后一个环节，所以把送神说成"礼魂"。《礼魂》是祭祀前面十神结束后的安魂歌、合奏曲、狂欢舞，场面宏大、气氛热烈、情绪欢快，表现了楚国人民对生活、对未来充满自信，同时也表达了人们祈求神灵永远保佑的美好愿望。

屈原的《九歌》塑造出了新的有个性的神灵形象，并以此作为象征手段，真实地反映了楚国的社会生活与民情风俗。同时诗人在对祭祀的神灵形象的描绘与赞美之中，含蓄地表达了自己的政治理想和人生愿望；在对神与神、神与人之间悲欢离合的情节和缠绵悱恻的恋情的描写之中，也隐约地寄寓了自己的身世遭际。屈原用具有浓厚神话色彩的形象来寄托自己政治理想和忧国忧民、未遇伯乐的愁苦情感。在艺术表现手法上，《九歌》吸收了沅湘民间文学艺术精华，格调绮丽清新、玲珑剔透，充满宗教神话色彩，弥漫着浪漫主义气息。艺术形象生动感人，意象雄奇瑰丽；采用比兴写景述事，托物寄情，文近旨远；语言精美，韵味隽永。

原文吟诵

·山 鬼·

屈原

若有人兮山之阿,被薜荔兮带女萝;①
既含睇兮又宜笑,子慕予兮善窈窕;②
乘赤豹兮从文狸,辛夷车兮结桂旗;③
被石兰兮带杜衡,折芳馨兮遗所思;④
余处幽篁兮终不见天,路险难兮独后来;⑤
表独立兮山之上,云容容兮而在下;⑥
杳冥冥兮羌昼晦,东风飘兮神灵雨;⑦
留灵修兮憺忘归,岁既晏兮孰华予;⑧
采三秀兮于山间,石磊磊兮葛蔓蔓;⑨
怨公子兮怅忘归,君思我兮不得闲;⑩
山中人兮芳杜若,饮石泉兮荫松柏;⑪
君思我兮然疑作;⑫
雷填填兮雨冥冥,猨啾啾兮狖夜鸣;⑬
风飒飒兮木萧萧,思公子兮徒离忧。⑭

注释

① 山之阿(ē):山角。被(pī):通假字,通"披"。薜荔、女萝:皆蔓生植物,香草。

② 含睇(dì):含情脉脉地斜视。睇:微视。宜笑:得体地笑。子:山鬼对自己爱慕男子的称呼,你。窈窕:美好的样子。

③ 赤豹:皮毛呈红色的豹。从:跟从。文狸:毛色有花纹的野猫。文:花纹。狸:野猫。辛夷车:用辛夷木做成的车。结:编结。桂旗:桂枝编旗。

④ 石兰、杜衡:皆香草名。遗(wèi):赠。

⑤ 余:我,山鬼自指。篁:竹林。幽篁:幽深的竹林。

⑥ 表:独立突出的样子。容容:即"溶溶",水或烟气流动的样子。

⑦ 杳冥冥:又幽深又昏暗。羌:语助词。神灵雨:神灵降下雨水;雨,作动词用,下雨。

⑧ 灵修：指神女。憺（dàn）：安乐的样子。晏：晚。华予：让我像花一样美丽。华：花。
⑨ 三秀：灵芝草的别名，一年开三次花，传说服食了能延年益寿。
⑩ 公子：也指神女。
⑪ 杜若：香草。
⑫ 然疑作：信疑交加。然：相信。作：起。
⑬ 填填：雷声。猨：同"猿"。狖（yòu）：长尾猿。啾啾：猿叫声。
⑭ 离：通"罹"，遭受。

作品赏析

《山鬼》出自《九歌》的第九首，采用女巫内心独白的方式，塑造了一位美丽、率真、痴情的少女形象。诗中不仅描写了山鬼对爱情的执着追求，而且细致地刻画了当爱情遭遇波折时她那忧伤、失望又相思绵绵的复杂情绪和心理状态。全诗清新凄艳，幽渺情深，富有浓厚的浪漫主义色彩。

第一段，写山中女神的打扮和她要与爱人赴约时的情景。她虽然是山鬼，但如同凡间女子一样，爱美且多情。

第二段，写她等候爱人而不来时的那种憧憬、向往而又担心焦虑的心情。她登高伫望，盼望情人的到来。天气晦暗，风雨交加。尽管如此，山鬼仍然毫不动摇等待着她的恋人。她坚守相期的誓约，忘却风雨的吹袭，一再等待，表现出对爱情的忠贞。

第三段，写她失恋的烦乱痛苦的心态。情人始终没有露面，使得这位内心充满爱情，而同时又满怀痛楚的女神在雷电风雨交加的漆黑夜晚，在孤独、凄凉中陷入了失望的忧愁和深深的思念之中。

诗中把女神那种起伏不定的感情变化过程，那种千回百折的内心世界，刻画得非常细致、真实、动人，描绘出了一个深情女子在爱情中遭到波折、遭到失恋时那种特有的心理波折和凄苦的情态。这种在凄风苦雨意境中透露出来的不可掩抑的悲伤，寄寓着诗人思君忧国的俳恻之情。

《山鬼》赏析（1）

《山鬼》赏析（2）

屈原文化

学习小测

1. 《山鬼》中"采三秀兮于山间","三秀"是指（　　）。
   A. 女萝　　　　　　　　　　　B. 松柏枝叶
   C. 灵芝草　　　　　　　　　　D. 葛草
2. 关于《山鬼》营造的诗歌境界，正确的说法是（　　）。
   A. 平和冲淡　　　　　　　　　B. 旷达豪放
   C. 如诗如画　　　　　　　　　D. 奇丽幽深

学习活动

以小组为单位，在班级内组织开展"吟诵屈子经典，感悟《楚辞》之美"的诗歌朗诵比赛。

学习评价

组别			学习成果	诗歌朗诵比赛			
	评价内容						
一级目标	二级目标	分值	满分	学生自评	学生互评	教师评价	其他评价
精神面貌	精神饱满，姿态自然大方，能通过表情的变化反映诗歌的内涵	25～30	30				
	精神较好，服装整洁，姿态自然大方	20～25					
	精神欠佳，姿态不够自然大方	15～20					
组织形式	朗诵形式富有创意，配以适当伴舞或配乐，或以其他富有创意形式朗诵，整体效果好	25～30	30				
	形式新颖、灵活多样，整体效果较好	20～25					
	朗诵形式单一，缺乏新意	15～20					

续表

组别		学习成果		诗歌朗诵比赛				
	评价内容		分值	满分	学生自评	学生互评	教师评价	其他评价
一级目标	二级目标							
朗诵技巧	能恰如其分地表达诗歌内涵，声情并茂，朗诵富有韵味和表现力，能与现场观众产生共鸣		30～40	40				
	吐字清晰，声音洪亮，普通话标准，能够正确把握诗歌节奏和韵律		20～30					
	声音较小，普通话不够标准，缺乏感情		10～20					

课后拓展

　　《山鬼》为巫师所唱，屈原的《九歌》都与楚地的巫文化有关，你了解巫文化吗？你了解巫山神女的故事吗？请查阅资料，谈谈你对"巫"的看法，写一篇300～500字随笔。

模块三 非遗传承

[主题一]

世界非物质文化遗产：中国端午节

● **学习情境**

中国长江三峡国际旅游节即将开幕，你作为学校"蓝叮咚"志愿服务队成员，将参与接待嘉宾的活动，并向外地嘉宾介绍宜昌本地特色文化——屈原与端午节。

● **学习任务**

了解端午节的历史由来、文化特点和世界影响，并向嘉宾介绍作为世界非物质文化遗产的中国端午节。

● **学习目标**

【知识目标】

1. 了解端午节的历史由来和文化渊源。
2. 了解端午节的纪念习俗和世界影响。

【能力目标】

1. 能够介绍中国端午节的节日特色和传统习俗。
2. 能够描述中国端午节作为世界非物质文化遗产的根据和理由。

【素养目标】

1. 学习地方优秀传统文化和历史名人，了解地方历史，坚定文化自信。
2. 了解地方优秀文化精粹，传承和弘扬中华优秀传统文化。

新课导入

湖北省宜昌市秭归县是屈原故里，也是经国家批准、作为国家保留的节庆活动——"屈原故里端午文化节"的长期举办地。2022年6月，"中国端午 诗意宜昌"屈原故里端午文化节在秭归县开幕，开幕式暨端午祭祀隆重举行。文化节系列活动还包括国际划联龙舟世界杯、端午诗会、乐平里三闾骚坛等等，全面展现屈原故里独有的端午习俗。下面让我们一起走进文化节，感受从本土走出的世界文化名人的独特魅力和端午习俗的文化沉淀。

知识介绍

端午节，又称端阳节、龙舟节、重五节、天中节等，日期在每年农历五月初五，是集拜神祭祖、祈福辟邪、欢庆娱乐和饮食文化于一体的民俗大节。端午节是流行于中国以及汉字文化圈诸国的传统文化节日。在中国，端午节与春节、清明节、中秋节并称为四大传统节日。

世界非物质
文化遗产：
中国端午节（1）

一、端午节的由来

一提到端午节，大家立马会想到战国时期楚国伟大的爱国主义诗人屈原，普遍认为端午节是因纪念屈原而来。屈原生活在战国末期，但史书记载在春秋战国以前，先民就有在端午节祭祀的习惯，由此可见，端午节远在屈原以身殉国之前就已存在。

（一）天象崇拜

端午与中国传统的天干地支纪年法有着密不可分的联系。端午的"端"字本义为"正"，"午"为"中"。端午，"中正"也。这天午时则为正中之正。端午节源自天象崇拜，由上古时代龙图腾祭祀演变而来。近代大量出土文物和考古研究表明，上古先民以龙为图腾。古人当时观测天象，苍龙七宿飞升至正南中天（图3-1），处于全年最"正中"之位，端午也由此成为拜祭龙的节日，这也是端午赛龙舟的最早由来之一。据河姆渡遗址等史前文化表明，早在七千年或更早前，就有了竞渡所用的独木舟和木桨。端午节的起源涵盖了古老星象文化、人文哲学等方面的内容，蕴含深邃丰厚的文化内涵，也在传承和发展中杂糅了多种民俗。这些民俗都有祈福、消灾等主题，寄托了人们迎祥纳福、辟邪除灾的愿望。

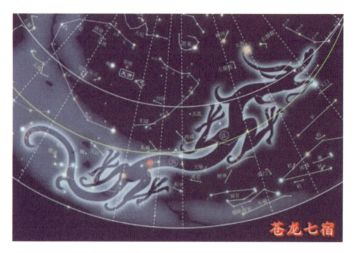

图 3-1 苍龙七宿飞升至正南中天

（二）龙舟竞渡

龙及龙舟文化始终贯穿在端午节的传承历史中。据考证，进行龙舟竞渡的先决条件必须是在产稻米和多河港的地区，这正是中国南方沿海地区的特色。龙舟最初原形是单木舟上雕刻龙形的独木舟，后来发展为木板制作的龙形船（图 3-2）。端午的习俗最初在长江下游吴越民众中流行，后来吴越文化逐渐和中原文化交流融合，这种习俗才传到长江上游和北方地区，可见端午节风俗是南北风俗融合的产物，随着历史发展又注入新的内容。总的来说，端午节起源于上古百越先民择"飞龙在天"吉日拜祭龙祖、祈福辟邪，注入夏季时令"祛病防疫"风尚；把端午视为"恶月恶日"起于北方中原，附会纪念屈原等历史人物之内容。

世界非物质文化遗产：中国端午节（2）

图 3-2 屈原故里龙舟竞渡

（三）历史人物

端午节与历史人物相联系，最早始于两汉魏晋时期。后世附会历史人物纪念说主要有以下三种。

（1）纪念屈原。据《史记·屈原贾生列传》记载，屈原是战国末期楚国丹阳（今湖北宜昌秭归）人，曾任楚国左徒、三闾大夫，后因遭谗而两次被流放，晚年在得知楚国郢都被攻陷的消息后万念俱灰，投汨罗江以身殉国。屈原一生忠君爱国，殉国后老百姓恐鱼虾食其躯干，用艾叶包裹糯米投入江中喂食鱼虾，后来演变成吃粽子习俗；同时为寄托哀思，人们荡舟江河之上，此后才逐渐发展成为龙舟竞赛。据史料记载，"端午"二字最早出现在晋代《风土记》中，与屈原所在的战国末期相去约500年。虽许多端午习俗与屈原无关，但千百年来，屈原的爱国精神和文化造诣早已深入人心，人们"惜而哀之，世论其辞，以相传焉"。因此纪念屈原之说，影响最广最深，占据主流地位。

（2）纪念伍子胥。端午节的第二个传说，是五月五日纪念春秋时期的伍子胥（画像如图3-3所示）。伍子胥原是楚国人，其父受陷害，父兄均为楚平王所杀。后伍子胥弃暗投明，奔向吴国，助吴伐楚，五战而入楚都郢城。当时楚平王已死，子胥掘墓鞭尸三百，以报杀父兄之仇。吴王阖闾死后，其子夫差继位，吴军士气高昂，百战百胜，越国大败，越王勾践请和，夫差许之。子胥建议，应彻底消灭越国，夫差不听，同时吴国太宰受越国贿赂，谗言陷害伍子胥，夫差信之且赐死伍子胥。伍子胥本为忠良，视死如归，在死前对邻舍人说："我死后，将我眼睛挖出悬挂在吴京之东门上，以看越国军队入城灭吴。"便自刎而死。夫差闻言大怒，令取子胥之尸体装在皮革里于五月五日投入大江，因此相传端午节亦为纪念伍子胥之日。

图3-3 伍子胥像

（3）纪念孝女曹娥。端午节的第三个传说，是为纪念东汉孝女曹娥救父投江。曹娥是东汉上虞人，父亲在五月五日迎神的祭祀活动中溺于江中，数日不见尸体，当时孝女曹娥年仅十四岁，昼夜沿江号哭。过了十七天，曹娥也投江，五日后其尸抱父尸浮出水面。就此传为神话，继而相传至县府知事，令度尚为之立碑，让他的弟子邯郸淳作诔辞颂扬。因此相传端午节亦为纪念孝女曹娥之日。

端午作为中国传统节日，是一个充满爱国、忠义、刚烈、悲情的节日，无论是纪念屈原、伍子胥还是纪念曹娥，情理道法同之。

世界非物质
文化遗产：
中国端午节（3）

二、端午节的当代传承

中华文化源远流长、博大精深，古老节日是传统文化的重要载体，蕴含着深邃丰厚的文化内涵。端午节是集祈福辟邪、欢庆娱乐和饮食文化于一体的民俗大节，端午习俗内容丰富多彩，这些节俗围绕着祭龙、祈福、攘灾等形式展开，寄托了人们迎祥纳福、辟邪除灾的愿望。

端午节在历史发展演变中杂糅了多种民俗，全国各地因地域文化不同而又存在着习俗内容或细节上的差异。端午习俗主要有扒龙舟、祭龙、采草药、挂艾草与菖蒲、拜神祭祖、洗草药水、食粽、放纸鸢、睇龙船、拴五色丝线、薰苍术、佩香囊等（图3-4）。端午节与春节、清明节、中秋节并称为中国四大传统节日。

图3-4　端午习俗

端午食粽之习俗，自古以来在中国各地盛行不衰，已成为中华民族影响最大、覆盖面最广的民间饮食习俗之一。扒龙舟活动在中国南方沿海一带十分盛行，传出国外后深受各国人民喜爱并形成了国际比赛。

2006年5月，经国务院批准，"端午节民俗"顺利入围第一批国家级非物质文化遗产名录。

2007年12月7日，国务院常务会议通过了《国务院关于修改〈全国年节及纪念日放假办法〉的决定》，正式将端午节列为国家法定节假日，规定农历端午当日放假1天。

三、端午节的世界影响

端午节由最初的古代百越地区部族的龙图腾崇拜而来,经过两千多年传承发展,至今享誉中国,传遍世界。端午文化在世界上影响广泛,世界上一些国家和地区也有庆贺端午的活动。

(一)世界范围内的端午节

端午文化在世界范围内流传久远,影响广泛,多个国家和地区都有端午节庆活动。

1. 端午节在日本

在日本,端午的习俗是在平安时代以后由中国传入日本的,过端午要喝菖蒲酒,而在日语中"菖蒲"和"尚武"是谐音,菖蒲叶也酷似日本刀,所以端午节渐渐变成了男孩子的节日。为了让男孩们茁壮、健康成长,将来事业有成,人们在家门口竖起鲤鱼旗,摆上武士偶像、盔甲和战帽,象征着勇敢和不怕牺牲的精神,有望子成龙的意味。日本人在端午节也吃粽子,但其粽子和中国的差异很大,是长长的锥形。

2. 端午节在韩国

韩国江陵地区保留延续了"江陵端午祭","祭"各路神灵,祈求保佑一年五谷丰登。"江陵端午祭"通常会持续一个月,其间还会有摔跤、荡秋千、拔河、射箭等比赛以及假面舞、烟火表演、端午放灯等活动。

3. 端午节在美国

从20世纪80年代开始,端午赛龙舟已经悄悄融入了部分美国人的体育运动习惯,成为美国发展最快的流行体育娱乐项目之一。美国的龙舟赛在每年6—10月的各个周末,接连不断地举行。在加州南部,长滩世界杯龙舟赛堪称美国最具运动竞技性的龙舟赛。

4. 端午节在德国

端午赛龙舟,在德国已经有超过20年的历史。1989年,龙舟活动正式进入德国,并在汉堡举行首届"龙舟节"。1991年后,龙舟比赛改在德国金融中心法兰克福举行,并一直延续至今。之后,德国其他城市也陆续在6月份举办赛龙舟项目。

走向世界的端午习俗

(二)中国端午节的世界影响

2006年5月,端午节习俗入围首批国家级非物质文化遗产代表性项目名录;自2008年起,被列为国家法定节假日。2009年9月,联合国教科文组织正式批准端午节列入《人类非物质文化遗产代表作名录》。由此,端午节成为中国首个入选世界非遗名录的节日。

屈原文化

2009年5月，中国启动端午节申报世界非物质文化遗产程序，申报的遗产名称为"中国端午节"。2009年9月，联合国教科文组织正式批准将其列入《非物质文化遗产名录》。

学习小测

1. 下列哪个节日不属于中国四大传统节日？（　　）
   A. 春节　　　　　　　　　　　B. 七夕
   C. 端午节　　　　　　　　　　D. 中秋节
2. 端午节是哪一天？（　　）
   A. 农历五月初五　　　　　　　B. 农历五月十五
   C. 5月15日　　　　　　　　　D. 6月15日
3. 下面哪项不属于端午节习俗？（　　）
   A. 龙舟竞渡　　　　　　　　　B. 赏月
   C. 包粽子　　　　　　　　　　D. 缠五彩绳

知识拓展 3.1.1
《浣溪沙·端午》

学习活动

在文中找出关于端午节的由来和习俗中你最感兴趣的部分，结合家乡端午节的特点，自行查阅相关资料，完成介绍中国端午节的文稿，字数为600~1000字。

学习评价

组别			学习成果	介绍中国端午节			
	评价内容						
一级目标	二级目标	分值	满分	学生自评	学生互评	教师评价	其他评价
学习理解	能有条理地阐释中国端午节的当代价值和文化内涵	20~25	25				
	能介绍中国端午节的基本知识和当代价值	15~20					
	能简单介绍中国端午节的由来和习俗	10~15					

续表

组别			学习成果	介绍中国端午节				
评价内容								
一级目标	二级目标	分值	满分	学生自评	学生互评	教师评价	其他评价
---	---	---	---	---	---	---	---
文案构思	文案构思巧妙,吸引力强	20~25	25				
	文案介绍全面,结构清晰	15~20					
	文案包含端午节元素,特点不够突出	10~15					
语言表达	语言表达精练,突出重点	20~25	25				
	语言表达流畅,陈述清楚	15~20					
	语言表达普通直白	10~15					
文化拓展	文案充分体现宜昌本地特点	20~25	25				
	文案基本体现宜昌本地特点	15~20					
	文案未展现宜昌本地特点	10~15					

课后拓展

你的家乡是怎样过端午节的?在课堂小组活动的基础上,完善中国端午节的文稿,增加地方特色,制作讲解小视频,上传至学习平台。

[主题二]

国家级非物质文化遗产：屈原故里端午习俗

第一讲　端午礼服——深衣

● 学习情境

端午节到了，学校传统礼仪社组织社团举行端午屈原祭，同学们纷纷讨论祭礼程序，确定并选择服装。

● 学习任务

会正确穿着深衣并行礼。

● 学习目标

【知识目标】
了解端午礼服深衣的文化内涵和穿法。
【能力目标】
能正确穿着深衣，举止符合古礼。
【素养目标】
1. 提高审美能力。
2. 提升传统文化素养，增强文化自信。

新课导入

端午节是集拜神祭祖、祈福辟邪、欢庆娱乐和饮食文化于一体的民俗大节。每年端午期间，民间有很多庆祝活动，老百姓身着鲜艳的汉服，臂缠五彩绳，腰佩各色香囊，熙熙攘攘，参加各种活动。其中最隆重的活动就是端午祭祀。端午祭祀时我们应该穿什么衣服呢？今天我们一起来认识一下战国及秦汉时期最优雅的礼服——深衣。

国家非物质
文化遗产：
屈原故里
端午习俗简介

知识介绍

深衣是一种古老的服装样式，在战国至汉代颇为流行，这在诸多文物中可以找到图像及实物依据，有曲裾深衣和直裾深衣之分。

孙机先生认为："从渊源上说，楚人着深衣系效法北方各国。但及至西汉，由于开国君臣多为楚人，故楚风流布全国；北方原有的着深衣之习尚为楚风所扇而益盛。"

一、深衣的得名

汉代郑玄注《礼记·深衣》："深衣，连衣裳而纯之以采者。"深衣以"衣裳相连，被体深邃"而得名，即穿着时能遮蔽全身，将人体掩蔽严实。因此深衣有将身体深藏之意，是士大夫阶层居家的便服，又是庶人百姓的礼服，男女通用。

二、深衣的形制

深衣的形制在《礼记·深衣》中有详尽的记载："续犹属也，衽在裳旁者也。属连之，不殊裳前后也，钩读如鸟喙必钩之钩，钩边若今曲裾也"，这续衽钩边之形制，在诸多楚墓木俑女装上得到证实。

具体而言，深衣是把以前各自独立的上衣、下裳合二为一，却又保持一分为二的界线，故上下不通缝、不通幅。最智巧的设计，是在两腋下腰缝与袖缝交界处各嵌入一片矩形面料，可以完美地表现人的形体，两袖也获得更大的展转运肘功能。所以古人称道深衣"可以为文，可以为武，可以摈相，可以治军旅"，《中国服饰史》一书中认为深衣是一种完善的服装。

在出土的帛画中女服也是此类深衣（图3-5），可见这位女子在龙凤下方，合掌祈祷，纤腰一握，似翩然欲飞，其所着服装即为深衣，下摆褒博，一大片拖曳其后。

图 3-5　陈家大山楚墓出土人物龙凤帛画

后来的衫和袍（有夹层的衫）基本上可以说是深衣的承继，一般分为曲裾和直裾，其中曲裾传承了深衣样式，而直裾稍有改良。

曲裾男女都可以穿，通身紧窄。这主要是因为在穿着方式上，它是将人一圈再一圈地缠起来。下长拖地，衣服的下摆呈喇叭形，行不露足。衣领为交领，领口很低，以便露出里面的衣服。有时露出的衣领多达三重，又称为"三重衣"。

直裾一般是男性服装，衣襟相交至右胸后，垂直而下，直至下摆。听起来，比曲裾的布料要少一些，对于身体，尤其是腿的束缚要少不少。

从两个的庄重程度来说，曲裾要高于直裾。所有重要的礼仪仪式，如祭礼、冠礼、婚礼、葬礼等，出席的宾客皆要着深衣。只是颜色、章纹和佩饰，依据身份和地位的不同，各有讲究。

所以，端午节公祭三闾大夫屈原，我们按礼仪应该穿的衣服是——深衣。

最庄重的款式是：曲裾。

最得体的颜色是：玄色（黑中带红，战国至秦汉，尚黑）。

三、深衣的文化内涵

深衣是华夏民族的礼服，它不仅仅是一件御寒裹体的衣服，不仅仅是追求美丽的装饰，它是华夏文化的重要载体之一。

其具体形制的每一部分都有极深的含义，而"深意"的谐音即为"深衣"。如在制作中，先将上衣下裳分裁，然后在腰部缝合，成为整长衣，以示尊祖承古。

深衣象征天人合一、恢宏大度、公平正直，以及包容万物的东方美德。

袖根宽大，袖口收祛，象征天道圆融；领口直角相交，象征地道方正；背后一条直缝贯通上下，象征人道正直；下摆平齐，象征权衡；分上衣、下裳两部分，象征两仪；上衣用布四幅，象征一年四季；下裳用布十二幅，象征一年十二月。身穿深衣，自然能体现天道之圆融，怀抱地道之方正，身合人间之正道，行动进退合权衡规矩，生活起居顺应四时之序。

"规""矩""绳""权""衡"除具备现实的实用功能外，还是中国古代五方之帝管理所属区域的法器。深衣以此"五法"所蕴含的寓意为设计理念，体现了儒家对公平、正义、礼仪、法度的遵循，体现了儒者对"仁"的内在追求与外在实践。

国家非物质
文化遗产：
楚服与深衣

四、深衣的穿法及基本礼仪展示

（一）曲裾深衣的穿法

曲裾深衣是汉服中最美的衣服，把东方女性的古典、含蓄、轻盈、飘逸之美体现得淋漓尽致。

先穿好右边袖子，将曲裾的内襟绕向身后，并在身后和右腋下方的系带相系结；穿上左边袖子，将右边领子折叠，折叠左边的领子。

将外襟的尖角绕向身后，将外襟尖角的末端在左胯位置固定，将外襟的领子部分折叠整齐。找到腰带的中点位置，在腰部靠下一些位置系腰带，腰带的中点位置对齐的腰的正中，将腰带绕到身后，腰带两端交叠，在腰部的正中系结一个单耳的蝴蝶结。整理领子的折叠部分，将领子的折叠部分掖进腰封固定。传统的曲裾基本没有腰封，而现代制作出于美观考虑，往往会设计腰封款式。

（二）汉服礼仪

1. 立容（男女通用）

身体肃立，下叉手或袖手，目视前方，从容优雅。

2. 行容

男：身体肃立，叉手（礼仪场合）或袖手，目视前方，步伐从容，庄重大方；
女：身体肃立，叉手（礼仪场合）或袖手，目视前方，步伐较小，步履庄重。

3. 坐容（包括经坐）

上身（腰以上）直立，叉手袖手或手合搭放于身体膝上，目视前方，如为经坐，则足背平放于地，臀坐于脚后跟上。

学习小测

1. "衣裳相连，被体深邃"说的是哪一种古代服饰。（　　）
   A. 襦裙　　　　　　　　　　B. 深衣
   C. 胡服　　　　　　　　　　D. 旋袄

2. 重要的礼仪仪式，古人一般着____。（　　）
   A. 曲裾　　　　　　　　　　B. 直裾
   C. 朱子袍　　　　　　　　　D. 胡服

3. 深衣以"规""矩""绳""权""衡"此"五法"所蕴含的寓意为设计理念，体现了儒家对____、____、____、____的遵循。（　　）
   A. 公平　　　　　　　　　　B. 正义
   C. 礼仪　　　　　　　　　　D. 法度

知识拓展 3.2.1
行走的姿态

学习活动

根据本节主题内容，参考"学习评价"，展示深衣的穿法及相关的汉服礼仪。

学习评价

组别			学习成果		礼仪展示			
	评价内容							
一级目标	二级目标	分值	满分	学生自评	学生互评	教师评价	其他评价	
曲裾穿着	服饰端正，衣缝笔直，腰封挺括，系带紧实漂亮	20～25	25					
立容	身体肃立，下叉手或袖手，目视前方，从容优雅	20～25	25					
行容	男：身体肃立，叉手或袖手，目视前方，步伐从容，庄重大方；女：身体肃立，叉手或袖手，目视前方，步伐较小，步履庄重	20～25	25					

续表

组别		学习成果	礼仪展示			
评价内容		分值	满分	学生自评	学生互评	教师评价	其他评价
一级目标	二级目标						
坐容（包括经坐）	上身（腰以上）直立，叉手袖手或手合搭放于身体膝上，目视前方，如为经坐，则足背平放于地，臀坐于脚后跟上	20～25	25				

课后拓展

服饰文化是中国古代文化的一个重要组成部分，服饰的发展、演变反映了中华民族五千多年文明史丰富的政治、经济、民族、文化内涵。请同学们上网查资料，制作汉服史的小视频，推广宣传。

屈原文化

第二讲 端午祭祀

● 学习情境

端午节将至,学校传统礼仪社组织社团举行端午屈原祭,同学们查找资料,详细了解端午祭祀的不同形式,设计出适合学校社团举行端午屈原祭的议程并进行排演。

● 学习任务

熟悉端午祭祀的程序并进行展示。

● 学习目标

【知识目标】

了解端午祭祀的文化内涵,熟悉端午祭祀的程序。

【能力目标】

1. 能按端午祭祀的程序准确地进行展示。
2. 能按古代立容和行容仪态进行演示。

【素养目标】

1. 提升仪态美,提高审美能力。
2. 提升传统文化素养,增强文化自信。

新课导入

《左传》记载"国之大事,在祀与戎",祭祀在古代是国家层面的重大活动。中国是文明古国,传统的祭祀活动非常丰富。人们相信,宗教祭祀能保证猎物的捕获、季节的正常变化甚至庄稼的丰收。这种基于原始信仰的祭祀活动,一旦习以成俗,便成了传统节日的雏形。

知识介绍

拜神祭祖是端午节重要习俗之一。上古时期，五月初五这一天被视为"恶月恶日"的"恶节"或"毒节"，古人相信天地之间蕴藏的恶气、阳毒，由此达到极盛，于是在这一天举行隆重的驱赶瘟疫的仪式。到了春秋战国时期，原始的驱疫仪式很快便演化成为祭龙仪式，以龙为图腾的民族会在这一天祭祀先祖，并祈龙施雨，以助农耕。两汉以后，在儒家文化影响下，端午节祭拜先贤的说法一直盛行，而影响力最大的无疑是纪念伟大的爱国主义诗人屈原。

一、屈原故里端午祭祀的主要形式

一个像神一样的人离开了。人们涌向江边，哭声一片，而对于之前，楚国灭亡的消息，可能都没有如此震撼。得到这悲痛的消息后，老百姓们划起所有的船只在江湖里寻找屈原。噩耗传到屈原的故乡——湖北宜昌秭归，乡亲们手执招魂幡，口唱招魂歌，要把屈原英灵招回故乡，大家找了一月有余。从那时起，屈乡每年的端午节过三次，即农历五月初五，为头端阳；五月十五，为大端阳；五月二十五，为末端阳。

在端午这天祭祀爱国主义先贤屈原，是示敬，是感怀，也是追忆。因此，屈原故里秭归端午节时间长，祭祀的形式多样，参与人员广泛，影响力巨大。

（一）官（公）祭

官（公）祭是指由地方官员主持的祭奠仪式。

1. 屈原故里端午文化节开幕式暨屈原故里端午祭

近代大量出土文物和考古研究表明，古代端午节是百越先民创立用于祭祖的节日，魏晋南北朝时期在民间流传开来，到隋唐时期，民间的祭祀活动受到官府的支持，逐渐成为国家级的盛大祭祀活动。

从2004年开始，秭归端午节由民众自发性参与的民俗活动演变为在农历五月初五这一天举办端午文化节。2009年，由宜昌市秭归县"屈原故里端午习俗"等共同组成的中国"端午节"，被联合国教科文组织列入《非物质文化遗产名录》，成为我国第一个入选世界非遗名录的节日。2010年至今，文化和旅游部与湖北省人民政府已在宜昌联合举办了6届"屈原故里端午文化节"。这是目前最盛大的官（公）祭活动，它由官方主持，百姓参与，气氛肃穆。

新时代的祭祀礼富有时代特征：号角长鸣，鼓乐阵阵，在主祭官的引领下，举行三献礼：① 初献礼，参加开幕式的领导缓步来到祭台前敬献花篮，整理绶带；② 亚献礼，与会的嘉宾、专家学者、艺术家代表、台湾嘉宾代表、客商代表和秭归先进典型代表上台敬献兰草；③ 终献礼，秭归屈氏后裔、民众代表上台献五谷、橙子、粽子等秭归特产为祭品。然后恭请德高望重的嘉宾诵读《祭屈原文》，最后以大型音舞诗画作为祭舞结束。场面壮观，震撼人心。

2. 2014 年屈原故里端午文化节开幕式暨祭龙仪式

《荆楚岁时记》记载："五月五日竞渡，俗为屈原投汨罗日，伤其死所，并命舟楫以拯之。"自南北朝开始，秭归每年端午节期间都要举行隆重的公祭屈原的祭江活动，古老的仪式一直延续至今。

2014 年 5 月 30 日，屈原故里端午文化节开幕式暨传统龙舟赛，在屈原故里秭归县隆重举行，随后在三峡大坝上游水域举行游江招魂仪式和端午传统龙舟赛。在庄严肃穆的氛围中，宜昌市市长恭读《祭屈原文》，现场还举行了隆重的祭龙仪式，48 名龙舟汉子肩扛龙头，一字排开，政府官员为龙头点睛。钟鼓齐鸣，现场欢腾，将整个活动推向高潮。

国家非物质文化遗产：官（公）祭

（二）乡祭

民间旧俗乡祭，一般指乡里合境集中举行的祭祀礼俗，主要有一年一度的端午龙舟赛的赛前游江招魂仪式和祭江（祭龙）仪式。古老的"龙舟下水"仪式和"游江招魂"仪式是屈乡千年传承的独特端午习俗。

五月初五，香溪河边或长江的三江桥头，在主祭官的引领下，12 名健壮青年每两人抬一龙头上台，龙头分白、绿、红、蓝四色，一字排开。初献礼：全国扶贫先进个人敬献九畹芝兰！亚献礼：十九大代表、全国劳模敬献伦晚鲜橙！终献礼：省劳模、屈姑集团董事长敬献屈姑香粽！随后奠酒三爵；6 位嘉宾为龙头点睛。古乐鸣奏，古礼祭拜，龙舟汉子高举龙头，一路飞奔，将龙头装上船身，龙舟下水仪式完成。

古朴隆重的游江招魂仪式在《我哥回》的声声呼唤中开始，12 条龙舟在江面首尾相接，缓缓绕圈盘旋，巡游祈福。渔船载着"屈原"从远处缓缓驶出。龙舟汉子抛洒粽子，召唤亲人屈原魂归故里，屈乡儿女立于江边深情守候。岸边鼓声大作，"屈原"吟诵着诗文，身影在一众龙舟的簇拥下消失在远方，古老苍凉的《招魂曲》在峡江上空回荡，招魂仪式结束。

（三）族祭

族祭一般由屈氏家族主导，在屈原祠或屈原庙进行祭祀。

根据国家级端午习俗非遗传承人谭国政收集整理的手稿表明：每年农历五月初五这天，人们早餐后聚集屈原庙，在屈原塑像前，以传统的祭祀仪式对屈原进行祭祀。用猪、牛、羊三牲之头，果品肴馔，香、烛、酒、帛排列于案上，主祭者四人。其中，司仪者一人，主持祭奠仪式；引赞者一人，负责招魂歌赞引唱；合唱者数人；礼生一人，读祭祀屈原的祭文；导祭者一人，负责引导参加祭祀活动的人按仪式进行。乐工数人，负责按时吹奏民乐。

先由歌赞者右手执招魂幡，口中引唱招魂歌，伴唱者跟着合唱。招魂毕，由礼生读祭奠屈原的祭文。之后大家依次在香炉和钱炉内烧香，三拜三叩。

如今，端午节期间，台湾、香港友人与秭归屈原村屈姓后裔100余人在屈原祠举行祭祀仪式。端午节当天，归州镇万古寺村的屈姓后裔会在屈原祠祭祀屈原。

（四）其他民间祭祀

端午节当天，宜昌的大中小学和机关团体、社会团体，会根据实际情况举行不同规模的祭祀活动，祭祀过程中都会诵读屈原的诗文，表达对屈原思想品格和精神的景仰。屈原"深固难徙，受命不迁"的坚定意志和爱国情怀；"秉德无私，廓其无求"的政治品格；"闭心自慎，淑离不淫"的政治修养在隆重的祭祀氛围中再次深深震动每个人的身心。

国家非物质文化遗产：民间祭祀

二、新时代宜昌端午祭祀文化的主要特点

从2009年至今，纵观宜昌屈原故里端午祭议程，不难发现其从形式、规模到祭品服饰，都有浓郁的巴楚地方特色，在一定程度上体现了民族传统文化与现代文明的有机结合与发展。

（一）祭祀礼仪隆重，参与人员众多

"一个端午三次过"，"年小端午大"。在湖北宜昌，端午祭礼远比过年祭祀要隆重。由于政府重视，每年端午祭的筹备工作紧锣密鼓、有条不紊。屈原故里屈原祠，地势开阔，地理位置优越，可容纳上万人，场面震撼。参与的人员，上至政府官员，下到普通民众，还有专家学者、艺术家代表、台湾嘉宾、客商代表，几乎可以说是人人参与。开幕式暨屈原故里端午祭现场，每年平均有15万人次参加；同时还有很多民间社会团体，大中小学举行不同规模的祭祀屈原活动，参与人员之多不可计数。

（二）祭祀议程传统而有创新

"秭归端午节从民间民俗活动转向了现代文化节，一方面是顺应时代发展，传承节庆文化记忆的内在要求，另一方面也是文化记忆记录方式的更新。"（《文化记忆理论视阈下的秭归端午节研究》，三峡大学，龙凡）

宜昌屈原故里端午祭祭祀仪式源远流长，国家级非遗代表性项目"屈原传说"省级代表性传承人、秭归民俗文化专家郑承志，国家级端午习俗非遗传承人谭国政等人完整地保留了古老的祭祀礼仪，让人们得以感受神秘而庄严的祭祀文化。

屈原文化

在新的历史时期，祭祀文化中优秀的部分得以传承，并赋予了新的时代内涵。例如，传统的三跪九叩的跪拜礼由优美儒雅的揖礼取代，烦琐冗长的仪式、程序在保留了祭祀文化的核心内涵的基础上，调整改善得简洁明了、主题鲜明。

（三）祭祀风格体现了巴楚文化的民族特色

宜昌是巴楚文化的集萃地。段渝在《先秦巴文化与巴楚文化的形成》一文中，将巴楚文化的基本特征归纳为："第一，巫鬼崇拜……"巴人和楚人的巫风巫习，植根于蕴含宗教信仰的巫文化，使得三峡祭祀巫舞昌盛，"其祠必作歌乐鼓舞以乐诸神"（王逸《楚辞章句》）。宜昌屈原故里端午祭、游江招魂仪式和祭江仪式，都蕴含浓郁的巫风色彩，投射到歌舞之中，音乐浪漫抒情，服饰色彩大胆，动作热情奔放，充满原始激情，带有娱神的巫文化性质。

学习小测

1. 上古时期，五月初五这一天被视为"____"。（　　）
   A. 吉月吉日
   B. 红日
   C. 恶月恶日
   D. 毒月毒日

2. 端午节祭拜先贤的说法一直盛行，而影响力最大的是纪念____。（　　）
   A. 伍子胥
   B. 屈原
   C. 曹娥
   D. 介子推

3. 宜昌端午节时间长，端午祭祀的特点有：____，____，____。（　　）
   A. 形式多样
   B. 参与人员广泛
   C. 影响力巨大

知识拓展 3.2.2
《楚辞·九歌》中的
祭祀文化

学习活动

根据本节主题内容，设计出适合学校社团举行端午屈原祭的仪式流程，参考"学习评价"，撰写祭祀屈原活动策划书。

学习评价

组别			学习成果	祭祀屈原活动策划书			
评价内容			满分	学生自评	学生互评	教师评价	其他评价
一级目标	二级目标	分值					
活动背景	能清晰地阐述祭祀屈原活动的当代价值和文化内涵	20～25	25				
	能较清晰地阐述祭祀屈原活动的当代价值和文化内涵	15～20					
	能简单地阐述祭祀屈原活动的当代价值和文化内涵	10～15					
活动流程	流程安排条理清晰，可操作性强	20～25	25				
	流程安排条理较清晰，可操作	15～20					
	流程安排欠清晰，操作性不强	10～15					
语言表达	表达流畅，条理清晰，突出重点	20～25	25				
	表达较流畅，陈述较清楚	15～20					
	语言表达普通直白	10～15					
创新性	活动设计有创意，有吸引力	20～25	25				
	活动设计较有创意，较有吸引力	15～20					
	活动设计缺乏创意，欠缺吸引力	10～15					

课后拓展

在小组活动的基础上，查阅资料，优化《校园祭祀屈原活动策划书》，送交传统礼仪社备选，并参与学校社团端午屈原祭活动。

屈原文化

第三讲 龙舟竞渡

● 学习情境

端午将至，中国龙舟争霸赛（宜昌）将在秭归县徐家冲港湾打响，各代表队敲鼓划桨，将在屈原故里上演一场水上"速度与激情"，大家齐聚一堂，在国家级龙舟训练基地观看龙舟争霸赛，追思爱国主义诗人屈原。

● 学习任务

讲解龙舟赛的起源以及屈原故里秭归龙舟赛的特点。

● 学习目标

【知识目标】
1. 了解龙舟赛的起源及发展，以及龙舟文化内涵。
2. 了解屈原故里秭归龙舟赛的特点。

【能力目标】
1. 能够讲解龙舟赛的起源以及龙舟文化内涵。
2. 能够讲解屈原故里秭归龙舟赛的特点。

【素养目标】
1. 增强体育精神，提升审美能力。
2. 提升传统文化素养，增强文化自信。

新课导入

传统的端午佳节，龙舟竞渡都是最隆重、最热闹的节俗活动，俗称赛龙舟，赛龙舟源远流长，承载着丰富的历史和文化内涵，不仅源自纪念屈原的民俗，如今更演变为体育赛事，无论是擂鼓划桨声，还是团队的协作奋力拼搏，都带给了人们无与伦比的激情和动力。让我们来了解龙舟竞渡是如何由民间节俗发展成为一项体育赛事的。

知识介绍

赛龙舟是中国端午节的习俗之一，也是端午节最重要的节日民俗活动之一，在中国南方地区普遍存在，在北方靠近河湖的城市也有赛龙舟习俗，而大部分是赛旱龙舟舞龙船的形式。2011年5月23日，赛龙舟经国务院批准列入第三批国家级非物质文化遗产名录。

一、龙舟赛的起源及发展

龙舟一词，最早见于先秦古书《穆天子传·卷五》："天子乘鸟舟、龙舟浮于大沼。"

赛龙舟最早是古人祭水神或龙神的一种祭祀活动，"龙舟竞渡"早在屈原之前就已经有了。闻一多先生的《端午考》说，距屈子投江千余年前，划龙舟之习俗就已存在于吴越水乡一带，目的是通过祭祀图腾——龙，以祈求避免常见的水旱之灾。

沅陵龙舟赛据说发源于远古，祭祀的对象是五溪各族共同的始祖盘瓠。盘瓠曾落户沅陵半溪石穴，生六儿六女，儿女互婚配，繁衍成苗、瑶、侗、土、畲、黎六个民族。盘瓠死后，六族人宴巫请神，为其招魂。因沅陵山多水密，巫师不知他魂落何处，就让各族打造一只龙舟，逐溪逐河寻找呼喊，以至演变成后来的划船招魂的祭巫活动。沅陵龙舟起源于5000年前，比纪念屈原的说法要早3000多年。

二、龙舟运动的历史演变

战国时期形成了"龙舟竞渡"的习俗。人们在急促的鼓声中划着刻成龙形的独木舟，做竞渡游戏，以娱神与乐人，此时的龙舟竞渡是祭仪中半宗教性、半娱乐性的节目。

秦汉魏晋以后，以"竞渡"为主的划船活动常见于当时的民间，并在特定的时间进行。唐以后，才统一于五月端午节举行。到了五代，竞渡之风愈盛，官方大力提倡。宋元时期开始应用于水军的训练。明清时期龙舟竞渡进入宫廷娱乐。现今，龙舟竞赛已经演变为一项水上运动，分析其历史演变，经历了功利性、纪念性和竞技性三种基本形态。

功利性的龙舟竞渡，是指起始萌生阶段的龙舟竞渡，从时间上讲，大致在先秦。原始社会时期的先民，在水上捕捞、渡水劳动，特别是在水患中的逃命、救人和水上争斗中，争相竞渡。

纪念性的龙舟竞渡，形成于汉魏六朝，延续至今。吴国人周处《风土记》是最早记录端午竞渡的文献，说明三国时，"端午竞渡"已成为风气。而记录龙舟竞渡是为了纪念屈原的最早文献，是梁代吴均、宗懔和唐代魏徵留下的资料。其中魏徵在《志》中写道："屈原五月望日赴汨罗，土人追至洞庭不见，湖上船小，莫得济者，乃歌曰'何由得渡湖？'因而鼓棹争归，竞会亭上，习以相传，为竞渡之戏。其迅楫齐驱，梢歌乱响，喧振水陆，观者如云，诸郡率然。"自此，端午竞渡这一民俗统一在"纪念屈原"这个具有凝聚力的主题上。

竞技性龙舟竞渡，形成于20世纪70—90年代，其发展可追溯至1976年举行的香港龙舟邀请赛，此后，龙舟竞赛成为现代体育项目，热潮席卷全球30多个国家。在国际上，龙舟运动基本上是一种竞技型的体育项目。1980年，赛龙舟列入中国国家体育比赛项目，并每年举行"屈原杯"龙舟赛。1991年6月16日（农历五月初五），在屈原的第二故乡湖南岳阳，举行首届国际龙舟节。尔后，湖南汨罗便于每年农历五月初五端午节举办国际龙舟节。

三、龙与龙舟文化

《龙和中华》记载：一直以龙的传人自居的中国人，逢年过节都要举行一些如舞龙灯、祭龙王、赛龙舟之类的喜庆活动，祈盼风调雨顺、国泰民安、丰衣足食。

龙作为中华民族的象征，五千年来已深深扎根于所有中国人的心中，形成了具有强大凝聚力的龙文化，龙文化在历史上曾为中国的统一和发展作出了巨大的贡献，它仍为中国的统一和繁荣发挥着自己独有的作用

在古人心目中，龙是一种神秘的宝物，不易见到，即使显现了也见首不见尾，或只见到只鳞片爪。而龙的出现，是天下太平的征兆，所以龙被人们视为天下最大的吉祥物。

虽然神秘莫测、变化多端的龙难得一见，但自古以来人们对龙的形象描述得很清楚。汉代学者王充指出，龙自首至膊，自膊至腰，自腰至尾，三部分长度都相等；龙的角似鹿，头似驼，眼似兔，颈似蛇，腹似蜃，鳞似鱼，爪似鹰、掌似虎、耳似牛。龙能走、能飞、能游泳、能兴云降雨；龙还能显能藏、能巨能细、能长能短。春分时飞上天，秋分时潜于渊。

在中国龙的形象中蕴涵着中国人最为重视的四大观念：天人合一的宇宙观，仁者爱人的主体观，阴阳交合的发展观，兼容并包的多元文化观。

先人为了求得龙的保佑，每年端午这一天都会举行隆重的龙图腾祭祀活动，同时，还要在锣鼓声中划着刻成龙形的独木舟在水面竞渡。河姆渡遗址和田螺山遗址的史前文化证明，早在5000—7000年前，就有了独木舟和木桨。而龙舟最初原形是将单木舟雕刻成龙形的独木舟，后来发展为木板制作的龙形船。

五月初五是古代吴越地区"龙"的部落举行图腾祭祀的日子。端午节两个最主要的活动——吃粽子和竞渡，都与龙相关。粽子投入水里常被蛟龙所窃，而竞渡则用的是龙舟。古代五月初五有用"五彩丝系臂"的民间风俗，这应当是"像龙子"的文身习俗之遗迹。

在两湖地区，祭屈原与赛龙舟是紧密相关的。可能屈原及曹娥、伍子胥等逝去后，当地民众也曾用魂舟送其灵魂归葬，故有此俗。

赛龙舟前会举行各种祭祀、纪念之仪式。先要请龙、祭神，一般都是点香烛、烧纸钱，供以鸡、米、肉、供果、粽子等。如今这些含有迷信色彩的仪式已很少见，但在过去，人们祭祀龙神庙时气氛很严肃，多祈求农业丰收、风调雨顺、去邪祟、攘灾异、事事如意，也保佑划船平安。用老百姓的话说，"图个吉利"，表达人们内心良好的愿望。

国家非物质
文化遗产：
龙与龙舟文化

四、屈原故里秭归龙舟赛的特点

秭归是端午习俗及龙舟文化的发祥地。秭归端午民俗形成于先秦、发展于汉末魏晋、兴盛于唐，一直保持到当代。

在五月初五，众人聚集屈原庙或岸边，设祭坛，拜祭屈原；游江招魂，五月初五或五月十五，龙舟游江，唱《游江》，呼唤屈子魂归；龙舟竞渡，颜色各异的龙舟争相前进，场面十分壮观，成为融民族性、竞争性、娱乐性于一体的文化体育活动。

（一）赛法多

秭归龙舟的赛法很多，有两舟赛、拖艄赛、三舟赛、多舟赛、对江直划单边赛、来回赛、上下直划赛等。当地百姓有"宁荒一年田，不输一次船"的说法。

（二）水域险

秭归龙舟的竞渡时选择在长江的自然水域，江面宽且湍急。在竞渡过程中，还有领头的一边指挥划船，一边进行各种表演，有的倒立船头，有的狂舞彩旗，其场面之惊险，其气势之豪迈，既壮观又刺激。

（三）祭祀礼仪完整隆重

秭归龙舟竞渡有一套完整的祭祀礼仪，是秭归龙舟的最大特色，也是与其他地方龙舟竞渡的最大区别。秭归龙舟竞渡有祭庙（即祭屈原，含祭龙头）、祭江（含招魂）、竞渡（含夺标）、回龙等四个程序，有一整套的锣鼓和唱腔。

国家非物质
文化遗产：
屈原故里秭归
龙舟赛的特点

1.2011年5月23日，赛龙舟经国务院批准列入第____批国家级非物质文化遗产名录。（　　）

A. 一　　　　　　　　　B. 二
C. 三　　　　　　　　　D. 四

2. _____ 年第二届"屈原杯"全国龙舟锦标赛在宜昌举办、中国龙舟协会在宜昌的成立。（   ）

A. 1985
B. 1984
C. 1983
D. 1982

3. 中国龙的形象中蕴含着中国人最为重视的四大观念，____、____、____、____。（   ）

A. 天人合一的宇宙观
B. 仁者爱人的互助体现
C. 阴阳交合的发展观
D. 兼容并包的多元文化观

知识拓展 3.2.3
龙舟竞渡
走向世界

请根据"学习情境"，参考"学习评价"，以小组为单位，收集龙舟竞渡资料，讲解龙舟赛的起源以及屈原故里秭归龙舟赛的特点。

学习评价

组别			学习成果	介绍龙舟竞渡			
	评价内容						
一级目标	二级目标	分值	满分	学生自评	学生互评	教师评价	其他评价
讲解内容	内容全面正确、条理清晰，有新意	20～25	25				
	内容较全面、条理较清晰，较有新意	15～20					
	内容不太正确、条理不清晰，无新意	10～15					
讲解结构	结构合理，层次分明，详略得当，逻辑性强	20～25	25				
	结构较合理，层次较分明，详略得当	15～20					
	结构不太合理，层次不太分明，逻辑性不强	10～15					

续表

组别		学习成果	介绍龙舟竞渡				
评价内容		分值	满分	学生自评	学生互评	教师评价	其他评价
一级目标	二级目标						
讲解技巧	角度新颖，通俗易懂，表达清晰，富有感染力、亲和力	20～25	25				
	角度欠新颖，不太通俗，表达较清晰，较有感染力、亲和力	15～20					
	角度很一般，不易懂，表达不太清晰，欠缺感染力、亲和力	10～15					
文化内涵	体现龙舟文化丰富内涵，有文采	20～25	25				
	较能体现龙舟文化丰富内涵，较有文采	15～20					
	未能体现龙舟文化丰富内涵，没有文采	10～15					

课后拓展

在课堂小组活动的基础上，查阅资料，结合新时期传承民间赛龙舟习俗，完善讲解稿，并制作小视频，音画并茂，上传至学习平台。

屈原文化

第四讲　制作粽子

● 学习情境

学校与社区联谊，举行"青青香粽 幸福社区"活动，同学们要学习手工包粽子。

● 学习任务

选择包粽子需要的原材料并掌握常见粽子的包法。

● 学习目标

【知识目标】
了解各种粽子需要的原材料及包粽子的技巧和方法。
【能力目标】
能选择包粽子需要的原材料，掌握常见粽子的包法。
【素养目标】
1. 提高生活能力和动手能力。
2. 提升传统文化素养，增强文化自信。

 新课导入

粽子不仅是中国的传统是食品之一，还承载着许多美好的寓意，最常见的便是"驱赶"蛟龙，纪念屈原，此外，"粽子"还谐音"中子""众子"，民间有吃了"粽子"能得儿子的风俗，寓意人丁兴旺。"粽"还象征"中"，意为"功名得中"，在古时寓意学子考中功名。"粽"和"宗"音近，吃粽子还有"光宗耀祖"的寓意。

知识介绍

粽子是由粽叶包裹糯米蒸制而成的食品，是中国汉族传统节庆食物之一。粽子作为

中国历史文化积淀最深厚的传统食品之一，传播亦甚远。端午食粽的风俗，千百年来，在中国盛行不衰，甚至流传到朝鲜、日本及东南亚地区诸国。

一、粽子的来历

"粽"最初是用来祭祀祖先和神灵的贡品，具体起源年代无考。《山海经·南山经》："凡䧿山之首，自招摇之山以至箕尾之山，凡十山，二千九百五十里，其神状皆鸟身而龙首。其祠之礼：毛，用一璋玉瘗；糈用稌米，一壁，稻米、白莹为席。"东汉末年，以草木灰水浸泡黍米，因水中含"碱"，用菰叶包黍米成四角形，煮熟，即为广东碱水粽。到了晋代，正式定粽子为端午节庆食物。

由于各地的饮食习惯不同，粽子形成了南北风味。北方的粽子，多是糯米所做，蘸白糖或红糖食用。北京粽子为北方粽子的代表品种。

北京粽子个头较大，为斜四角形或三角形。市场上供应的大多数是糯米粽。在农村，仍然习惯吃大黄米粽。黏韧而清香，别具风味，北京粽子多以红枣、豆沙做馅，少数也采用果脯为馅。

南方粽子的代表品种是广东粽子，广东粽子形状有金字塔形、条形和三角锥形等。品种主要有咸肉粽、枧水粽、豆沙粽等，其中咸肉粽最受欢迎。咸肉粽主要用糯米、五花肉和绿豆，有的还会加入咸蛋黄、冬菇、虾米、瑶柱、栗子、花生等调配为馅，口味咸鲜香，风味更佳。

如今，每年过端午节都会包不少粽子。从外面买的现成的，虽说简单方便，热一下就可以吃，但着实少了过节的气氛。而且外面买的粽子，大部分都是真空或者冷冻的，与现包现吃的相比，口感要逊色许多。自己在家做，各种口味，各种样式的都包上一些，不光自家吃，送送亲戚朋友都很不错。

二、粽子的做法

包粽子，需要提前准备些什么材料，又如何来包呢？以下，是四种常见粽子的做法。

（一）第一款：枣粽

枣粽，香甜可口，枣香味浓郁，可以说百吃不厌。另外，这样包法的粽子形状好看，不容易漏米，喜欢的同学一起来试试看。

第一步：准备食材。糯米 600 克、小枣 150 克、粽叶适量、棉线适量（糯米最好选择圆粒，这样口感更有黏性和糯性）。

第二步：糯米清洗干净浸泡一晚，然后沥干水分备用。

第三步：把粽叶一张张清洗干净，然后放到热水锅中煮 15 分钟，煮好后捞出放到凉水中备用（煮过的粽叶柔韧性会比较好，在包的时候不容易断裂。另外，笔者这里用的是新鲜粽叶。如果大家用的是干粽叶，一定要提前泡软后再煮）。

第四步：把小枣提前浸泡1~2个小时，然后沥干水分备用。

第五步：开始包粽子。取两片粽叶，将一头的硬角剪掉，如图3-6所示。

第六步：把两片粽叶平铺，然后对折，如图3-7所示。

图3-6 第五步

图3-7 第六步

第七步：将两头再对折，如图3-8所示。

第八步：将粽叶打开，如图3-9所示。

图3-8 第七步　　　　图3-9 第八步

第九步：填入两勺糯米，如图3-10所示。

第十步：放上几粒枣，如图3-11所示（喜欢吃枣的，可以多放几个）。

图3-10 第九步

图3-11 第十步

第十一步：再填上一些糯米，然后再用勺将米压紧实，如图 3-12 所示（一定要压紧一点，这样更容易包严实）。

第十二步：将另外一部分粽叶折过来，然后随手将粽叶两侧捏下去，接下来将粽子翻过来，如图 3-13 所示。

图 3-12　第十一步

图 3-13　第十二步

第十三步：把多出一截的粽叶折回来、捏紧，如图 3-14 所示。

第十四步：用线绳将粽子捆起来，如图 3-15 所示（不要捆得太松，否则容易煮开）。

图 3-14　第十三步

图 3-15　第十四步

第十五步：将包好的粽子放到一起，置于锅中煮熟，如图 3-16 所示（煮枣粽建议凉水入锅，水要浸过粽面，大火烧开后转中火煮 2 小时，然后关火焖 30～60 分钟。在煮粽子的过程中不要再添冷水。另外，如果嫌用普通锅煮比较麻烦，可以用高压锅压 20～30 分钟，然后焖几分钟即可）。

图 3-16　第十五步

（二）第二款：咸肉粽

这样包好的肉粽色泽红亮，油润不腻，风味独特，平时做早餐也很合适。

具体制作方法如下。

第一步：准备食材。糯米 500 克、猪肉 300 克、粽叶适量、粽绳适量（糯米最好选择圆粒的，这样口感更有黏性和糯性；猪肉可以选择猪腿肉或者五花肉）。

第二步：把粽叶和粽绳泡软并清洗干净（如果是干粽叶，要提前一晚将粽叶泡软）。

第三步：将糯米清洗干净，浸泡 5~6 小时。

第四步：猪肉去皮，切成 2~3 厘米的块，然后放入 2 勺生抽、1 勺老抽、1 勺料酒、1 勺盐、1 勺白糖，用手抓匀，腌制 3~5 个小时，让猪肉充分入味。

第五步：把粽叶放到热水锅中煮 15 分钟，煮好后捞出放到凉水中备用（煮过的粽叶柔韧性会比较好，在包的时候不容易断裂）。

第六步：把糯米的水分控干，然后放入 1 勺盐、1 勺老抽拌匀。

第七步：开始包粽子。取两片粽叶，将一头的硬角剪掉。

第六步：把粽叶卷成一个圆锥状。

第七步：往粽叶里装入糯米，再放上两块肉。

第八步：装上糯米，然后用勺压实。米不要装太满。

第九步：把上面的粽叶向下折，直至完全盖住糯米。然后将两侧的叶子捏下去，折叠起来。

第十步，将粽子捆起来即可。粽子全部包好后，放到锅中煮熟（在煮肉粽的时候，水一定要没过粽子，大火烧开后转中小火煮 2 小时，关火后多焖一会儿再吃，味道更好）。

（三）第三款：黑芝麻豆沙粽

包豆沙粽时，往米里多加了一些黑芝麻，原本是想给白糯米加一点颜色，多一点花样，没想到做好的粽子特别美味，大家都说好吃了不止一点点，芝麻与香甜的豆沙还有软软的糯米，简直是绝配。

第一步：准备食材。圆粒糯米 500 克、豆沙 400 克、熟黑芝麻 15 克、干粽叶适量。

第二步：把干粽叶提前放置 15 小时以上，使粽叶舒展开（干粽叶浸泡的时间有点久，大家可以第一天晚上泡，第二天中午用，时间就差不多了）。

第三步：把粽叶一张张清洗干净，然后放到锅中煮 20 分钟左右，煮好后捞出放到凉水中备用（长时间浸泡和煮，可以使粽叶的柔韧性变得更好，在包的时候不容易断裂）。

第四步：把糯米淘洗干净，倒入适量的清水，浸泡 4 小时以上，直到糯米可以用手碾碎为止。

第五步：把浸泡好的糯米沥干水分，然后和熟黑芝麻拌匀。

第六步：把豆沙搓成 20 克左右的小圆球。

第七步：把两片粽叶平铺放在一起，然后对折。

第八步：将两头再对折。

第九步：将粽叶拿起，然后打开，往粽叶里加入一勺米。

第十步：放上一些豆沙。

第十一步：再盖一些米，然后用勺子压平整（一定要压紧一点，这样更容易包严实）。

第十二步：将另外一部分粽叶盖过来。

第十三步：用手沿着粽子两侧将粽叶捏紧。

第十四步：将粽子翻过来，把多出来一截的粽叶向着手心处叠回来。

第十五步：捏紧。

第十六步：用线绳将粽子捆起来（不要捆得太松，否则容易煮开）。

第十七步：把所有粽子都包好后放到高压锅里，倒入清水，水要没过粽子。然后盖好高压锅，至粽子煮熟。

（四）第四款：红豆长粽

这种包粽子的方法非常容易上手，可以轻松的包出形状。而且，因为绑得严实，在煮的时候也不容易漏米。包好的红豆粽子将米香、豆香、粽叶香很好地融合在一起，甜度适中，营养丰富。喜欢的同学一定要试试看。

第一步：准备食材。糯米500克、红豆100克、粽叶适量、粽绳几根（糯米最好选择圆粒的，这样口感更有黏性，也更细糯）。

第二步：糯米清洗干净，浸泡五六个小时。

第三步：红豆清洗干净，浸泡两个小时。

第四步：把粽叶一张张清洗干净，然后放到热水锅中煮15分钟，煮好后捞出放到凉水中备用（煮过的粽叶柔韧性会比较好，在包的时候不容易断裂。另外，笔者这里用的是新鲜粽叶。如果大家用的是干粽叶，一定要提前泡软后再煮）。

第五步：将糯米和红豆沥干水分，然后放在一起拌匀。

第六步：开始包粽子，取两片粽叶，将一头的硬角剪掉。

第七步：把两片粽叶平铺，然后对折。

第八步：把叶子两端分别向中间折。

第九步：将粽叶拿起来打开，中间就是一个口袋形状。然后往粽叶里面装几勺米，再用勺将其压紧实。

第十步：用边上的粽叶将糯米包住。

第十一步：取一根粽绳，将粽子绑紧。粽子全部包好后，放到锅中煮熟（建议凉水入锅，水要浸过粽子，大火烧开后转为中小火煮2小时，然后关火焖30~60分钟。在煮粽子过程中不要再添凉水。另外，如果嫌用普通锅煮比较麻烦，可以用高压锅压20~30分钟，然后焖几分钟即可）。

屈原文化

包粽子，是个技术活儿。刚开始包，可能包得不太好、形状不好看、会漏米，等等。多包几个，等熟练起来之后，就会越包越好看。

国家非物质文化遗产：制作粽子

学习小测

1. 由于各地的饮食习惯不同，粽子形成了南北风味，____为北方粽子的代表品种。（　　）

   A. 枣粽　　　　　　　　　B. 北京粽子
   C. 北方甜粽　　　　　　　D. 豆沙粽

2. 在煮粽子的时候，水一定要没过粽子，大火烧开后转中小火煮____小时，关火后多焖一会儿再吃。（　　）

   A. 1　　　　　　　　　　B. 2
   C. 3　　　　　　　　　　D. 4

3. 糯米淘洗干净，倒入适量的清水，浸泡__个小时以上，直到糯米可以用手碾碎为止。（　　）

   A. 1　　　　　　　　　　B. 2
   C. 3　　　　　　　　　　D. 4

知识拓展 3.2.4
包粽子的注意事项

学习活动

根据本节主题内容，以小组为单位，参考"学习评价"，制作各种类型的粽子，开展包粽子比赛。

学习评价

组别			学习成果	制作粽子			
	评价内容		分值	满分	学生自评	学生互评	教师评价	其他评价
一级目标	二级目标						
材料准备	粽叶柔软易折叠，糯米软硬适中，馅料适量		20～25	25				

续表

组别			学习成果	制作粽子			
评价内容				学生自评	学生互评	教师评价	其他评价
一级目标	二级目标	分值	满分				
外形	粽角端正，扎线松紧适当，粽体无外露	20～25	25				
组织形态	粽体不过烂，粽子内外无杂质，无夹生	20～25	25				
滋味气味	糯而不烂，咸甜适中，具有粽叶、糯米或其他谷类食物固有的香味	20～25	25				

课后拓展

包粽子是端午节的一种传统风俗，全国各地端午节都有包粽子的习俗，由于各地饮食习惯的不同，粽子形成了南北风味；从口味上分，粽子有咸粽和甜粽两大类。请同学们收集资料或在同学中做调查研究，分析南北风味粽子的异同。

[主题三]

国家级非物质文化遗产：屈原传说

● 学习情境

今年的"国潮游园会"临近，校民乐协会想以枝江楠管的形式传唱屈原传说故事，现面向全校征集唱词。

● 学习任务

熟悉并创新演绎屈原传说故事。

● 学习目标

【知识目标】

1. 熟知屈原人物、景物、地名、习俗四种传说的经典故事。
2. 掌握枝江楠管唱词的基本格式。

【能力目标】

1. 能够写出以屈原传说故事为内容的枝江楠管唱词。
2. 通过唱诵演绎枝江楠管这一湖北省非遗，传播弘扬"屈原传说"这一国家级非遗。

【素养目标】

1. 增强文化自信，提升国家认同。
2. 提高艺术修养，勇担传承使命。

新课导入

屈原，我国杰出的爱国主义诗人，诞生于秭归县的乐平里及周边乡村，这片土地传承着无数令人动容的屈原故事和美妙传说，包括人物传说、地名传说、景物传说和习俗传说等。目前已收集到 91 个，这些故事充满激情，感人至深，神奇浪漫，富有想象力，充溢灵性，意义深远。

国家非物质
文化遗产：
屈原传说

一、屈原传说

2008 年 6 月 7 日，"屈原传说"经国务院批准列入第二批国家级非物质文化遗产名录。

（一）人物传说

传说中，屈原在他的宅基右边的玉米田，也被称为玉米三丘，少年时曾亲自下地耕种。此外，也有传言说屈原在被放逐后曾回到故乡，承受了许多困苦，不屈不挠地经营着三丘稻田。唐代沈亚之在他的著作《屈原外传》中有提及：

> 屈原瘦细美髯，丰神朗秀，长九尺，好奇服，冠切云之冠，性洁，一日三濯缨①。事怀襄间，蒙谗负讥，遂放而耕，吟《离骚》，倚耒②号泣于天。时楚大荒，原堕泪处独产白米如玉。《江陵志》有玉米田，即其地也。

这段话的大意是说屈原身材修长，面容俊秀，胡须浓密，身材高大，喜欢穿着奇特华丽的服装，戴着华丽的帽子，爱干净，每天三次洗净帽缨。他在事业上充满抱负，但蒙受谗言和诽谤，最终被放逐，转而从事农耕劳作，吟咏《离骚》之诗，倚着犁耕种于田间，仰天痛哭。当时楚国大荒，屈原的眼泪滴落的地方竟然产出洁白如玉的稻米。《江陵志》中有关玉米的田地，就是指他所在的地方。

屈原传说之
人物传说：
我哥回

（二）景物传说

这种类型的传说典型代表是"照面井"（图 3-17）。照面井坐落在伏虎山的山腰，由银灰色的龙骨石精心砌筑而成。井水清澈如镜，甘甜可口。相传，这是屈原幼年时照影梳洗的地方，后来传说，一丝微尘也无法躲过这口"井镜"的观察力。传说照面井会为善良的人们带来好处，因为只要照在井中，你的正常面容将清晰可见。但如果有人怀有恶念，心怀不轨，一照之下，井中将显现出可怖的面孔。因此，很多坏人都不敢前往照面井照自己的容貌。在井台上，竖立着一块石碑，上面刻有"照面井"三个大字。

碑石的左右，伴随着四季常绿的青树和郁郁葱葱的柞树，宛如两位威严的卫士。井口下方，嵌在地下的是一个半圆形的平台，直径约 4 米，高度约 5 米。台檐上矗立着石砌的雕花栏杆，上有 13 根立柱，错落有致。石柱高低不一，其中高的石柱顶部雕刻着八

图 3-17　照面井

棱帽头。石柱的中部有 12 孔，每个孔分为三层：最上层是四方形的条石栏杆，中层刻有多层图案和花纹的石栏板，底层则呈现出扇形的枕式栏底。栏杆外是挺拔的古松和古柏，以及像伞盖一般垂悬的垂柳，将照面井巧妙地隐藏在伏虎山腰之中。

（三）地名传说

在秭归境内，存在着两座名为"丹阳城"的城市。江北的那座是楚国子熊绎最初封为丹阳的遗址，《水经注》中描述这座城市：依山越丘，周围八里，长约二百八十步，东北和东南两侧悬崖峭壁，西边随着亭下溪流，南边靠近大江，地势险峻，自然防御坚固。这里曾是楚国子熊绎初次封为丹阳之都。江南的那座城市，则是后来楚王曾经居住的地方，因此被称为楚王城，又名江南丹阳。

楚王井位于江南丹阳城内，相传是楚国的先王所建，这口井水清澈长流，清凉宜人，如同甘露一般美味。然而，后来出现了不明原因的干涸，楚王被迫离开故土，百姓陷入无水之困。他们只得背水面对生活的困难，同时焚香祈祷，跳起长龙舞来祈求龙王的帮助，希望得到解渴的水源。然而，尽管祈祷多年，清水仍未涌出。当屈原担任左徒时，随楚王巡视西楚，他登上楚王城后，目睹了百姓苦苦哀求水源的情景，观察了城市的风水，认为水都被名叫青龙的神兽吞噬了，应该迫使它将一切都吐出来。于是，屈原抽出腰间的陆离长剑，前往青龙岭，一剑刺中青龙的咽喉。一道金光闪烁，井底涌出了一股粗如碗口的清泉。随着水的喷涌，井口处出现了一个栩栩如生的龙头，水从龙嘴中流出。百姓终于有了解渴的水源，农田长出了翠绿的嫩叶。楚国人传颂开来，称这是一口龙井，是屈原大夫带给人们的福泽，想要将其命名为"屈原井"。但屈原认为不合适，坚持认为这是楚王的恩赐，若没有楚王城，哪会有这口龙井呢？因此，他主张将其命名为"楚王井"。这个传说的确切起源已无从考证，但楚王城和楚王井的遗迹保存至今。

屈原传说之地名传说：读书洞　　屈原传说之地名传说：乐平里八怪（1）　　屈原传说之地名传说：乐平里八怪（2）

（四）习俗传说

南朝梁人吴钧在《续齐谐记》中记载道："屈原五月五日投汨罗水，楚人哀之，至此日，以竹筒贮米，投水祭之。"后来便有了端午节将粽子投入水中喂鱼虾，避免它们蚕食屈子肉身的习俗。

传说屈原投江的消息传回他的故乡，屈原的妹妹屈幺姑，每天都坐在江边的一块大石头上痛哭，望着江水呼唤："我哥回哟！我哥回哟！"路过的行人无不感到悲伤，纷纷掩面擦泪。有一天，屈幺姑因哭得昏昏沉沉，不知不觉中枕着石头进入了梦乡。在梦中，她看见哥哥屈原，他形容憔悴，身着破旧的衣物，站在她面前，泪流满面。屈幺姑急忙冲上前去，喊着："哥哥！"但随即哥哥就消失了。突然天昏地暗，大风卷起沙尘，江面上的一抹阳光刺破云层，一条神奇的鱼游到了屈幺姑身边。屈幺姑向神鱼询问："神鱼啊，你有什么话要对我说，我是三闾大夫屈原的妹妹，名叫屈幺姑。"

神鱼抬头，眼中泪水涌出。屈幺姑匆忙回家告诉了从郢都逃回来的姐姐女嬃。姊妹俩紧接着召集了乡亲们，将神鱼抬上岸。神鱼呼吸急促，腹部扭动，张开嘴巴，眼中泪水流淌。女嬃和屈幺姑请求乡亲们帮助将鱼腹剖开，结果发现屈原的尸体平静地躺在鱼腹内，与屈幺姑梦中见到的一模一样。姊妹俩伤心欲绝，痛哭流涕。乡亲们将鱼腹缝合，然后将神鱼送回了江中，神鱼挥动着尾巴游离而去。屈原的遗体最终被埋葬在屈沱岸边的一座山丘上。清代诗人程含章在他的诗《神鱼》中记录了这一美丽的传说：

> 客言秭归山下水，中有神鱼长不死。
> 蜃蛤鼋鼍③奴隶间，巨鳖④长鲵共指伸。
> 当年屈子投汨罗，神鱼衔送归桑梓⑤。

屈原传说之习俗传说：投粽子、划龙船

二、屈原传说传承人

郑承志（图3-18）是国家非遗项目"屈原传说"省级代表性传承人，中共秭归县委党校教授。他是一位魂系屈原、情缘屈原之人，透过屈原的诗篇与生命，阐释屈原之思，潜寻中华文脉之源，追觅忠诚赤诚的精神之魂。

屈原文化

图 3-18　郑承志

自 2006 年起，郑承志持续主持了十多个年头的端午祭祀屈原（游江表演）仪式。2012 年，他策划并亲自主持了北京端午文化节上的龙舟入水祭祀典礼。2017 年，他应邀前往台湾彰化参与"屈原文化节"活动，并担任献礼官，还多次受邀前往重庆等地策划或主持祭祀屈原的仪式。

郑承志介绍："屈原传说"拥有悠久的文化底蕴。从"楚王井"中，我们可以窥见屈原对楚国先王的崇敬之情；而"神鱼"中那神奇浪漫的传说，则蕴含着巴文化和楚文化的风采；从"米仓口""送寒衣""七里峡义渡"等传说中，我们可以领略到屈原浓厚的家族情感和乡土之情。他的爱国情怀、求知精神和高尚品格，在"读书洞""求字碑""橘颂坡"等传说中一一得以展现。

非遗传承人
访谈：郑承志

作为屈原后裔，郑承志怀抱着一股特殊情感。他一直在思考如何继承和推崇中华传统文化，这是他长久以来探索的命题。

他强调："首先要广泛涉猎书籍，不断拓展见识；其次要传授学识，代代相传，传承文化火种；最后要利用各种媒介进行文化传播。"

注释

① 濯缨（zhuó yīng）：洗濯冠缨，比喻超脱世俗，操守高洁。
② 耒（lěi）：指古代的一种农具，形状像木叉。
③ 鼋鼍（yuán tuó）：中国神话传说中是指巨鳖和猪婆龙（扬子鳄）。
④ 鳖（biē）：本义指甲鱼，一种爬行动物，俗称"团鱼"。
⑤ 桑梓（sāng zǐ）：古代常在家屋旁栽种桑树和梓树，后用"桑梓"喻指故乡。

学习小测

1. 传说中，屈原被放逐后，为了安慰百姓并解决水源问题，他在楚王城的哪个地方做出了什么举动？（   ）

    A. 屈原在楚王城内建造了一座宫殿。

    B. 屈原开掘了一口名为"楚王井"的井。

    C. 屈原组织百姓建造了一座神龙雕像。

    D. 屈原建了一所学校来教育百姓。

2. "神鱼"传说中，当屈原的妹妹屈幺姑看到神鱼时，她想起在梦中遇到的屈原。在梦中，屈原的外貌是怎样的？（   ）

    A. 他衣着华丽，精神矍铄。

    B. 他穿着破旧衣物，面容憔悴。

    C. 他英俊儒雅，戴着王冠。

    D. 他手持长剑，站在高山之巅。

知识拓展 3.3
枝江楠管

学习活动

以小组为单位，仿照枝江楠管的格式和结构，以本节所学任何一个屈原传奇故事为内容，合作撰写唱词。以下为参考示例：

屈子躬耕在三丘　　泪落为稻仓满流

（唱）楠管嘹亮声声扬，屈子勤劳在三丘庄，
　　　少年亲耕地一场，泪水浇灌笑语香。

（唱）这里有块好田庄，屈子辛勤劳作场，
　　　放逐之后回故乡，农事不怕风雨凉。

（白）屈子身姿俊美扬，玉立高标面生光，
　　　华丽服装绚烂妆，三次洗净帽缨长。

（唱）抱负追求志满堂，蒙谗言谤语流放忙，
　　　吟咏《离骚》在田间，仰天痛哭泪凝霜。

（唱）楚国大荒百姓困，屈子泪滴洒黄土满，
　　　白如玉的稻子生，江陵志载此地环。

（白）屈子勤劳成大业，汗水灌溉美稻粮，
　　　三丘稻田花锦绣，农家幸福笑语长。

（唱）楠管声声唤春风，屈子故事传千秋，
　　　农家幸福花盛开，三丘稻肆笑语流。

学习评价

组别			学习成果	枝江楠管唱词创作及演绎				
评价内容				满分	学生自评	学生互评	教师评价	其他评价
一级目标	二级目标		分值					
唱词撰写	格式准确，结构完整，排列有序		20～25	25				
	格式较准确，结构较完整，排列较有序		15～20					
	格式欠准确，结构欠完整，排列欠有序		10～15					
内容主旨	内容切题，主题鲜明		20～25	25				
	内容较切题，主题较鲜明		15～20					
	内容不切题，主题不鲜明		10～15					
语言形式	语言鲜活，合辙押韵，富于变化		20～25	25				
	语言较鲜活，押韵欠佳，有一定变化		15～20					
	语言欠鲜活，不符合韵脚要求，缺乏变化		10～15					
演绎表现	表现自信，大方有活力，能传达情感和意义		20～25	25				
	表现欠自信，欠缺活力，较能传达情感和意义		15～20					
	表现不自信，无活力，不能传达情感和意义		10～15					

请查找整理其他屈原传说故事，小组合作将其改编为枝江楠管唱词，内容主旨上反映屈原的精神风貌，语言形式上符合枝江楠管的艺术要求，录制短视频上传至社交平台，为国潮游园会宣传造势。

[主题四]

国家级非物质文化遗产：汨罗江畔端午习俗

● **学习情境**

"樱桃桑椹与菖蒲，更买雄黄酒一壶。"又是一年端午到，屈原文化研学团来到汨罗江畔，体验不一样的端午习俗。

● **学习任务**

为研学团介绍汨罗江畔端午习俗。

● **学习目标**

【知识目标】
了解汨罗江畔端午习俗的特点、含义及价值。

【能力目标】
1. 能够讲解有关汨罗江畔端午习俗情况。
2. 能够解释汨罗江畔端午习俗所蕴含的深意。

【素养目标】
1. 提升文化素养、传承非遗的能力。
2. 感知家国情怀、传统文化的魅力。

新课导入

公元前278年，伟大诗人屈原自沉汨罗江后，人们"惜而哀之，世论其辞，以相传焉"。两千多年来，为了纪念这位伟大的诗人，汨罗江畔端午节除了吃粽子、赛龙舟外，还传承着当地的特殊风俗，带有浓郁的地方特色。2006年5月，"汨罗江畔端午习俗"被

屈原文化

国务院公布为第一批国家级非物质文化遗产保护名录；2009年9月，被联合国教科文组织列入非物质文化遗产名录。

汨罗江畔的端午节一般从五月初一开始，十五结束。沿江的楚塘、渔街、凤凰山、河市、归义、红花、新市、浯口、长乐等一带的端午习俗除了办盛宴、吃粽子、插艾挂菖、喝雄黄酒、赛龙舟外，还有雕龙头、偷神木、唱赞词、龙舟下水、龙头上红、朝庙、祭龙和祭祀屈原等特殊风俗，这些民俗仪式具有丰富的文化内涵，留下了如"宁荒一年田，不输五月船"等许多端午民谣；观龙舟、回娘家、辞端阳、插艾叶、喝黄酒等风俗更有浓郁的地方特色。

一、历史渊源

汨罗江畔的端午节习俗和文化场景自古有之，自汉以来在中国古代文献典籍中就有零散的文字记载，比如南朝梁人吴均在《续齐谐记》中写道："楚大夫屈原遭谗不用，是日投汨罗江死，楚人哀之，乃以舟楫拯救，端阳竞渡，乃遗俗也。今人五日作粽子，带五色丝及练叶，皆汨罗之遗风也。"这说明在魏晋南北朝时期，人们就把屈原和端午节紧紧联系在一起，汨罗人包粽子、龙舟竞渡皆是为了纪念诗人屈原。

南朝时期还有一本书名为《荆楚岁时记》，为梁人宗懔①所写，主要是记录荆楚地区的岁时节令和风物故事，里面是这样写的："五月五日竞渡，俗为屈原投汨罗日，伤其死，故并命舟楫以拯之。舸舟②取其轻利，谓之'飞凫'③，一自以为'水军'，一自以为'水马'。州将及土人，悉临水而观之。"这里详细描述了端午节的由来和龙舟竞渡众人观战的情形，竞渡者一方是水军，另一方为水马，他们乘着如飞鸟一般的轻舟，在水上进行较量，这象征着阴阳二气的争斗，也展示着楚越的一种古老的水神祭祀仪式。发展到现在，竞渡就演变成了赛龙舟，成为端午节最具代表性、广泛性的民间活动，也是最富刺激性、最为壮观的活动。

另外，在唐初魏徵的《隋书·地理志》中也有对汨罗端午节详细的记述："屈原以五月望日赴汨罗，土人追至洞庭不见，湖大船小，莫得济者，乃歌曰：'何由得渡湖'，因而鼓棹争归，竞会亭上，习以相传，竞渡之戏。其迅楫齐驰，棹歌④乱响，喧振水陆，观者如云，诸郡率然。"

自隋以后，各朝帝王为巩固皇权统治，都非常推崇屈原的忠君爱国思想，十分重视端午节的纪念活动。唐天宝七年唐玄宗李隆基颁敕重建汨罗屈子祠，并定名汨罗庙，将屈原纳入朝廷祭祀的历代十六位忠臣之列。唐代宫廷也兴办龙舟竞渡，并且开启皇家内廷龙舟竞渡的先河，到清末为止。在端午节进行祭祀和纪念屈原的记载，屡见于史书，并在后世得到了传播和发展，在清康熙初年除端午节祭祀屈原外，还有春、秋二祭，其规格与祭孔不相上下，地点在屈原行祠。

古往今来，汨罗江畔端午节习俗涵盖了屈原文化、龙舟文化、节庆文化等多重内容，与一条名江（汨罗江）、一位名人（屈原）、一座古祠（屈子祠），一项运动（龙舟竞渡）紧紧连为一体。

国家非物质文化遗产：汨罗江畔端午习俗（1）

二、特色民俗

（一）雕刻龙头

每年农历四月的中下旬，汨罗江畔的人们就开始制作龙舟（图3-19），其中最难的部分就是雕龙头，因其工艺复杂、讲究繁多，工匠师傅往往需要独处一室雕刻直至完工。做好的龙头咽喉部位有一个"龙口"，里面放有大米、茶叶、木炭与碎银子，另放两张红纸片，上面注明龙头、龙舟雕造的时日，此外还要放蝉壳、钩藤、连翘等三味中药，蝉壳表示龙舟轻如蝉衣能在水中快速前行；钩藤表示龙舟头、龙舟身紧密相连；连翘则预兆竞渡连连获胜。

图3-19 造龙舟

民间还有传说，造龙头通常选用被喻为神木的樟木，要从上天那里"偷"来，因此雕刻前人们需要先焚香祈福，然后闭门打造。雕龙头的地方属于禁区，新舟下水前，一直都有香烛供奉。

（二）关头仪式

待龙舟制作成功后，就用桐油擦好，画好龙鳞，安上龙头和凤尾，旌旗、锣鼓、挠子、长招则安放在舟上，一切准备妥当，就要举行龙舟制作竣工的"关头"仪式了（图3-20）。这是一场盛大的祭祀龙头典礼，礼成、点睛，这个龙头便有了灵性。关头仪式非常严肃、隆重、热闹，锣鼓鞭炮喧天。陈设祭祀的器物有香案、香米、贡果、红花布、斧头、墨斗、雄鸡等，还有两段红绸子，一段五尺的，系在丈量工具上，一段三尺三的,系在龙角上。"关头"时,要杀雄鸡"掩煞",将鸡血滴在龙头上,绕船边迅速跑一圈,将船舱中各部位淋遍,然后掌墨师吟诵赞词和祝语,拜祭祈愿,仪式结束。

图 3-20　汨罗江畔端午习俗"关头"仪式（供图：汨罗市文化馆）

（三）龙舟下水

龙舟下水一般在农历五月初一进行,时间选在辰时之内。通常由一名年轻的未婚男子背起龙头往前跑,然后划手们抬起龙舟跟着跑。跑时龙舟只能仰起,不能翻抬,在锣鼓声中将龙舟安放在河边。背龙头的人一直冲到河中间,抱起龙头五沉五起,参拜五方,称之为"龙头洗澡"（图 3-21）,"洗澡"时祈求比赛时龙舟不翻,取得好成绩。"龙头洗澡"之后,背龙头的人游回到岸边浅水处,由首司跪拜三叩首,上一块花红,再上岸将龙头安装在龙舟上,招手、锣鼓手、催桡手都在舟上,只有划手站在两边。这时齐唱："端午竞渡吉祥歌,汨罗江里龙舟梭。屈原本是神仙辈,大显威灵保山河。哟……"

图 3-21　龙头洗澡

随后,划手将舟提起,人舟冲入河里,人随舟转,推舟游到河中心再游回河边,划手此时才能坐在舟内,由催桡手高喊："准备击鼓,划……"称之为"锣听鼓响、将听令行",划着龙舟去朝庙。

（四）朝庙

朝庙也叫祭屈，通常是在汨罗江边的屈子祠进行，届时参加龙舟竞渡的队员们穿戴整齐，肩扛桡子，按龙舟上的座序排成双行，神情肃穆地上岸并小跑着进入屈子祠，队长先将龙头端放在香案中央，点燃香烛，摆上供果，祭司点燃鞭炮，钟鼓齐鸣，所有船员朝着神龛上"故楚三闾大夫屈原之神位"跪下，磕三个头，然后起立。随后祭司用当地的方言唱悼念屈原的祭文，唱罢，将三杯酒洒在地上，代表祭屈，再向龙头敬三杯酒，也洒在地上，礼毕。这时队长扛着龙头，带领队员缓步绕过后进中厅的屈原雕像，一路小跑出祠门，冲入江水中，大家护着龙头洗"端阳澡"。背龙头的人跑得越快越先下水越好，意味着龙舟比赛的时候划船划得越快。在水里，队员们将龙头重新安装在龙船上，这样一来整个朝庙仪式才算结束。在汨罗江下游一带，没有上玉笥山朝过庙的龙船与队员，是不能参加龙舟竞渡正式比赛的，因为当地人认为，只有经过朝庙的龙船，才能得到屈大夫的保佑。

（五）赞龙舟

龙舟队在去朝庙的途中，沿岸的居民们都会"上红"，即手持红绸，燃放爆竹。炮仗一响，河中的各艘龙舟不论远近都会奋力地向持红绸的人划来，称之为"抢红"，这时岸上专门有人给胜利的龙舟赐红，赐红之人会手捧香盘，燃三炷香，放花红一块，还有大米、红枣、豆子等物品，先对着龙舟三作揖，然后龙舟的催桡手上岸，双方互作揖，互换位置，交递香盘，接着就由赐红者唱赞词了："炮声响，喜相连，众位听我赞龙舟，吾观龙舟，闪闪豪光，龙头凤尾，龙凤呈祥；吾观旌旗，旌旗飘扬；吾观两边划桡手，个对个，双对双，英姿焕发，勇猛刚强，恭喜贵府龙舟，乘风破浪，稳如山，快如风，勇往直前，独一无双。"

赞词唱完后赐红者将花红系在龙头上，对方为了回礼，也会唱回赞词："小小龙舟，游来贵地，承蒙款待，喜听先生金言，龙游贵地，百草皆青，恭喜贵地，福星高照众人前，寿星从此降地来，财星菩萨堂前坐，利似春潮带雨归，禄星光耀照前庭，恭喜贵府地福寿财禄四字诸全。"如此这般，龙舟起鼓，桡手回到船上，并在河中画一个圆圈，表示礼毕。

（六）抢龙水

龙水是五月初五日汨罗江里的水，当地人认为这一天是五龙集会的日子，所以这一天的水具有神力，吃了可以消除百病，强健体魄。端午节这天，村民们挑着水桶，早早来到汨罗江边抢水。如果赶在别人前头抢到第一桶水，用这桶"龙水"洗头，头发就会变得更好，用这水洗脸就能达到明目的效果，用这水给孩子们洗澡就能保佑孩子一年不生病。总之，"龙水"可以给人们带来好运。

（七）剪龙须

龙须也就是龙的胡须，当地的龙须一般是用苎麻染色而成。当地人喜欢在端午节这一天剪一把龙船上龙头下面的龙须，拿回家以后泡水给孩子喝，认为这样的水能驱邪避毒，保护孩子健康成长，还有的人会剪下一两根很长的龙须，带回家以后把龙须缠绕在家中孩子的手上，同样认为可以辟邪祛病。

除此之外，汨罗江畔的人们还有洗端阳澡、插栀子花、喝谷酒等习俗。

国家非物质文化遗产：汨罗江畔端午习俗（2）

注释

① 宗懔（lǐn）：约501—565年，南朝梁官员，学者，荆州人。少年好学，昼夜不倦，善引典故。
② 舸（gě）舟：大船。
③ 飞凫（fú）：飞翔的野鸭，借指轻舟。
④ 棹（zhào）歌：棹为桨，棹歌指的是行船时所唱之歌。

学习小测

1. 汨罗江畔端午习俗的地方特色在于____。（　　）
A. 雕龙头　　　　　　　　B. 偷神木
C. 唱赞词　　　　　　　　D. 龙头上红

2. 通过____得知在魏晋南北朝时期，人们就把屈原和端午节紧紧联系在一起。（　　）
A. 《荆楚岁时记》　　　　B. 《隋书·地理志》
C. 《楚辞》　　　　　　　D. 《续齐谐记》

知识拓展3.4 《午日观竞渡》

请根据"学习情境"，参考"学习评价"，以小组为单位，对汨罗江畔端午习俗进行简单介绍，包括历史渊源、特殊习俗、民俗特征等，字数在300字左右。

学习评价

组别		学习成果		汨罗江畔端午习俗讲解词			
评价内容			满分	学生自评	学生互评	教师评价	其他评价
一级目标	二级目标	分值					
讲解内容	内容全面、条理清晰、背景充分	20～25	25				
	内容较全面、条理较清晰，背景较充分	15～20					
	内容不够全面、条理不清晰，无背景介绍	10～15					
讲解结构	结构合理，层次分明，详略得当	20～25	25				
	结构较合理，层次较分明，详略得当	15～20					
	结构层次不太分明，逻辑性不强	10～15					
讲解技巧	角度新颖，通俗易懂，表达清晰，富有感染力、亲和力	20～25	25				
	角度欠新颖，不太通俗，表达较清晰，较有感染力、亲和力	15～20					
	角度普通，不易懂，表达不太清晰，欠缺感染力、亲和力	10～15					
文化内涵	体现汨罗民俗特色，内涵丰富，有文采	20～25	25				
	较能体现汨罗民俗特色，较有文采	15～20					
	未能体现汨罗民俗特色，没有文采	10～15					

屈原文化

课后拓展

在课堂介绍的基础上，查阅资料，对汨罗江畔端午习俗讲解词进一步拓展，针对"造龙舟、龙舟下水、祭龙舟"等特色部分详细描述，并配上图片，上传至学习平台。

模块四 文化旅游

[主题一]

屈原故里文化旅游

第一讲　游乐平里村，感受先民楚风

● 学习情境

屈原老家乐平里准备举办屈原文化端午节活动，要接待来自各地的屈原文化旅游团，正在设计文旅线路。

● 学习任务

讲解屈原老家乐平里概况及风土人情。

● 学习目标

【知识目标】
通过了解屈原老家乐平里，认识当地人文地理风貌。
【能力目标】
能够描述乐平里概况以及标志性景点概况。
【素养目标】
追溯思乡情怀、热爱祖国、热爱家乡。

新课导入

杨守敬《水经注疏》载："《括地志》亦云：归州巴东郡东南四里，楚子熊绎之始国也。"意思是：位于巴东郡东南的归乡，是楚子熊绎始建的楚国所管辖的疆土。秭归，古为归乡。北魏郦道元《水经注》载："归乡盖夔乡矣。古楚之嫡嗣有熊挚者，以废疾不立而居于夔，为楚附庸。后（楚）王命为夔子。"从上述史料可以得知，楚王室有嫡嗣后裔居住并繁衍于秭归，这里就是伟大诗人屈原的故乡。

宜昌屈原文旅
路线简介

屈原诞生于秭归乐平里，有诸多史籍记载，最早在晋代宜都太守袁山松《宜都山川记》中："秭归，盖楚子熊绎之始国，而屈原之乡里也。（屈）原田宅于今具存。""秭归"之名，还与该归乡人屈原及其姊女媭的"归来"相关，杨守敬《水经注疏》载："袁山松曰：屈原有贤姊（即女媭），闻（屈）原放逐，亦来归，喻令自宽。全乡人冀其见从，因名曰'秭归'。会贞按：《御览》一百六十七引袁山松《记》，屈原此县人，既被流放，忽然暂归；其姊亦来，因名其地为秭归。"郦道元《水经注》载："（秭归）县东北数十里有屈原旧田宅，虽畦堰縻漫，犹保'屈田'之称也。"又载："县北一百六十里，有屈原故宅，累石为屋基，名其地曰'乐平里'。"此"乐平里"，即今秭归香溪畔七里峡中屈平河上游之乐平里也。唐人沈亚之《屈原外传》云："《江陵志》又载：（屈）原故宅在秭归，乡北有女媭庙，至今捣衣石尚存。"

一、乐平里概况

秭归县城往西，驱车两小时，从兴山峡口沿香溪河而行抵达乐平里，这里便是屈原的老家。乐平里是古名，现在属秭归县屈原镇，村名叫屈原村。乐平里群山环抱，形成一山中盆地。坡上坎下绿色全被柑橘树包围，白墙黑瓦的民居掩映在柑橘林中，颇具古风。村庄中间是一块平整的稻田，至今还在种植。一条叫香溪的小河从村子中间穿过，风雨多的季节，周围山上的农房便笼罩着一层白白的云雾，时隐时现，像极了一幅水墨山水画。乐平里至今保存着大量关于屈原的遗迹遗址，如屈原宅、屈原庙、乐平里牌坊（图4-1）等。

图4-1 乐平里牌坊（课程组 摄）

二、屈原庙

乐平里在古代曾有两座屈原庙,一座位于乐平里界限垭,于清康熙四十二年(1703年)为归州知州魏国璘建,后废;另一座位于乐平里屈原村,明代始建,清光绪十五年(1889年)重修,后废。当代重建屈原庙一座,位于乐平里降钟山,于1984年10月落成;屈原庙(图4-2)为小青瓦砖木结构,由山门、配房、大殿组成,庙前立石狮一对,有石阶67级。庙宇依山为两段,硬山顶,猫拱式山脊,青瓦粉墙。彩绘淡雅素净,为民间寺庙风格。上有郭沫若先生手迹"屈原庙"。正殿内有屈原塑像,清乾隆以来的石碑7块及若干当代名人书画。乐平里骚坛诗社社长谭光沛、副社长杜青山撰写《重修三闾屈原庙记》碑文。

图 4-2　屈原庙(课程组 摄)

屈原庙内还有中国第一个农民诗社——三闾骚坛诗社(图4-3)。乐平里民间从古至今就有吟诗作赋、传承屈子遗风遗韵的优良传统。早于明代,乐平里便有地道的农民诗社——"骚坛诗社"。清代《归州志》载,屈原诞生地乐平里诗风特盛,明清时代有好诗者结社"骚坛"。诗社的社员,大多是当地土生土长的农民,也有从境外迁来的移民,至民国时期,骚坛诗社一直开展活动。当代乐平里骚坛诗社搜集整理编辑出版了《明代骚坛诗选》一部,收入诗歌100余首;又出版有《明清骚坛诗存稿》诗集一部,收入诗计500余首。每逢端午,乐平里必举行"端午诗会",开展各种诗歌活动,并创作了大量的诗词作品,出版了《骚坛吊屈原专集》《咏乐平里八景》《骚坛诗集》《屈原故里骚坛诗》《屈原颂歌》《骚坛联咏集》等诗词联集6部。诗社的作品不拘体裁,既有古体,也有新体,既有诗,也有谣,甚至还有顺口溜。当地村民们的心得就是随时记录劳动中的见闻,即兴抒发生活中的感想。骚坛诗社是乡村文化振兴的一个亮点,也是"一手锄头一手诗"的文化奇观(图4-4)。

三闾骚坛
传承诗意

图 4-3　三闾骚坛诗社（课程组 摄）

图 4-4　三闾骚坛诗社社员吟诗纪念屈原（郑家裕 摄）

三、屈原八景传说

"屈原八景"分别是：读书洞、照面井、玉米田、擂鼓台、滴帘珍珠、伏虎降钟、响鼓岩、回龙锁水。由于自然原因及人为因素，目前还有实景的只剩读书洞、响鼓岩和照面井三处遗址。

（一）读书洞

读书洞（图 4-5），又名"洞辟书堂"。清《归州志·山水》载："州城东北"之"三闾乡（乐平里）"，"相传有屈原读书洞，遗址尚存"。沿响鼓溪走不多远，顺石阶而上，登上一个小山包，一个石牌坊便出现在眼前：洞辟书堂。穿过牌坊，便有石栏护围，洞前绿荫匝地，藤萝如帘。走进读书洞，便另有一番景象。洞顶如莲花浮雕，洞壁有各种天然的花草图案，洞顶悬挂的钟乳石，千奇百怪、晶莹如玉，岩浆水顺着钟乳石尖，一滴滴地往下坠,叮咚之声,犹如宫漏,更显得幽静深远。洞中有石桌石凳,洞侧还有一个耳洞,通风通光还可通向另一个石壁。儿时的屈原就是从这里走出大山,走向他好学求索的一生。屈原不满足于传统观念的束缚,他思考人生的意义、价值与追求,提出了关于生死、荣辱、得失等问题的探讨。这也促使、激励他后来写下《天问》,以其独特的视角和深刻的思考,成了中国文学史上的一部不朽之作。他的敢于怀疑、勇于探索的精神,成了激励后人不断进取、勇攀高峰的动力。

图 4-5　读书洞(课程组 摄)

(二)响鼓岩

位于伏虎山麓的响鼓溪畔。洞室高约 2 米、宽 4 米、深 3 米。上负陡岩,下临清溪。洞口藤萝垂帘,花草馨香。洞中有石案石凳,洞顶有钟乳石,犹如一组倒悬的莲花灯。四周景色静中有动,西侧为响鼓岩(图 4-6),岩顶有圆形石台,传为屈原吟诗处,故名吟诗台。南为响鼓溪,急流飞泻,落入石潭,状如进雪,声若击鼓。

图 4-6　响鼓岩(课程组 摄)

（三）照面井

相传屈原每天起床后来到照面井（图 4-7），把井水当铜镜，进行洗漱。当地人都说照面井水，不管什么人往井边一站，好人坏人都照得出来，照人照面照心。坏人在井边站不住脚，心里胆寒，所以这里流传着这样一句话：响鼓岩连擂鼓台，照面井寒奸亡胆！

图 4-7　照面井（课程组 摄）

（四）玉米三丘

从读书洞下来，沿响鼓溪上行，至王寨山前，只见一新修复的屈原庙坐落在山坡上。庙下有两股"龙眼"，泉水长年不断。此泉附近有三块水田，据传是屈原躬耕之地，人称"玉米三丘"。这一传说由来已久。见诸文字的有唐代沈亚之的《屈原外传》。沈云：屈原被放逐后，吟诗耕田，每念及楚国命运，即忧心忡忡，伤感不止，"原坠泪处，独产白米如玉"。

（五）灵牛耕地

漫步玉米三丘时，可发现此地耕牛不穿鼻绳，耕地时却知道转弯，人称屈原神牛。相传屈原在郢都为左徒后，常回乡察民情，观民风，整理上谏和写诗，当时用的竹简往往一收就是好几捆。一次，屈原挑着担子起桂回郢都，不料脚一滑，竹简散落一地，绳子也断了。他看见不远处有位老人在耕田，于是走上前向老人求绳。老人说："我这里只有牛绳，给了你，我把牛无收管，那怎么耕田呢？"屈原说："不要紧的，以后你的牛耕田不用扯绳也能听使唤。"老人于是把牛绳递给了屈原。说来也巧，老人回过头来，把牛一试，牛果然和先前一样听使唤。从此以后，乐平里的牛耕田、耙田都不用牛绳。《归州志》记载，"此乡牛不需绳引，如售之别乡，亦仅三日，自后非用绳不利；如他乡牛入三闾之境，过三日亦不必引绳，而自然贴服"。

（六）回龙锁水

相传屈原被疏，回到故乡乐平里躬耕玉米田。不久，秦国挥师攻打楚国。楚王焦虑，

屈原文化

急忙派人召见屈原。就在屈原返朝时,天空突然雷鸣电闪,大雨倾盆,轰然一声巨响,乐平里出口处万丈高的岩壁,天崩一般从空而降,一条长八百米、宽五百米的飞石巨龙横亘于河中心,阻断了乐平里。乡亲们目睹这一情景,都说这是苍天有眼,不让屈原再受奸佞迫害。但屈原爱国心切,决意返回。这时天空又响起几声巨雷,把阻河处劈开一道口子,屈原这才挥泪告别家乡去向郢都。由此,回龙锁水便成了历史遗址。之后,家乡人民为了纪念屈原,在回龙锁水的龙头顶上修建了回龙寺。从此,屈原的家乡人便叫这个地方为"回龙锁水",又叫"锁水回龙",如今是三闾八景之一。

(七)雷劈石

"七里峡半半峡三里半"是古人依据七里峡的地名地势出的一副很久没有对出下联的上联,直到 20 世纪 90 年代,屈原骚坛诗社社长谭光沛先生经过研究才依据乐平里东面的道教圣地五指山对出下联,"五指中峰峰中五指中"。而七里峡从外向里的尽头有两块40 平方米开外相对规整的巨石,呈倒"人"字形矗立在那里,犹如去乐平里的一道石门。两块石头上密布着大碗大的凹凸相互对应,两石的底部有两个石头恰似楔子一样,纹丝不动。这两块大石头就是"雷劈石"。

(八)擂鼓台

相传屈原遭奸佞小人诬陷后被流放到汉北。行前他回到故乡乐平里,常常独自一人登上山岩,仰天长叹,自言自语。有一天他说着说着睡着了,梦见边塞狼烟四起,秦国军队又大举进攻楚国,楚国大获全胜。屈原从梦中醒来,面对残败的楚国,回到冰冷的现实。他决心继续战斗,于是在乐平里擂鼓聚众练兵。官府得知后,便派军队来围剿,走到七里半峡,忽然几个炸雷将为首的一个武官劈成两半,士兵见此情景,心惊肉跳,乱成一团。紧接着狂风大作,山洪突发,官军全部葬身于一片汪洋之中。官军被消灭的消息传到乐平里,人们奔走相告,都说是屈原的爱国精神感动了苍天,是苍天发怒要惩罚这些不义之师。几个月后,一支战斗力强大的队伍雄浑地走出峡口,奔向抗秦的战场。如今,乐平里还流传屈原当年击鼓组织乡民练兵抗秦的故事。

在乐平里的入口处,还有一个传统建筑,为乐平里牌坊,建于1983 年,与屈原庙隔溪相望,水泥结构,四柱三门,高九米,宽八米,台基四周有石阶三级,将牌坊平地托起,前后各有石狮一对。牌坊雕塑精美,色彩斑斓,气势雄伟,既是守望,更是传承。

游乐平里村,
感受先民楚风

1. 乐平里现叫____,村落周围有粗壮的藤蔓,成片的柑橘树,也有突兀的山石,高大的树木。(   )

A. 屈子村　　　　　　　B. 万古寺村
C. 屈原村　　　　　　　D. 凤凰村

2. 屈原庙位于乐平里北沿的降钟山麓，于____落成。小青瓦砖木结构，由山门、配房、大殿组成。（　　）

A. 1983 年 10 月　　　　B. 1984 年 3 月
C. 1984 年 10 月　　　　D. 1985 年 10 月

3. 乐平里至屈原集镇约 45 公里，至兴山峡口 5.3 公里，东邻____村，西与仙女坪村接壤，北与兴山县峡口镇毗邻。（　　）

A. 神农
B. 凤凰溪
C. 屈姑
D. 屈子

知识拓展 4.1.1
《水经注》简介

学习活动

作为学校中华传统文化协会的积极分子，我们承担着宣传中华传统文化的使命，请根据"学习情境"，参考"学习评价"，以小组为单位，针对乐平里撰写研学导游词，并让一名同学对目的地进行整体介绍，包括路线介绍、基本概况、八景特点等，字数限制在 800 字以内。

学习评价

组别			学习成果	介绍屈原老家乐平里			
	评价内容			满分	学生自评	学生互评	教师评价	其他评价
一级目标	二级目标	分值					
讲解内容	内容全面正确、条理清晰，有新意	20～25	25				
	内容较全面、条理较清晰，较有新意	15～20					
	内容不太正确、条理不清晰，无新意	10～15					

续表

组别			学习成果	介绍屈原老家乐平里			
评价内容				满分	学生自评	学生互评	教师评价	其他评价
一级目标	二级目标	分值					
讲解结构	结构合理，层次分明，详略得当，逻辑性强	20~25	25				
	结构较合理，层次较分明，详略得当	15~20					
	结构不太合理，层次不太分明，逻辑性不强	10~15					
讲解技巧	角度新颖，通俗易懂，表达清晰，富有感染力、亲和力	20~25	25				
	角度欠新颖，不太通俗，表达较清晰，较有感染力、亲和力	15~20					
	角度普通，不易懂，表达不太清晰，欠缺感染力、亲和力	10~15					
文化内涵	体现乐平里丰富内涵，有文采	20~25	25				
	较能体现乐平里丰富内涵，较有文采	15~20					
	未能体现乐平里丰富内涵，没有文采	10~15					

课后拓展

在课堂导游讲解词的基础上，查阅资料，按导游词的结构进一步拓展，撰写一篇完整的乐平里研学讲词，并配上图片，上传至学习平台。导游词结构如下：

（1）习惯用语。如游览前的"欢迎词"、结束时的"欢送词"等。

（2）整体介绍。用概述法介绍旅游目的地，帮助游客宏观了解，引发游客兴趣。

（3）重点讲解。详细讲述主要游览内容，如可以选择楚文化的某一部分进行详细介绍，无须面面俱到。

第二讲　游屈原故里，追思屈子精神

● **学习情境**

暑假期间，屈原故里生态文化旅游景区招募大学生志愿讲解员，承担讲解任务。

● **学习任务**

讲解屈原故里生态文化旅游景区的概况、历史及文化特色。

● **学习目标**

【知识目标】

了解屈原故里生态文化旅游景区概况，深入学习屈原文化。

【能力目标】

1. 能够介绍屈原故里生态文化旅游景区的概况。
2. 能够介绍屈原故里生态文化旅游景区的历史及文化意义。

【素养目标】

1. 传承国学精神，提升文学素养。
2. 提升品德修养，陶冶审美情操。

新课导入

名人故里是典型的人文旅游景观，相比于自然景观，人文景观具有更加丰富的文化内涵和审美体验。中华大地历史悠久，人杰地灵，名人故居、故里众多，如孙子、吴起、韩信等将军故里，西施、昭君等美人故里，更有屈原、苏东坡、王羲之等文人故里。对名人故里进行旅游开发和建设，既可以弘扬中华优秀传统文化，也可以发展地方旅游业，有的还可以开发为爱国主义教育基地，开展思想政治教育。

屈原文化

 知识介绍

屈原故里生态文化旅游景区位于湖北省宜昌市秭归县凤凰山，北枕高峡平湖，东连长江三峡水利枢纽工程，景区总面积33.3公顷，主要内容包括以屈原祠为主的屈原纪念景区，以新滩古民居、峡江石刻、峡江古桥等为重点的三峡古民居区，以及屈原文化艺术中心、滨水景观带等景点。屈原故里文化旅游区开发建设重在弘扬中华传统文化，继承与发扬屈原伟大的爱国主义精神与浪漫主义情怀，把屈原和秭归丰富的文物资源、历史文化与生态旅游资源结合起来，打造三峡文化旅游精品。

一、屈原故里文化旅游区的历史变迁

屈原故里文化旅游区主体——屈原祠始建于唐元和十五年（820年），由归州刺史王茂元在秭归归州东五里之屈原沱主持修建。宋元丰三年（1080年），宋神宗赵顼封屈原为"清烈公"，故屈原祠被称为"清烈公祠"。祠为硬山顶，四合院式，建筑面积350平方米。元至正四年（1344年）知州密儿哈玛等相继重修。明万历二十五年（1597年）知州孙鹤年亦有修缮。清雍正十一年（1733年）湖北学政凌如焕、乾隆四十六年（1781年）署知州王沛膏、嘉庆二十五年（1820年）知州李忻先后重修，分别更名为"屈公祠""楚左徒屈大夫祠"，历代都是人们瞻仰先贤的圣地。

1976年7月，因葛洲坝水利工程兴建，原屈原祠迁建至归州镇向家坪，更名为"屈原祠"，建筑面积为1500平方米，并于1982年6月25日建成。2006年11月，因三峡水利枢纽工程兴建，屈原这位资深"移民"，被再次迁至秭归新县城凤凰山，同年凤凰山古建筑群被国务院公布为第六批全国文物重点保护单位，国家三级博物馆。

2010年1月16日，以屈原祠、江渎庙为代表的24处峡江地面文物全部复建完成，三峡湖北库区文物保护工作结束，形成屈原故里文化旅游区，2010年6月16日正式对外开放，2014年8月，屈原故里文化旅游区正式批准为国家5A级旅游景区。

二、屈原故里文化旅游区主要景观

（一）屈原广场

屈原广场（图4-8）在景区的入口处，主广场采用与屈原祠中轴对称的手法，按照能同时容纳15000人，以屈原祠或三峡大坝为背景进行演出的要求进行设计，具有主题鲜明、简洁大气的特点。整个广场以"凤凰涅槃"为主题。凤凰涅槃一般寓意不畏痛苦、义无反顾、不断追求、提升自我的执着精神。屈原广场旨在表达屈原精神和人格的升华，

由入口的"雏凤"到屈原祠前的"涅槃",是屈原人生历程的再现,也寓意秭归县城在移民搬迁中由沉寂走向了独立。

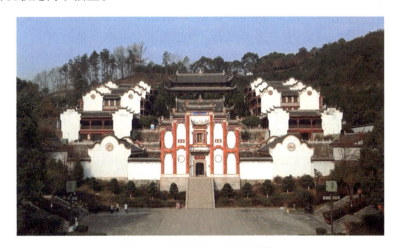

图 4-8　屈原广场(课程组 摄)

(二)屈原祠

新建屈原祠(图 4-9)保持了归州老屈原祠的基本风格和视觉效果,规模比老祠扩大了 3 倍,是目前全国最大的屈原纪念建筑物。占地面积为 19402 平方米,总建筑面积为 5806 平方米。屈原祠坐西朝东,平面采用三峡一带常见的中轴线对称布局,与三峡大坝交相辉映,有山门、前殿、大殿、展厅等主体建筑,两侧配以厢房、碑廊、陈列室和钟鼓楼等辅助性展陈建筑。山门、前殿、大殿屋脊及兽件采用楚地风格,其他建筑屋面铺小青瓦,正脊小青瓦垒砌。

图 4-9　屈原祠(课程组 摄)

正殿为仿古木构建筑,两层重檐歇山屋顶。入口山门为三层两重檐歇山屋顶,正立面贴六柱牌楼门式,两侧辅以圆形的风火山墙,滚龙脊,墙面有泥灰塑出的各种图案,如"梅兰竹菊"四君子、"松竹梅"三友、龙凤麒麟等。山墙、窗口、檐口等处绘有卷草、云纹的图案,以墨线为主,用黄、红、青等色点缀。

在屈原祠巍峨山门上的三个苍劲有力的大字"屈原祠",是郭沫若先生手书的(图 4-10)。"祠"在古汉语中为"祖庙"的意思,家乡人民把屈原奉若神灵的敬仰与缅怀之情由是可见一斑。额坊上的"孤忠""流芳"四个字,是书法名家襄阳王树人所题(图 4-11)。大门门楣匾额为湖北省著名书法家张秀题写的"光争日月"四个大字。屈原祠山门保持了宋代清烈公祠的原貌,牌楼高 17 米、宽 18 米,山门主体与东西配房构成了中国汉字"山"形。

图 4-10 郭沫若手书"屈原祠"

图 4-11 王树人所题"孤忠""流芳"

(三)南北碑廊

南北碑廊主要镌刻屈原 20 多篇作品内容和历代赞颂屈原的诗词。东西两侧展陈的日、月轮,通过天井的绿竹小景遥相呼应,君子坦荡,千古不朽,暗寓屈原及其作品可谓昭昭日月。碑廊的碑刻是从归州老祠搬迁而来,书写工整,雕工流畅,图文并茂。南碑廊(图 4-12)主题为"逸响伟辞",雕刻了屈原一生的著作诗篇,包括《离骚》《天问》《九章》《九歌》等;北碑廊主题为"诗咏屈子",雕刻了历代名家咏屈原诗选,其中包括李白、杜甫、苏轼、文天祥等诗人歌颂屈原的诗句。在这里,游人可以通过电子翻书系统互动,真切感受到古人意境与现代高科技的完美结合。

(四)大殿

大殿即主殿,内置屈原青铜像和祭祀环境,主要用于祭祀。大殿正面悬有"万世景仰"的匾额(图 4-13),门口置有赵朴初所作的楹联:"大节仰忠贞,气吐虹霓,天问九章歌浩荡;修能明治乱,志存社稷,泽遗万世颂离骚。"这既是对屈原忠贞不屈的爱国情怀的高度赞扬,又是对其文学成就的无限景仰。

图 4-12　南碑廊石刻掠影（课程组 摄）

图 4-13　大殿"万世景仰"的匾额

殿内置设屈原塑像，配置屈原灵位、招魂幡等，用于屈原祭祀活动。殿内屈原青铜像（图4-14）高3.92米，总重3吨，是我国较大的青铜像，由湖北美院设计，1985年端午落成于归州屈原祠，现搬迁至此。铜像设计外形为"低头沉思，顶风徐步"，表现了屈原爱国爱民的满腔热情和孤忠高洁的精神境界。

图4-14　屈原祠大殿内的屈原塑像（课程组 摄）

大殿的左侧彩色壁画为《屈子远游图》，画面表现屈原被放逐忧心愁悴，行吟江畔远走他乡，随江流而行。天空中云雾奔涌，众神驾乘着天地清气"斑陆离其上下"，五光十色，往来于天宇之间。右壁画的是《端午祭归图》，所表现的是诗人的灵魂回归故里，画面描绘的是诗人在汨罗沉江后，乘着飘浮的云彩向上飞去，民众投食五色米粽，龙舟竞渡，楚歌韶舞，以示祭祀。东西壁的壁画是《人物御龙帛画》（图4-15），该画创作题材源自1973年出土于长沙市东子弹库楚墓，既有楚文化特色，又与屈原形象接近。郭沫若为该画题诗曰："仿佛三闾再世，企翘孤鹤相从。"

图4-15　唐小禾创作的壁画《人物御龙帛画》（课程组 摄）

（五）南北展厅

屈原祠还设有南北陈列室。南陈列室主题为"卓绝一世"，主要讲述屈原生平事迹，分为六个部分——东方诗魂、社稷兴衰、荆楚风韵、激情浪漫、琦玮天问、异彩纷呈。在参观的过程中，游人会体验到幻影成像、电动示意图、沙盘、大型背景照片、投影、电视、背光屏风、天幕穹顶等展览表现形式，将大家带回到屈原生活的那个时代，以重温屈原伟大的生命历程。北陈列室主题为"千古遗响"，主要展出的是屈原对后世的深刻影响，这一部分的六个展厅中，运用了大型浮雕、硅胶像、钢板喷绘、字画、不锈钢造型、音律石雕、感应音乐等现代展示手法，与古老国粹进行有机结合，达到相辅相成、相映成趣的艺术美感，让屈原对后世的影响更深入、更唯美地展现在大家面前。

三、屈原故里文化旅游区旅游产品开发

屈原故里文化旅游区还设有峡江文化区块，迁移复建了原秭归、西陵峡一带的诸多具有历史文化价值的建筑及文物，比如江渎庙、青滩航站灯、青滩纤夫群雕、三峡人家典型古民居，甚至还有西陵峡"兵书宝剑、牛肝马肺"岩石等。其主要意图在于把秭归县丰富的历史文化、民俗文化与屈原文化资源结合起来，突出屈原故里的文化底蕴，开发具有巴风楚韵的文艺、戏曲、表演和饮食，发掘具有浓郁地方特色的祭祀、娱乐活动和旅游服务项目，同时注重开发具有三峡地方特色的历史文物、宗教文化、民居文化、茶文化等文化内涵丰富的旅游产品。本地创编的大型历史舞台剧《礼魂》、民间大戏《县太爷断案》及秭归民俗表演《民间记忆》等一系列文化活动，现已在景区常态化演出。

除此之外，屈原祠还承担多项社会职责，现已成为海峡两岸交流基地、省级廉政文化教育基地、省级爱国主义教育基地、中国华侨国际文化交流基地、全国中小学学生研学实践教育基地、全国港澳青少年游学基地等。旅游区开发并承接了多项活动项目，比如中国端午·美食文化旅游节活动、"诗在民间"骚坛诗会活动、沉浸式非遗体验活动、"屈原杯"端午文化摄影展、海峡两岸同胞端午文化交流活动、"天问一号"航天展等，极大地丰富了屈原文化的内涵和旅游活动，展示了屈原精神的现实意义。

2015年，屈原祠被评为"新三峡30佳旅游新景观"之一，以屈原祠为重点的屈原故里文化旅游区为全国5A级景区。2022年，屈原祠被湖北省人民政府公布为湖北省文化遗址公园。

游屈原故里，
追思屈子精神

1. 屈原故里的屈原广场以"＿＿"为主题，意寓不畏痛苦、义无反顾、不断追求、提升自我的执着精神。（　　）

A. 破茧成蝶 B. 凤凰涅槃
C. 九死一生 D. 卷土重来

2. 在屈原祠巍峨山门上的三个苍劲有力的大字"屈原祠",是____先生手书的。（ ）

A. 郭沫若 B. 老舍
C. 臧克家 D. 何其芳

3. 在秭归,最早的一座屈原祠建于____,即公元820年,由归州刺史王茂元在秭归归州东五里之屈原沱首度主持修建。（ ）

A. 唐元和十八年 B. 唐元和二十年
C. 唐元和十五年 D. 唐元和二十五年

知识拓展4.1.2
海峡两岸
交流基地

学习活动

作为屈原故里生态文化旅游景区的大学生志愿者,要接待本市小学四年级的学生参加文化旅游活动,请参考"学习评价",以小组为单位,撰写研学导游词,并让一名同学对屈原祠进行重点介绍,包括屈原祠的历史由来、建筑特色、景区布局等,字数限制在1000字以内。

学习评价

组别		学习成果	秭归屈原故里文化旅游一日方案				
评价内容							
一级目标	二级目标	分值	满分	学生自评	学生互评	教师评价	其他评价
讲解内容	内容全面、正确,条理清晰,有新意	20~25	25				
	内容较全面、正确,条理较清晰,较有新意	15~20					
	内容不太正确,条理不清晰,无新意	10~15					

续表

组别		学习成果	秭归屈原故里文化旅游一日方案				
评价内容			满分	学生自评	学生互评	教师评价	其他评价
一级目标	二级目标	分值					
讲解结构	结构合理，层次分明，详略得当，逻辑性强	20~25	25				
	结构较合理，层次较分明，详略得当，逻辑性较强	15~20					
	结构不太合理，层次不太分明，逻辑性不强	10~15					
讲解技巧	通俗易懂，表达清晰，富有感染力、亲和力	20~25	25				
	不太通俗，表达较清晰，较有感染力、亲和力	15~20					
	书面语太多，表达不太清晰，欠缺感染力、亲和力	10~15					
文化内涵	体现屈原祠的丰富内涵与开发意义	20~25	25				
	较能体现屈原祠的丰富内涵与开发意义	15~20					
	未能体现屈原祠的丰富内涵和开发意义	10~15					

课后拓展

在课堂导游讲解词的基础上，查阅资料，按导游词的结构进一步拓展，撰写一篇完整的秭归屈原祠研学讲解词，并配上图片，拍摄讲解小视频，上传至学习平台。

屈原文化

第三讲　游万古寺村，品味四季橙香

● 学习情境

近日，中央电视台《记住乡愁》栏目组来到万古寺村拍摄了一期专题节目《四季橙香，万古流芳》，反响强烈，吸引了许多游客前来追思屈子，品味橘香。

● 学习任务

讲解万古寺村的历史渊源、民风民俗及柑橘经济。

● 学习目标

【知识目标】
了解万古寺村概况。
【能力目标】
1. 能介绍万古寺村的概况和民俗文化特色。
2. 能讲解屈原文化对万古寺村的深远影响。
【素养目标】
1. 激发热爱家乡、建设家乡的家国情怀。
2. 提升文化自信。

央视纪录片《记住乡愁——万古寺村：四季橙香，万古流芳》纪录片聚焦"中华屈氏第一村"秭归县万古寺村，在这里，村民们发扬屈子的求索精神，因地制宜发展特色产业，脐橙从"点缀果"变成了"产业树"，从"品种单一"发展到"四季有鲜橙"，谱写了《橘颂》新诗篇。通过万古寺村产业发展的故事，人们见证了乡土民情的文化根基，记忆里的乡愁也染上了鲜香。

知识介绍

"中华屈氏第一村，魂乡萦绕数千年。"这就是万古寺村（图4-16）。游人踏过古色古香、岁月留痕的青石板路，尝过香气四溢、甘甜解渴的四季鲜橙，才终于领悟了那首传唱千年的传世名作《橘颂》。村中田间路上一串串斑驳的脚印，清清楚楚记录了村民们不屈不挠、愈战愈勇，依靠勤劳和智慧，秉承着屈原的家国情怀，让这片古老的土地焕发生机与活力。

图4-16　万古寺村（课程组 摄）

一、万古寺村寻根

据明代《归州全志·山川》载："万古寺，州东二十里。"古时此地居民为纪念屈原，联合修建了一座寺庙，命名万古寺，依寺庙得名万古寺村。万古寺村位于湖北省宜昌市秭归县归州镇香溪河东岸，全村辖4个村民小组720户，5个村落2340人，村内居住着屈氏后裔1300多人，他们敬奉屈原为先祖，相传是屈原祖籍居住地，因屈原精神万古流芳而得名，有"中华屈氏第一村"的美誉。2012年，万古寺村被授予国家级非遗作品《屈原传说》和《屈原故里端午习俗》传承保护基地。

万古寺村村口有一块硕大的石头，上用鲜红的隶书镌刻着"万古寺　中华屈氏第一村"，石碑旁那本展开的"书"上，是屈氏族谱的序言。旁边的栏杆上书写着屈氏家族辈分派别（从屈氏第六十七代开始）："有志家克定，万代永宏昌，承继先祖德，本立福泽长。"每一个字都蕴含着屈氏家族对品德的追求，透露出屈原文化对后代绵延的传承和影响。万古寺村珍藏了近百本源自全国各地的屈氏族谱，其中最为珍贵的一本现藏于宜昌市博物馆，该族谱的历史可追溯到清光绪年间，其中详细记录的屈氏辈分沿用至今，已有超过千年的悠久历史，涵盖了六十代的传承。

万古寺村不仅是屈氏后裔聚居地之一，也是海内外屈氏后裔寻根问祖的圣地。2007年，在与台湾地区举办的两岸屈原文化交流活动中，台湾学者发现，在台湾彰化市宝廊里，有一个特殊的族群，他们至今仍坚守着屈氏的传统习俗：每到端午佳节，家家户户都会包粽子、扎制香包、举行祭屈子的仪式，且每户人家的门楣上都会醒目地拓印着

屈原文化

"临淮衍派"四个大字,彰显着他们对屈原文化和祖国同胞的深厚情谊。于是自2010年起,万古寺村发起认亲行动,两岸屈氏后裔交流交往的序幕正式拉开,"屈家村"以深厚的文化为根基,以共同的姓氏为桥梁,相继开展了"根的记忆""两岸乡亲祭诗祖""云端话端午"等一系列富有意义的交流活动。这些活动不仅使千年屈原文化跨越山海阻隔,更在两岸同胞心中生根发芽,不断滋养着他们的精神世界,激发着民族认同感。

二、万古寺村的"五屈"文化工程

为继承和弘扬好屈原文化,万古寺村的村民们"修屈祠、续屈谱、供屈像、诵屈文、承屈风",形成了"五屈文化"品牌。具体内容包括修建屈子书院,家家户户供奉屈原铜像、全村老少诵读屈原著作,形成了集寻根问祖、屈原文化研学、爱国主义教育于一体的教育基地。这里还是"屈原传说"非遗基地、"薅草锣鼓"非遗基地和屈原故里龙舟基地,拥有屈原传说、峡江号子、薅草锣鼓、地花鼓等各类非遗传承人多名;其中最享誉盛名的还是"'二月二'龙抬头"龙舟节活动,展现了屈原故里原汁原味龙舟文化习俗。

"二月二"龙抬头,是我国民间传统节日之一。这天也称二月节、春龙节、青龙节。根据古老的天文学,惊蛰至春分间,角宿一星和角宿二星就从东方地平线上出现了,整个苍龙的身子还隐没在地平线以下,只是角宿初露,故称"龙抬头"。秭归是中国龙舟之乡,龙舟文化积淀深厚,龙舟运动历史悠久。每年此时,万古寺村都会举办盛大的龙舟文化节(图4-17),划龙舟,开启春耕,以纪念先祖屈原,传承悠久的文化传统,屈乡还流传着一句古老民谣"二月二,龙抬头,大仓满,小仓流。好年景,春开头",描述了苍龙苏醒、雷声隆隆的壮观景象,表达了人们祈求风调雨顺、五谷丰登的美好愿景。

图 4-17 龙舟节文化掠影(万古寺村摄)

在龙舟文化节上,最引人瞩目的当属龙狮巡游。只见彩龙飞舞、雄狮欢腾,伴随着锣鼓喧天、鞭炮齐鸣,游行队伍穿过村庄的大街小巷,将节日的喜庆传递给每一个家庭。这一盛大的场面,不仅展现了屈乡儿女们喜气祥和的精神面貌,更让人们深切感受到屈原文化的独特魅力和深远影响。在龙舟竞渡的激烈比赛中,人们齐心协力、奋勇争先,展现了不屈不挠、勇往直前的龙舟精神。这种精神,正是屈原文化所倡导的"路漫漫其修远兮,吾将上下而求索"的坚定信念和执着追求。如今,万古寺村的龙舟文化节已经成为当地的一张文化名片,吸引着越来越多的游客前来观赏。

三、万古寺村的脐橙产业

"后皇嘉树,橘徕服兮。受命不迁,生南国兮。"两千三百多年前,爱国诗人屈原写下了千古名篇《橘颂》。在两千多年里,屈乡人民发扬"路漫漫其修远兮,吾将上下而求索"的精神,将秭归柑橘产业打造成屈乡人民"脱贫致富奔小康,助力乡村振兴"的支柱产业,可谓凤凰涅槃。一江清水碧波荡漾,两岸脐橙花果飘香。如今,屈原故里秭归早已是中国脐橙之乡,漫山遍野的橙子树既是屈原故里的文化树,更是秭归人民的幸福树。这里已成为中国最具影响力的"四季鲜橙"基地,无论游客什么时候到秭归,都能在树上采摘到新鲜的橙子,"春有伦晚、夏有夏橙、秋有九月红、冬有纽荷尔"(图4-18、图4-19)。

图4-18 花果同树的伦晚(课程组 摄)

图4-19 晒橙干(课程组 摄)

这些年,万古寺村抓住乡村振兴的机遇,围绕屈原文化、峡江文化、柑橘文化、龙舟文化,打造寻根、观光、采摘、龙舟体验等旅游产品,每年来该村寻根问祖的屈氏后裔达5000多人次,游客上万人次,带动村内新开农家乐10余家,新增民宿3家。该村立足产业兴村,推进数字乡村、智慧农业建设,推进脐橙种植智能化、生态化、精细化,全村脐橙种植面积3800亩,年产量达7500多吨,年产值达7000多万元。2015年,万古寺村举办"屈原老家寻根首摘"活动,中央电视台也先后到万古寺村拍摄《文化之约》《四季橙香,万古流芳》《古韵新声端午》《山水间的家》等节目,从此每年到万古寺村体验脐橙采摘的游客络绎不绝。

除了鲜果,秭归脐橙还被加工成脐橙酒、脐橙醋、脐橙茶等深加工产品,年综合产值85亿元,做到了"从花到果、从皮到渣、从枝到叶"的零废弃综合加工利用,产品远销美国、德国、俄罗斯等148个国家和地区。"秭归脐橙"谱写了《橘颂》新篇章,万古寺村焕发出勃勃生机!

游万古寺村,
品味四季橙香

屈原文化

学习小测

1. 万古寺村位于湖北省宜昌市秭归县归州镇香溪河东岸，有____的美誉。（ ）
   A. 中国屈氏第一村　　　　B. 中华屈氏第一村
   C. 湖北屈氏第一村　　　　D. 国际屈氏第一村

2. 由于三峡水库的蓄水效应，秭归形成了区域性的____，昼夜温差大，冬季温暖湿润，可以保障橙子在树上安全过冬。（ ）
   A. 海洋气候　　　　　　　B. 温带大陆气候
   C. 热带季风气候　　　　　D. 温带季风气候

3. 万古寺村已经连续多年在每年的____举办龙舟文化节。（ ）
   A. 端午节　　　　　　　　B. 清明节
   C. "二月二"龙抬头　　　　D. 春节

知识拓展4.1.3
秭归柑橘是乡村振兴的支柱产业

学习活动

请根据"学习情境"，参考"学习评价"，以小组为单位，针对万古寺村撰写研学导游词，并让一名同学对目的地进行整体介绍，包括基本概况、民俗特色和柑橘经济等，字数限制在800字以内。

学习评价

组别			学习成果	介绍万古寺村			
	评价内容						
一级目标	二级目标	分值	满分	学生自评	学生互评	教师评价	社会评价
讲解内容	内容丰富、正确，条理清晰，有新意	20～25	25				
	内容较丰富，条理较清晰，较有新意	15～20					
	内容单薄，条理不清晰，无新意	10～15					

续表

组别		学习成果	介绍万古寺村				
评价内容				学生自评	学生互评	教师评价	社会评价
一级目标	二级目标	分值	满分				
讲解结构	结构合理，层次分明，详略得当	20~25	25				
	结构较合理，层次较分明，详略得当	15~20					
	结构不太合理，层次不太分明，逻辑性不强	10~15					
讲解技巧	通俗易懂，表达清晰，富有感染力、亲和力	20~25	25				
	较通俗，较有感染力、亲和力	15~20					
	表达不太清楚，欠缺感染力、亲和力	10~15					
文化内涵	体现万古寺村的丰富内涵与柑橘经济	20~25	25				
	较能体现万古寺村的丰富内涵与柑橘经济	15~20					
	未能体现万古寺村的丰富内涵与柑橘经济	10~15					

课后拓展

在课堂导游讲解词的基础上，查阅资料，按导游词的结构进一步拓展，撰写一篇完整的万古寺村研学讲解词，并配上讲解视频，上传至学习平台。

[主题二]

荆州、汨罗文化旅游

第一讲　游荆州纪南城，探访郢都遗迹

● **学习情境**

湖北省博物馆的"湖北楚文化研学之旅"为全国博物馆研学旅行优秀课程与优秀线路，其中就包括参观纪南城遗址。今天研学团来到了纪南城，探访郢都遗迹，聆听楚文化的故事。

● **学习任务**

介绍楚都纪南城及其文化。

● **学习目标**

【知识目标】

纪南城的基本信息和楚文化概况。

【能力目标】

1. 能够讲解、介绍楚都纪南城。
2. 能够简单介绍楚文化的特点。

【素养目标】

1. 提升文化自信、文化修养。
2. 增强家国情怀、审美能力。

新课导入

纪南城是春秋战国时期楚国的首都,为当时南方第一大都城,强盛时期占地16平方公里,但楚国后期内政腐败,贵族把持特权,奸臣祸国殃民,国力逐渐衰败,秦国军队攻占郢都(今纪南城)时,楚国无力抵抗,弃城而逃,白起焚烧宗庙,掳走重器,对郢都进行了彻底的摧毁,一代名都从此销声匿迹。廉则兴、贪则亡,清正廉洁曾使楚国由南方蕞尔小国发展为春秋五霸,贪污腐败又使大国一击即溃,楚国的兴衰变迁值得今人深思。

知识介绍

纪南城位于荆州城小北门外五公里处,经考古证实,是春秋战国时期楚国的都城,时称郢都,也就是那个曾经让青年屈原大展宏图、中年屈原洒泪挥别、老年屈原魂断汨罗的楚国国都,迄今地面仍保留有规模宏大的城垣遗迹,地下埋藏着丰富的文化遗存。

一、纪南城名称的由来

楚国的都城称作"郢①",《越绝书》中将"郢"解释为"楚王治处",也就是楚王行使权力、发号施令的地方。由于历史的原因,楚国的都邑曾几经迁徙,但因为楚人有深厚的恋土情结,凡迁都,都会使用楚武王时期定下的都城名字"郢"。据《史记·楚世家》记载,公元前689年,楚文王将国都自丹阳迁到了荆州城北五公里处,因为都城位于纪山之南,便称其为"纪郢"。西晋学者杜预在《左传》的注释中将郢都改称"纪南城",今名称由此而来。

楚国为什么会定都纪南城呢?因为纪南城"西通巫巴,东有云梦之饶"(《史记》),襟江带湖,居水陆要冲,地理位置十分重要;西北两面靠山,南濒长江,形成天然的屏障,是一处理想的建都之所。同时,江陵还是长江中游的咽喉,上通巴蜀,下到吴越,巴蜀的金银商品、盐矿资源源源不断通过水路到达江陵,成为楚国的经济大后方。

从迁都至此,到楚顷襄王二十一年,即公元前278年,秦将白起拔郢为止,楚国在此建都411年,共二十代君王。在此期间,楚国先后统一了近五十个小国,势力极盛,国土面积极大,由此纪南城成为南方的第一大都会。目前,纪南城被列入全国重点文物保护单位和全国100处大遗址保护项目。

二、纪南城的规模和形制

纪南城建于长江之北地势较高的平地上，既有长江水运交通的便利，又无洪水漫城的隐患。城址规模宏大，东西长 4.5 公里，南北宽 3.5 公里，总面积约为 16 平方公里，是荆州城的 3 倍。城墙周长 15.5 公里，目前遗存最高 6.7 米，由"四版筑城"法用夯土筑成，十分坚固，整体防御能力较强（图 4-20）。

图 4-20　纪南城平面图

纪南城城垣外围有护城河，绕城一周，与城垣一起构成外池内城的防御体系，护城河还通过水门与城内河道相连接，又与城外河湖相通，连通长江，使得城内河道与城外水网形成一个完整的城市水系，这样护城河就兼具交通、排水和调蓄三大功能。

城内有三条古河道，将城内的空间划分出不同的功能区，东南部为楚王的宫殿区，东北区为贵族的居住区。将王宫和贵族居住区分布在城内东部，体现了楚人尚东的礼俗。

宫城占地 72.6 万平方米，其分布遵循三朝五门、前朝后寝、左祖右社的格局。从遗址台基分布来看，当年楚王宫的布局严谨，规模宏大，排列有序。高低不同的建筑，建在层层的高台之上，形成层台累榭、错落有致的楚国宫殿建筑特色。平民居住在城内西北部，南北走向的朱河将贵族与平民的居住区分隔开来，形成泾渭分明的对比。平民的房屋简陋，没有台基。

按照商周时期"面朝后市"的建筑礼制，城内的商业区设置在王宫之后。纪南城商业繁荣，达到了"车毂②击，民肩摩，市路相排突"的盛况，据记载，楚有"蒲胥③之市""枯鱼之肆""屠羊之肆""刀俎之肆"等，都在这一区域内。经估算，城内人口高峰时期有 30 万人以上。

三、纪南城的手工业

楚国的手工业十分发达，集中表现在青铜铸造、纺织与刺绣、竹木器制作与髹漆①、玉器雕琢等行业上。

首屈一指的是楚国的青铜冶铸技术。楚人拥有铜绿山丰富的矿产资源，又熟练掌握了陶范法、合范法、铸镶法和失蜡法这些当时先进的铸造技术，将青铜加工制作成礼器、乐器、兵器以及各种生活用品，因此成就了楚国青铜文化的辉煌。楚庄王曾放言"楚国折钩之喙，足以为九鼎"。意思是说，只要把楚国兵器上的锋刃摘下来，就足以熔铸为九鼎，说明当时楚国的青铜之多（图4-21）。

楚国青铜，
大国工艺

图 4-21　春秋时期楚屈子赤角铜簠（存世仅见的屈氏礼器）

此外，楚人的丝织与刺绣也达到了当时世界一流的水平，他们生产的丝织品几乎涵盖了先秦丝织品的全部种类，以锦、罗、绦⑤为上品。《楚辞》中就有大量描述丝绸的词句："华彩衣兮若英""佩缤纷其繁饰""翡翠珠被，烂齐光些"，等等。

楚国工匠们还擅长制作髹漆木器，造型奇谲，色彩强烈，惊采绝艳，每件器物既是日常生活用品，更是极其精美的工艺品。"楚的上层社会就是一个漆器的社会"，贵族们家里到处是漆器用具，就连丧葬用品用的都是漆镇墓兽、漆木俑、漆棺等，这就是俗话说的"楚人生死不离漆"（图4-22）。

楚国漆器，
精巧唯美

四、纪南城的艺术

楚国的灿烂艺术主要表现在音乐、舞蹈、绘画与雕刻等方面。

楚国的音乐很发达。设置了乐官，专门掌管音乐事务，乐器种类齐全，有钟、磬、鼓、瑟、竽、笙和排箫等。这些乐器在湖北、湖南、河南各地战国楚墓出土的乐器实物中得到了印证，最闻名的便是曾侯乙编钟。

图 4-22 战国晚期漆木虎座鸟架鼓

楚国也是舞蹈之乡，不仅盛行巫舞，还编排了各种宫廷乐舞，随着各国各地的文化交流，楚国的舞蹈广泛吸收了不同的乐舞，形成了独特的风格，楚舞尤其讲究舞蹈者的线条美和律动美，这一点在《楚辞》中多处得到体现。"姱容修态⑥""小腰秀颈，若鲜卑只""长袖拂面""丰肉微骨，体便娟只"，可见楚人是追求修长细腰之美的。

楚国的绘画形式多样，主要有帛画、壁画与漆画等。《人物龙凤帛画》和《人物御龙帛画》就是迄今所见我国古代最早的两幅帛画。楚国先王宗庙及公卿祠堂，也有大量壁画，壁画主要内容是天地、山川、神灵、古代圣贤、怪物等。楚人也善于在漆器上绘画，成就了我国古代独特的艺术珍品——枣漆画。

战国时期，楚国的雕刻艺术也极具特色，如神奇的虎盆座飞凤，谲怪的"镇墓兽"雕刻，形态轻盈优美的虎座鸟架鼓，各种形式的雕刻座屏，写实的木雕鹿和抽象的木雕辟邪等，代表着楚人高超的雕刻艺术和浪漫的唯美气质。

五、纪南城的文化

楚国，曾是我国春秋战国时期最大的国家，拥有过可与古希腊文明相媲美的灿烂文明，其都城纪南城自然文化繁盛，成为楚国的文化中心。据史书记载，春秋战国时期的许多名人学者，如孔子、墨子、庄子等，都到过纪南城，著名法家吴起在这里变法，荀子也曾做过楚国的兰陵县令，而诗人屈原、宋玉，农学家许行，天文学家唐昧，思想家鹖冠子等都是楚国人，为楚国的文化留下了浓墨重彩的一笔。

但不幸的是，这些宏伟的亭台楼阁，这个繁荣的商业城邦、充满荣光的楚国都城，在公元前 278 年，都被秦将白起付之一炬，对此，《史记》只用了两个词"攻楚""拔郢"。建城千日，毁城一时，历经风霜雨雪的楚都纪南城，如今已是"楚王台榭空山丘"，当年的繁花似锦早已随历史的烽烟飘散，让后人不胜唏嘘。

游荆州纪南城，
探访郢都遗迹

注释

① 郢（yǐng）：古地名。春秋时，楚文王建都于郢，故址在今湖北江陵西北纪南城。楚国都城屡有迁徙，凡迁至之地均称郢。

② 车毂（gǔ）：指车轮中心插轴的部分，亦泛指车轮。

③ 蒲胥（xū）：郢都最大集市的名字。

④ 髹（xiū）漆：以漆涂物，亦指油漆。

⑤ 绦（tāo）：用丝线编织成的花边或扁平的带子，可以装饰衣物。

⑥ 姱（kuā）容修态：指的是美丽的容貌，长远的智慧。姱：美好。修：长远。态：志向。

学习小测

1. "郢"的意思是____。（ ）

A. 楚国都城

B. 楚王治处

C. 迁都

D. 荆州

2. 楚国的青铜冶铸技术发达，主要掌握了哪些铸造技术？（ ）

A. 陶范法

B. 合范法

C. 铸镶法

D. 失蜡法

3. 迄今所见我国古代最早的两幅帛画是____。（ ）

A. 屈原人物帛画

B. 人物龙凤帛画

C. 人物御龙帛画

D. 楚王御龙帛画

木雕作品——
漆凤鸟羽人

学习活动

请根据"学习情境"，参考"学习评价"，以小组为单位，针对纪南城撰写研学导游词，并让一名同学对目的地进行整体介绍，包括地理位置、历史由来、基本概况、突出特点等，字数限制在800字以内。

屈原文化

学习评价

组别			学习成果	介绍楚都纪南城			
评价内容			满分	学生自评	学生互评	教师评价	其他评价
一级目标	二级目标	分值					
讲解内容	内容全面、正确,条理清晰,有新意	20~25	25				
	内容较全面、正确,条理较清晰,较有新意	15~20					
	内容不太正确,条理不清晰,无新意	10~15					
讲解结构	结构合理,层次分明,详略得当,逻辑性强	20~25	25				
	结构较合理,层次较分明,详略得当	15~20					
	结构不太合理,层次不太分明,逻辑性不强	10~15					
讲解技巧	角度新颖,通俗易懂,表达清晰,富有感染力、亲和力	20~25	25				
	角度欠新颖,不太通俗,表达较清晰,较有感染力、亲和力	15~20					
	角度普通,不易懂,表达不太清晰,欠缺感染力、亲和力	10~15					
文化内涵	体现楚文化的丰富内涵,有文采	20~25	25				
	较能体现楚文化的丰富内涵,较有文采	15~20					
	未能体现楚文化的丰富内涵,没有文采	10~15					

课后拓展

在课堂介绍的基础上，查阅资料，按导游词的结构进一步拓展，撰写一篇完整的纪南城遗址研学讲解词，并配上图片或视频，上传至学习平台。

屈原文化

第二讲　游屈原庙宇，缅怀屈原精神

● 学习情境

端午将至，屈原文化研学团来到了屈原祠，聆听屈原生平事迹，了解祠庙建筑文化，学习祠庙庙额题记，体验端午习俗文化，全方位了解屈原精神及其对后世影响。

● 学习任务

为研学团介绍屈原祠。

● 学习目标

【知识目标】

屈原祠的建筑特点、庙额含义、当代价值。

【能力目标】

1. 能够讲解屈原祠的建筑形制。
2. 能够解释祠庙的庙额题记所蕴含的深意。

【素养目标】

1. 提升文化修养、审美能力。
2. 增强家国情怀、廉洁意识。

新课导入

祠庙也称祠堂，是中华民族祭祀祖先或先贤的场所，与家族宗祠不同，祠庙属于历史名人的专祠，是一种纪念性的祠堂，用于弘扬先贤的功绩、品德、气节等。为了纪念屈原，我国许多地方都修建了祠庙，比如屈子祠（屈原庙）、屈原祠、三闾祠、三贤祠等，今天就让我们走进这些祠庙，去了解历朝历代的人们是如何纪念屈原清正廉洁、赤诚爱国精神的。

游屈原庙宇，
缅怀屈原精神（1）

知识介绍

屈原的祠庙是祭祀屈原神灵的场所，从汉代一直到当代，在我国共计十多个省份建有 60 余座屈原祠庙，大多都在屈原生前活动的地域，有着悠久的历史文化传统，是屈原精神在民间传承最直接的物质载体。了解祠庙的历史分布、建筑形制、庙额庙记、公祭活动，不仅可以让我们认识历朝历代对屈原精神的理解，也可以让它们在当今发挥更大的文化价值。

一、屈原祠庙的历史分布

屈原生前的活动范围主要集中在汉水、洞庭湖、鄱阳湖流域，相当于今天的湖北、湖南大部，安徽南部、江西北部及四川东部。现在祭祀屈原的祠庙、主题公园、遗迹等 80% 都分布在这些地域。不过拥有遗址最多的是屈原的出生和成长地宜昌市秭归县，还有屈原晚年流放和沉江的地方湖南省岳阳市汨罗市。

湖南现有屈原祠庙等纪念遗址共十六处，主要集中在汨罗、岳阳、常德、怀化、溆浦、益阳、长沙市岳麓区，其中以汨罗市屈子祠建造时间最早，史书记载最初为楚人所建，后来几经搬迁和修复，现在是中国保存时间最久远的屈原祠庙，周围环绕着屈原书院、屈原塔、玉笥山三闾宅、屈原墓等，形成了屈子文化园（图 4-23）。这里完美利用遗址的"山、水、祠、院、馆、址"资源，形成了一座以楚文化风貌为主的"屈子遗产露天博物院"。

图 4-23　汨罗屈子文化园

岳阳也有两处纪念屈原的遗址，一是清代建的"三闾庙"；二是宋代建的屈原宅。常德市武陵区在秦末就已经建有三闾大夫祠和招屈亭，毁损后进行了重建，清代建造了"四贤祠"和"三贤祠"；怀化市有清代以前建的"三闾祠""三忠祠"；益阳市有元代建的"五贤祠"，清代建的"凤凰庙"；长沙市岳麓区有明代万历年间建的"贾屈祠（贾谊故宅）"，清嘉庆元年始建的岳麓书院屈子祠等。

湖北地域内现存的屈原祠庙及遗址共有十七处，主要集中在宜昌秭归、宜昌兴山、咸宁、鄂州、荆州等地，作为屈原故里，秭归纪念屈原的遗迹甚多，其中年代最久远的为魏晋前所建的秭归乐平里的屈原宅。自唐以来，屈原村就建有屈原庙，朝代更迭，修庙建庙没有停止，现今仍保留三闾八景遗迹，比如清光绪"楚大夫屈原故里"碑，唐代"女嬃庙"①、凤凰山"屈原祠"、北宋屈大夫庙（江渎庙），清代凤凰山屈原墓、南宋屈沱"独醒亭"，还有清代修建的万古寺村"屈氏祠堂"等，秭归的屈原庙和屈原祠为全国最大。

在湖北其他地方，还有兴山县的"独清亭"和"楚三闾大夫屈原故宅"，咸宁市的"三闾大夫祠"，荆州市的"江渎宫（屈原配享）"②，监利县的"濯缨台③""三闾寺""望郢亭"，等等。

另外，在河南、安徽、江西、江苏等省份，都建有年代久远的屈原祠庙，许多地方还修建了塔、亭、碑等不同形式的建筑来表达对屈原的缅怀之情，而我国台湾以修建"宫"来表达对屈子的尊重，如明末"屈原宫"、清初"水仙宫"，以及彰化屈家村于1963年建成的"泰和宫"，等等。

今人不仅重建、复建了许多有关屈原的古建筑，更是利用先进的技术手段新建了许多纪念馆、文化园，采用多种文化方式让更多的后代们知晓、理解、怀念这位伟人。如：溆浦县的涉江楼、怀屈楼和橘颂亭；福建屈原岛"忠烈亭"，厦门市金山区"微型屈子文化园"；河北省唐山市屈原纪念馆；等等。这些跨越两千多年、大半个中国的屈原祠庙，不仅反映了中华民族对屈原精神的广泛推崇与认同，更是中国人永久的精神之所、文化之根。

游屈原庙宇，缅怀屈原精神（2）

二、屈原祠庙的庙额与庙记

屈原祠庙有不同名称，也有不同庙额，比如"清烈公祠""昭灵祠"等。庙额是每个朝代为了表达对屈原的崇敬，朝廷所赐予的不同封号。从晚唐开始，封号变得格外多起来，如"昭灵侯""威显公""清烈公""忠洁侯""忠节清烈公"等，因此"昭灵""清烈""忠洁"便被用于各地屈原祠庙的庙额上，其中"清烈"二字沿用时间最长。除了以庙额表达后人的纪念外，庙记也是抒情感怀的载体，屈原祠庙作为后人凭吊屈原的精神圣地，历朝历代吸引了无数文人墨客前来提笔留记，这些庙记，阐释着不同时代、不同地域的人们对屈原人格的理解，讴歌着对屈原"忠""清""烈"的精神。

汨罗现存最早的庙记为《汨罗庙记》，是唐代翰林学士蒋防路经此处所写，他称赞屈原抱天地之正气，忠君忧国不顾性命而有贤能，屈子的诗文与儒家经典"六经"义理相通，是贤臣的楷模。秭归现存最早的屈原庙记为《楚三闾大夫屈先生祠堂铭并序》，这是时任唐归州（今秭归）刺史的右神策将军王茂元所作，他不仅组织工匠在归州建起了秭归历史上第一座屈原祠，还作铭文颂扬屈原忠君忧国和清醒浊世的品行，他认为屈原精神之"忠""清"是对世俗和官场社会最好的激励，王茂元建立三闾大夫祠的主要意图，就是为了让后来之人对国对君忠诚如屈原，对己能清洁自爱。

除此之外，历代屈原祠庙的庙记都不约而同地突出了屈原"忠""清""烈"之精神。例如，后梁的萧振在《楚三闾大夫昭灵侯庙记》中赞屈原"怀忠履洁，忧国爱君"；元代湘阴知县刘行荣作《重建忠洁清烈公庙记》，思"大夫之忠"，赞其心志坚定；明代文人戴嘉猷在《重修汨罗庙记》中赞扬屈原具有"忠洁清烈"之高风；清代文人王景阳的《重修屈公祠记》，赞叹屈原"忠义之气，日在人心，历千万年而不泯"，"励世磨俗，令人过庙思敬"；等等。

庙额与庙记，虽短小却意味深长，通过这些古人对祠庙的记载，我们不仅可以追寻历史的遗迹，验证屈原走过的足迹，更能深刻体会到屈原精神的一脉相承，代代相传，这就足以证明屈原的伟大，其精神千年不朽。

游屈原庙宇，
缅怀屈原精神（3）

三、屈原祠庙的现代价值

现代人除了复建、重修屈原祠庙外，还利用先进的技术手段在周围修建了多功能文化公园和纪念场馆，用以传播和传承屈原精神，这些场所集屈学研究、龙舟竞渡、非遗传承、研学教育、文化交流、民俗展示、休闲娱乐等于一体，极大地突出了屈原精神的民族凝聚力和世界文化影响力，屈原祠庙也因此承载了诸多价值。

其一是教育价值。屈原祠庙现在被开辟为爱国主义教育基地、廉政教育示范基地和实践教育基地，人们到此通过聆听屈原生平事迹、吟诵屈原诗歌，充分了解屈原"推行美政，忠贞爱国""修明法度，真挚爱民""修身励志，廉洁清明""刚直不阿、敢于斗争"的廉政思想精髓，接受爱国主义及廉政警示教育。

其二是文化价值。屈原祠庙既是传承屈原诗性精神的载体，也是屈学研究的场所。屈子祠庙本身大多建筑宏丽、工艺精美，集建筑、雕刻、绘画、书法、文学于一体，承载了深厚的历史积淀和悠久的传统风俗，尤其是从历代庙记、庙赋中可以了解屈原精神的延续与传承，还有楹联、匾额、碑林、庙记等文学形式记录了不同时代名人骚客们纪念屈子的文学作品，为后人提供了最佳的研究素材。在文明的交流互鉴中，屈原文化的价值和地位越来越凸显，屈原祠庙也逐渐成为华夏文人骚客寻根问祖的圣地。

其三是非遗价值。历史上，宗庙祭祀曾是化成天下的重要文化仪式，现今在祠庙开展端午公祭屈原却成为各地重要的"精神盛会"，每逢端午佳节，人们都会聚集在祠庙前,赛龙舟、包粽子、办诗会,端午文化和屈原精神已经成为所有中华儿女宝贵的精神财富。人们还在屈原祠庙周围建立端午习俗传承基地,树立屈原塑像,成立端午习俗传承研究院、屈原文化研究中心等,通过这些举措来保护端午文化空间,以举办端午活动来增强民众的文化认同感,极好地传承了非遗,延续了文化。

游屈原庙宇,
缅怀屈原精神(4)

注释

① 女媭(xū)庙:女媭是先秦时楚国人物名,一般被认为是屈原之姐,屈原故里"女媭庙"为唐元和中始立,20世纪70年代毁坏。
② 江渎(dú)宫:南宋建炎、绍兴间建。
③ 濯缨(zhuó yīng)台:位于荆州市监利县城西北黄歇口镇,为宋以前建。

学习小测

1. 屈原祠庙的修建意图是____。( )
A. 纪念屈原
B. 传承文化
C. 弘扬屈原精神
D. 封建迷信
2. 朝廷赐予屈原不同的封号,如"昭灵侯、威显公、清烈公、忠洁侯、忠节清烈公"等,因此____便常被用于各地屈原祠庙的庙额上。( )
A. "昭灵"
B. "清烈"
C. "忠洁"
D. "孤勇"
3. 屈原祠庙的现代价值主要有____。( )
A. 教育价值　　　　　　B. 文化价值
C. 非遗传承价值　　　　D. 娱乐价值

知识拓展4.2.2
汨罗屈子祠

学习活动

请根据"学习情境",参考"学习评价",以小组为单位,任意选取一座屈原祠庙进行简单介绍,包括基本概况、历史记载、当代价值等,字数在500字左右。

学习评价

组别			学习成果	讲解屈原祠庙				
评价内容				满分	学生自评	学生互评	教师评价	其他评价
一级目标	二级目标	分值						
讲解内容	内容全面、正确，条理清晰，有新意	20～25	25					
	内容较全面、正确，条理较清晰，较有新意	15～20						
	内容不太正确，条理不清晰，无新意	10～15						
讲解结构	结构合理，层次分明，详略得当，逻辑性强	20～25	25					
	结构较合理，层次较分明，详略得当	15～20						
	结构不太合理，层次不太分明，逻辑性不强	10～15						
讲解技巧	角度新颖，通俗易懂，表达清晰，富有感染力、亲和力	20～25	25					
	角度欠新颖，不太通俗，表达较清晰，较有感染力、亲和力	15～20						
	角度普通，不易懂，表达不太清晰，欠缺感染力、亲和力	10～15						
文化内涵	体现庙额文化内涵，有文采	20～25	25					
	较能体现庙额文化内涵，较有文采	15～20						
	未能体现庙额文化内涵，没有文采	10～15						

屈原文化

课后拓展

在课堂介绍的基础上,查阅资料,按导游词的结构进一步拓展,有针对性地撰写一篇完整的屈原祠研学讲解词,并配上图片,上传至学习平台。

第三讲　游汨罗江畔，追忆屈子诗魂

● 学习情境

龙船五月抛新粽，岁岁端阳忆楚魂。端午节当天，湖南省国际旅游节暨纪念屈原逝世2300周年系列活动之中国诗歌夏晚端午诗会在屈子文化园举行。

● 学习任务

围绕汨罗与屈原魂作一首小诗。

● 学习目标

【知识目标】

汨罗的历史渊源、时代意义、文学价值。

【能力目标】

1. 能够讲解屈原和汨罗的关系。
2. 能够围绕汨罗与屈原魂作一首小诗。

【素养目标】

1. 提升文化素养、文学修养。
2. 增强家国情怀、爱国主义精神。

新课导入

余光中先生是当代著名作家、乡愁诗人，为屈原学会的顾问，生前为屈原所作的诗歌有九首。他曾说："中国诗人都有屈原情结。屈原伟大的作品和情操，是我们的文化胎记，不可磨灭。蓝墨水的上游是汨罗江，我们要做屈原的传人。屈原的爱国主义精神，虽九死犹未悔的气节，应是所有读书人致力学习的气质。"

屈原文化

公元前278年,屈原得知楚国都城被秦国攻陷的消息后,悲痛欲绝,他最终选择了以身殉国,在汨罗投江自尽。屈原的身影消失在汨罗的波涛中,但他的精神和诗歌却永远留在人们的心中。

一、汨罗江魂

屈原为什么会到汨罗投江呢?为什么不是溆浦?不是洞庭?

首先,汨罗是屈原流亡在外的选择。屈原流放时,他在溆浦住了一段时间后,秦国军队便攻占了巫郡,如果不赶紧离开就可能成为秦国的俘虏。在万不得已的情况下,他只好再顺沅水东下,入洞庭湖,渡湘水,最后走到了长沙东北的汨罗江畔,此后,他一直生活在汨罗江边,直到楚顷襄王二十一年癸未(前278年)"投汨罗殉国"。

屈原在汨罗居住,史书上是可以寻到记载的。晋代罗含在《湘中记》说:"屈潭之左玉笥山,屈平之放栖于此。"唐朝沈亚之《屈原外传》中有:"原因栖玉笥山,作《九歌》。"宋人彭淮撰《玉笥山三闾宅》诗云,"吴山烟锁子胥祠,汨罗水绕三闾宅",形象地描绘了屈原宅的地理位置。

其次,汨罗投江地的意义特殊。屈原在汨罗投江最早的史料可见于西汉贾谊的《吊屈原赋》:"侧闻屈原兮,自沉汨罗。"但具体投江地点在河泊潭,河泊潭古称罗渊,又名屈潭,在汨罗江口,距湘江、汨罗江两江汇合处1.5公里,是汨罗江口的一个深潭。《水经注》引罗含《湘中记》是这样描述的:"屈潭之左,有玉笥山,道士遗言,此福地也,一曰地脚山。汨水又西为屈潭,即汨罗渊也。屈原怀沙,自沉于此,故渊潭以屈为名。昔贾谊、史迁皆尝经此,弭楫①江波,投吊于渊。"这不仅记载了汨罗投江的地点是一处福地,还记录了贾谊、司马迁来此凭吊屈原的情况。

清人蒋骥在《山带阁注楚辞》中对屈原选择汨罗自沉作出这样的解释:一是"湘水至清",在此自沉,"不忘清醒之意";二是屈原自沉,目的是"下著其志,而上悟其君",下能感召民众,上能触动君王,而在辰溆则"死而无闻,非其所也",只有长沙是南楚的都会城市,离郢都较近,信息流通快捷,自沉之后,有可能达到"上悟其君"的目的。"长沙为楚东南之会,去郢未远,固与荒徼②绝异";三是"熊绎始封,实在于此,原既放逐,不敢北越大江,而归死先王故居,则亦首丘之意",汨罗是楚人的"先王故居",又是熊绎后裔被迁之地,屈原在此自沉就能表现归葬故乡的首丘之情。

屈原为什么选择在端午投江呢?许多学者认为这是他受到湖湘文化影响后精心安排的。农历五月初五是岳阳土著越族民众祭龙的日子,有一系列重要活动,屈原在此节日投江殉国,想借以唤起楚国臣民的爱国热情,完成复兴楚国大业,于是选择这一天,"宁赴湘流,葬于江鱼之腹中"。

那么，屈原为什么选择投江自尽呢？这并不能简单地用官场失意来解释，宋代洪兴祖在《楚辞补注·离骚后叙》一书中，将屈原自沉的原因归结为两点：一是"同姓无可去之义，有死而已"；二是"去则国从而亡"，不忍离去。第一个是为了忠君，因为屈原和楚王同宗同族，不能背叛只能以死明志；第二个为爱国，因为郢都被破，以身殉国。他还反复强调："屈原之忧，忧国也"，"长叹息而掩涕，故思国也"。这是史上第一次将屈原提升到爱国的高度来认识，并赋予屈原"自沉"以浓重的殉国色彩。正如郭沫若在《屈原赋今译·后记》中所说："屈原是一位理智很强的人，而又热爱祖国……他的自杀必然有更严肃的动机。"

屈原自沉汨罗，以一种极端的方式结束了他坎坷而忧愤的一生。然而，他的肉体毁灭的同时却又是辉煌精神和伟大人格诞生的标志，诗人以死的悲剧启迪着后人去思索人生的价值和意义，不断提升我们的精神修为和灵魂的纯粹。

二、汨罗与诗魂

古往今来，无数文人骚客到过汨罗凭吊屈原，用诗歌寄情，表达对屈原的敬仰眷念，其中仅包含"汨罗"二字的古诗就有40余首，汨罗江这条平平无奇的江，因为屈原变得浪漫唯美、非同凡响，变成了一条历史文化之河、诗情荡漾之江，显得格外意味深长。

唐代杜甫曾写过一首《天末怀李白》："凉风起天末，君子意如何。鸿雁几时到，江湖秋水多。文章憎命达，魑魅喜人过。应共冤魂语，投诗赠汨罗。"这首诗是李白遭流放时，杜甫为表达深切关怀所作，最后一句提到因李白流放要过江湘，必然会想到被谗放逐、自沉汨罗的爱国主义诗人屈原，他一定会满腹冤屈无人可诉，只好向死去千年的屈原倾吐，这是多么冷峻的残酷现实！

晚唐名相李德裕也曾写过一首《汨罗》诗："远谪南荒一病身，停舟暂吊汨罗人。都缘靳尚图专国，岂是怀王厌直臣。万里碧潭秋景静，四时愁色野花新。不劳渔父重相问，自有招魂拭泪巾。"李德裕出身名门，他历仕宪宗、穆宗、敬宗、文宗四朝，为官数十载，一度入朝为相，但因党争倾轧，多次被排挤出京，这是他路经汨罗，追古思今，联想到自己的仕途经历，一时感怀写下的诗句。

此外，还有大诗人白居易的"竞渡相传为汨罗，不能止遏意无他"，元稹的"今来过此驿，若吊汨罗洲"，南宋文天祥的"生为薛城君，死作汨罗鬼"，袁说友的"千载孤忠动神物，三湖今向汨罗朝"，毛泽东同志的"千古同惜长沙傅，空白汨罗步尘埃"等，都为汨罗平添了诗风文采。如今，汨罗江畔的平江县修建了一座"诗歌图书馆"，汨罗屈子祠也举办了中国诗歌夏晚端午诗会，上演诗歌的盛宴，以此纪念屈原，致敬诗歌精神和人类精神。

屈原文化

注释

① 弭楫（mǐ jí）：亦作"弭棹"，停泊船只。
② 荒憿（huāng jiǎo）：荒远的边域。

学习小测

1. 屈原为何选择在汨罗投江，而不是其他地点（如溆浦或洞庭），以下哪项原因最为合理？（　　）

A. 汨罗是他流亡的必经之路，他在那里度过了人生最后的日子。
B. 汨罗江水流清澈，象征着他清醒的意愿和品格。
C. 汨罗地理位置偏远，可以远离世俗纷扰，寻求内心的宁静。
D. 汨罗是楚人的"先王故居"，屈原在此自沉表现了归葬故乡的首丘之情。

2. 下列哪一项关于文人骚客凭吊屈原和汨罗江的描述是不正确的？（　　）

A. 无数文人骚客曾到汨罗凭吊屈原，其中仅包含"汨罗"二字的古诗就有40余首。
B. 杜甫在《天末怀李白》中通过写汨罗，表达了对李白流放遭遇的深切关怀和对屈原的敬仰。
C. 李德裕的"汨罗"一诗，主要表达了他对屈原的敬仰，以及对自己仕途不顺的感慨。
D. 汨罗江因为屈原的投江自尽而成为历史文化之河，吸引了众多文人骚客前来凭吊。

3. 以下写过"汨罗"的诗人有：____。（　　）

A. 杜甫
B. 白居易
C. 李德裕
D. 袁说友

《汨罗江神》
（余光中）

学习活动

请根据"学习情境"，参考"学习评价"，以小组为单位，参考余光中先生纪念屈原的诗歌，围绕汨罗与屈原魂作一首现代小诗，字数在50字左右。

学习评价

组别		学习成果	汨罗与屈原现代诗			
评价内容			满分	学生自评	学生互评	教师评价	其他评价
一级目标	二级目标	分值					
诗歌内容	内容全面、正确，条理清晰	20～25	25				
	内容较全面，条理较清晰	15～20					
	内容不太正确，条理不清晰	10～15					
诗歌结构	结构合理，层次分明，朗朗上口，韵律动听	20～25	25				
	结构较合理，层次较分明，较有韵律	15～20					
	结构不太合理，层次不太分明，诗歌韵律感不强	10～15					
诗歌创意	角度新颖，通俗易懂，有新意	20～25	25				
	角度欠新颖，不太通俗，较有新意	15～20					
	角度普通，不易懂，没有新意	10～15					
文化内涵	体现汨罗文化内涵，有文采	20～25	25				
	较能体现汨罗文化内涵，较有文采	15～20					
	未能体现汨罗文化内涵，没有文采	10～15					

课后拓展

在小组活动的基础上，查阅资料，根据自己对屈原和汨罗的理解，进一步拓展，围绕汨罗与屈原魂创作一首小诗，并选取音乐，进行配乐诗朗诵，录制视频或音频，上传至学习平台。

模块五 世界影响

[主题一]

名人名家歌颂屈原

● 学习情境

近日,由湖北长江人民艺术剧院、湖北三峡演艺集团创作的新编历史话剧《屈原》走进宜昌高校巡演,在大学生中引起广泛的关注和热议。学校"屈原文化"社团组织"名人名家歌颂屈原"主题活动周,邀请同学们通过诗词、散文、戏剧等不同方式,表达对屈原的赞美和敬意。

● 学习任务

了解不同时代歌颂屈原的不同方式,了解屈原的时代价值。

● 学习目标

【知识目标】

通过学习名人名家对屈原的赞美,了解屈原的文学成就、艺术风格、爱国情怀和思想影响。

【能力目标】

1. 能理解名家诗歌作品,把握其意境和情感表达。
2. 能欣赏名家戏剧作品,领略其艺术魅力和独特风格。

【素养目标】

1. 养成批判性思维,提升表达能力。
2. 培养对屈原的敬佩之情。

新课导入

屈原,一个家喻户晓的名字,他的情怀穿越时空,在文学作品和舞台艺术中永恒闪耀。2023年3月13日,湖北长江人民艺术剧院、湖北三峡演艺集团共同创作演出的新编历史话剧《屈原》拉开了全国巡演的帷幕。本节课让我们走近文学作品中的屈原,跟随名家脚步,赏屈子风骨。

知识介绍

名人名家们对屈原的赞美如潮,他们将屈原视为文学的巨人、爱国的楷模。他们通过自己的作品,向屈原致敬,向他的才华和品质致敬,向他的爱国精神致敬。

一、古代名家歌颂屈原

江上吟/李白

木兰之枻沙棠舟,玉箫金管坐两头。
美酒樽中置千斛,载妓随波任去留。
仙人有待乘黄鹤,海客无心随白鸥。
屈平辞赋悬日月,楚王台榭空山丘。
兴酣落笔摇五岳,诗成笑傲凌沧洲。

本诗以独特的视角歌颂了古代文学巨匠屈原。通过描绘江上的景象和场景,表达了对屈原的崇敬和赞美。前四句描绘了一个尽诗酒之兴、极声色之娱的美好世界。中间四句两联,两两对比,揭示了理想生活的历史意义。"屈平辞赋悬日月,楚王台榭空山丘"的描写,通过对比屈原与楚怀王,清晰地展现了诗人的价值观。诗人明确表达了对庸俗的蔑视和对中华诗祖的崇敬,这种情感在短短的十四个字中得到了简洁而感人的表达。最后两句突显了屈原的诗才横溢和对文学的自信,以及他在文学史上的独特地位。整首诗以雄浑豪放的语言和形象,歌颂了屈原的卓越才华和不朽贡献。

祠南夕望/杜甫

百丈牵江色,孤舟泛日斜。
兴来犹杖屦,目断更云沙。
山鬼迷春竹,湘娥倚暮花。
湖南清绝地,万古一长嗟。

这首诗表现了杜甫对屈原的怀念。前三联描绘出斜阳照映下,一叶孤舟在波光粼粼的江水上泛起涟漪的景象。趁着兴致,诗人穿着草鞋拄起拐杖来到江边,极目远眺,云

沙交相辉映。纵使这潇湘大地是如此的美妙迷人，诗人却在最后一联表达出了深深的叹息。杜甫写此诗时，已是人生暮年，四处漂泊无处安定。这天傍晚，来到屈子祠南边，远望江色，心底泛起一阵怀古忧思的情绪。百丈江色，孤舟自横，春竹暮花，有一种萧瑟又壮阔之感。但作者真正想的，其实是千百年前投江的屈原。风景再好，也无心欣赏，内心只有对屈原的同情和怀念。

二、现代名家歌颂屈原

1942年1月，郭沫若创作了历史剧《屈原》，当时正值抗日战争时期，国家面临严峻的局势，大片土地沦陷于日寇之手。与此同时，国民党反动派对抗战的态度消极，甚至发动了第二次反共高潮，对爱国抗战的军民进行残酷打压。这种局面激起了全中国进步人士的愤怒。在这样的政治背景下，郭沫若创作了《屈原》，用以批判国民党反动派的黑暗统治，表达人民的愤慨。他曾表示："我将这个时代的愤怒复活在屈原的时代里。换句话说，我借用了屈原的时代来象征我们当前的时代。"

《屈原》以古代楚国的历史为背景，通过剧情的发展，深刻地揭示了那个时代的社会现实。作品中充满了激烈的斗争，展现了光明与黑暗的对立，正义与邪恶的冲突，以及爱国与卖国的对抗。它不仅是对国民党反动派的直接谴责，更是对那个时代社会现实的深刻思考。郭沫若通过借用屈原的时代，将人们对当下政治现实的愤怒和不满表达出来。他以独特的艺术手法，将历史与现实相结合，使观众在古代故事中找到了对现实社会的共鸣和思考。

三、当代名家歌颂屈原

七绝·屈原 / 毛泽东
屈子当年赋楚骚，手中握有杀人刀。
艾萧太盛椒兰少，一跃冲向万里涛。

1961年秋，毛泽东专门为屈原写了一首诗《七绝·屈原》，这是伟大领袖毛主席少有的以歌颂古人为题材的诗作。诗中首先提到"屈子当年赋楚骚"，突出了屈原作为文学家的才华和成就。屈原的《离骚》是中国古代文学的杰作，被誉为中国文学的瑰宝，因此诗人通过这一点表达了对屈原文学价值的肯定。"手中握有杀人刀"是指屈原以他的文学才华和作品来表达和捍卫自己的爱国思想、强国抱负、忧民情感和高尚人格。最后两句诗描述了屈原所处的环境，批判了贵族统治的黑暗与腐朽。同时肯定了屈原以死抗争的不屈精神。在毛泽东笔下，屈原成为一个坚强勇猛的战士，忠贞正直，不屈服于恶势力，以身殉志。这种描写既赞美了屈原，又表达了对他的凭吊之情。

屈原作为伟大的爱国诗人，展现了对国家的深厚执着热情。他在政治斗争中坚守理想、坚韧不拔、追求真理、大胆批判现实的精神，对两千多年后的毛泽东产生了深远的影响。

毛泽东曾高度评价屈原，称他不仅是古代的天才歌手，更是一位伟大的爱国者。他的无私无畏、高尚勇敢的形象深深地烙印在每个中国人的心中。毛泽东从屈原的作品中继承和发展了爱国主义精神和浪漫主义诗风，这对他的革命生涯和诗词创作产生了巨大的影响。

1953年，屈原逝世2230周年之际，世界和平理事会通过决议，将屈原确定为当年纪念的世界四大文化名人之一。毛泽东十分重视《楚辞》，于1957年12月让工作人员收集了50余种版本的《楚辞》以及有关屈原和《楚辞》的著作，以便集中阅读。1972年，毛泽东在中南海会见日本首相田中角荣和外务大臣大平正芳时，还特意将一部《楚辞集注》作为礼物赠送给田中角荣。

这些事实表明，毛泽东对屈原的作品情有独钟，他深深地被屈原的爱国精神和诗歌才华吸引。毛泽东从屈原身上汲取了灵感和力量，将其融入自己的革命实践和文学创作中。屈原的文魂在毛泽东心中永远存在，激励着他为实现国家的独立、人民的幸福而奋斗。

名人名家
歌颂屈原

1. 郭沫若创作历史剧《屈原》的目的是____。（　　）

    A. 揭露古代楚国的社会现实

    B. 批判楚怀王的昏庸统治

    C. 借用屈原的时代象征当下的时代

    D. 表达对屈原的怀念之情

2. 李白的诗作《江上吟》中，通过描绘江上的景象和场景，表达了对屈原的____。（　　）

    A. 怀念和思恋　　　　B. 同情和悲悯

    C. 赞赏和欣赏　　　　D. 崇敬和赞美

3. 屈原被毛泽东描写为一个具有什么特质的战士？（　　）

    A. 温文尔雅，充满智慧

    B. 英勇无畏，决绝果断

    C. 忧国忧民，不屈不挠

    D. 谦虚谨慎，富有耐心

知识拓展5.1
司马迁评价屈原与《离骚》

根据主题内容，参考"学习评价"，以小组为单位，共同编排一部以"屈原"为主题的小剧目。要求充分发挥每个小组成员的才能和创造力，通过剧本创作、角色扮演、舞蹈和音乐表演等多种形式，展现屈原的生平故事和他对国家的热爱。同时，注重情感表达和艺术表现，以此引发观众的共鸣和思考。

学习评价

组别		学习成果		PPT展示与讲解			
评价内容			满分	学生自评	学生互评	教师评价	其他评价
一级目标	二级目标	分值					
剧本撰写	剧本构思新颖，叙事结构合理，角色塑造鲜明	20~25	25				
	剧本构思较新颖，叙事较合理，角色塑造较鲜明	15~20					
	剧本构思不够新颖，叙事不够合理，角色塑造不够鲜明	10~15					
内容主旨	内容切实，主题鲜明	20~25	25				
	内容较切实，主题较鲜明	15~20					
	内容不够切实，主题不够突出	10~15					
舞台表演	演员能够准确理解角色，生动地表现角色的内心世界	20~25	25				
	演员能够较为准确地理解角色和呈现角色	15~20					
	演员不能较为准确地理解和呈现角色	10~15					
合作沟通	小组成员积极合作，有效化解问题和冲突	20~25	25				
	小组成员能够展开合作，完成任务	15~20					
	小组成员较缺乏合作意识	10~15					

根据教师评价和小组评价的反馈意见，对剧本进行优化，并进一步精心编排剧目，

以确保演出的质量和观赏性。录制短视频上传至社交平台,参与"名人名家歌颂屈原"主题活动周。

提示:注重剧情的连贯性和情感的真实性,通过细节的打磨和角色的塑造,使观众更好地理解和感受屈原的故事。在编排剧目的过程中,充分发挥每个小组成员的才能和创造力,注重团队合作和协调。除了剧本表演,还可加入舞蹈、音乐和视觉效果等元素,以提升演出的艺术性和观赏性。

[主题二]

名家名画怀想屈原

● **学习情境**

"屈原文化入丹青"画展在屈子文化园拉开帷幕，展厅除了展示当代艺术爱好者的屈原文化绘画、摄影和书法作品外，还展出了历朝历代名家对屈原及其作品的绘画临摹本。

● **学习任务**

为研学团介绍关于屈原文化的名家名画。

● **学习目标**

【知识目标】

了解屈原文化名家名画的特点、含义及价值。

【能力目标】

1. 能够讲解有关屈原及作品的名画情况。
2. 能够解释屈原文化名画中所蕴含的深意。

【素养目标】

1. 提升艺术修养、审美能力。
2. 感知家国情怀、高尚品性。

新课导入

屈原的伟大形象和高尚品格于千百年来不断感动着一代代中国人，文人名士们更是通过探寻他的挫折人生，触摸他的不屈灵魂，将自己的个人际遇与屈原紧紧相连，创作了许多经典的绘画作品，从而构成了中国画里的一道独特风景。在他们的笔下，屈原孤傲潇洒的人格成为自由与艺术的展现，忧国忧民的爱国情怀得以生生不息地延续，让我们走进每幅作品，品味屈原的"真、善、美"。

知识介绍

历史上从南北朝至清末约一千五百年间内，以屈原及其作品为主题创作的画家众多，其中以宋代李公麟、元代赵孟頫、明代陈洪绶和文徵明最负盛名，他们为屈原造像，以诗篇为主题绘下《九歌图》《离骚图》《天问图》《九章图》，就连《香草图》就有十多幅。这些图画通常有两种形式：一是刻在石头或木头上的刻画；二是绘制于宣纸或绢上的绘画。

一、屈原图

屈原《涉江》一诗的开首，曾对自己的形象进行过描述："余幼好此奇服兮，年既老而不衰。带长铗之陆离兮，冠切云之崔嵬，被明月兮宝璐。"诗人运用象征的艺术手法，借奇伟的服饰、长长的佩剑、高耸的切云帽和珍珠美玉来比喻自己德行的高洁和志向的远大。

作为古代名士崇高的精神偶像，屈原这一形象成为众多艺术家描摹的对象，不过我们今天所看到的屈原像多以宋代李公麟《九歌图》中的屈原为范本，作为首创屈原经典图式的画家，他的《九歌图》一直是屈原题材的典范，历代诸多画家多有参考，例如元代画家赵孟頫、张渥等，他们笔下的屈原身着长袍，蓄发长髯，一副忧国忧民的士子形象，明代的郑思肖、文徵明等都创作过屈原像，不过以陈洪绶创作的《屈子行吟图》最为经典，至清代两个多世纪，无人能超过。

在《屈子行吟图》中（图5-1），身穿宽袖长袍，身佩陆离长剑，头戴切云冠的屈原站在中心，江畔的斜坡下，隐现着滔滔的江水，若隐若现的大树和江边的岩石，烘托出屈原伟大的身影。把屈原爱国忧民，坚定的信念，追求真理和勇于探索的精神展现在画面之中。《中国绘画史》评价此图中的屈原"简洁质朴，硕重形体夸张，又重神情含蓄，运笔沉着凝练"，极其成功地表达出了屈了愤懑的心情和刚正的气度，画面简单，背景空旷，又恰到好处地烘托出荒凉的流放生涯，给人感染极深，这幅画至今被视为明代人物画中的代表之作。

当代画家作屈原图最多、风格也最突出的是傅抱石，他创作的第一幅屈原图正值抗战时期，当时受郭沫若历史大剧《屈原》的影响，愤懑之情勃发，泼墨挥毫创作了《屈原》画作。画面上屈原面容枯槁，身穿素褐，木然立于汨罗江畔。身后芦苇杂生，风中倒伏；眼前江水漾动，茫茫无边。屈原赴死前憔悴的神态、悲壮的氛围，跃然纸上，行吟泽畔的悲凉意境令人黯然神伤，整个画面洒满了诗人痛失国土的悲悼之情。正如傅抱石所言："屈原的死因，并不是像一般轻薄者的怀才不遇，而是忧世愤俗，不忍看到祖国沦亡，人民流离无告。"之后他还创作了以《渔父》为题材的《屈子行吟图》（图5-2），图中劲疾的寒风、清冷的洲渚、奔流的江水、无限的秋色与屈原孤独的身影形成了沉重的对峙，带给人一种悲剧的审美意境。

图 5-1 《屈子行吟图》[（明）陈洪绶绘]

图 5-2 《屈原行吟图》（傅抱石绘）

二、《九歌图》

将屈原诗歌反映在绘画上的首先是《九歌图》，北宋的画家李公麟，是第一个绘《九歌图》的，李公麟善画人物，尤工画马，他也是中国绘画史上第一次以诗歌内容绘成长卷连续图画的画家。李公麟画的《九歌图》现存故宫博物院，为横轴，共分九段（不含《国殇》），其构图用连续画的形式，段与段间巧妙地以山峦、宫殿、水波相隔而又相连起来，整幅画面气势连贯又各自独立，显得疏朗而又绵密。图中人物多达一百一十三人，其中《湘夫人》一段，即有二十五人，《山鬼》最少，也有八人，且聚散有致，意趣传神。背景水波粼粼，云霞袅袅，山石嶙峋，殿宇参耸，展现出雄奇开阔的场面，充分表现了原作的意境和神祇①的仪态，图中每段左上方分别题有《九歌》各篇歌词。

元代赵孟頫被称为"元之冠冕"，他对诗文音律无所不通，书画造诣极为精深，其绘画取材广泛，技法全面，山水、人物、花鸟无不擅长，其绘画、书法和画学思想对后代影响深远。赵孟頫运用多种艺术技法，对《楚辞》进行过书画呈现，为托物言志而有意为之。在《楚辞》诸篇中，赵孟頫对《九歌》尤为眷怀，曾屡屡将之绘为图像，1299年，他以设色之法，绘东皇太一、云中君、湘君、湘夫人、山鬼等十位神祇于绢帛之上，笔法精妙，令神之丰容、仪态，尽展于画幅之中，后人感叹"神哉技至此也！"现图册被美国弗利尔美术馆馆藏，同时馆藏的还有他的《兰蕙图》。后来张大千临摹赵孟頫的《九歌》图册，书法十三幅，人物画九幅，人物线条如行云流水，流畅遒劲，直逼其真。

明代是屈原画像创作的高峰，其中文徵明的《湘君湘夫人图》最为精美，文徵明是明代中期著名的书画家，为明四家之一，也是江南四大才子之一，他的书画造诣极深，诗、文、书、画无一不精，人称"四绝"的全才。《湘君湘夫人图》为纸本设色画，现藏于北京故宫博物院，画中采纳湘夫人为娥皇、女英之说，绘两位女神风中玉立之态，人物勾线采用东晋顾恺之的"高古游丝描"法，看似柳丽纤细，却如蚕丝般柔韧连绵，设色以浅朱色为基调，显得优雅温柔，两位女神婉约脱俗的气质跃然纸上。画作上方《湘君》《湘夫人》诗作书法秀雅俊逸，反映出文徵明的书画修养。

三、《离骚图》

明末清初之际，社会动荡不安，文人多借诗词或书画抒怀，以缓解心中的悲郁愤懑和亡国之痛。萧云从就是其中之一，他是姑孰画派②的创始人，其人物画主要继承了宋代李公麟的白描法，亦吸收明代陈洪绶之长，造型准确，形象生动，镂版传世的画就是他64幅以人物为主的《离骚图》。这些刻本无论是构图立意还是刀工技法，都达到了清初版画艺术的最高水平，作为明代遗民，萧云从深契于屈子的爱国之心，在《离骚图》笔墨之中，灌注着深沉的哀愤和思怀故国之情。通过对《离骚图》及近八千字的序跋注文的研究可知，萧云从不愿蹈袭前人画作，力求有所创新。此外，基于绘画的诫世功用，萧云从的图绘多蕴含规劝鉴戒的思想内涵，体现了笔之所到、思之久远的人文关怀。萧云从的《离骚图》是我国古代"《楚辞》图绘"的精品。

民国时期，在中西方文化思潮的交融与冲突下，张大千、徐悲鸿、傅抱石、张光宇、杨润六等一大批画家又针对《楚辞》创作出了新的作品。这些画家融中西方绘画之所长，并借以寄托忧国忧民之思，传达自身不同流合污的抗争精神，佳作频出。其中，傅抱石集百家之长，借鉴与传承，绘制出独具特色的《九歌图》。他用笔洗练，注重气韵，人物以形求神，还把山水画的技法融合到自己的人物画之中，一改清代以来的人物画画风，显示出独特的个性。因此，后人称颂傅公是"三百年来绘制《九歌》诗意最得神韵、最有创意的艺术大师"。

《楚辞》难读，但普及性非常强。这正是因为屈原"惊采绝艳"的艺术魅力给后人创造出了迷离惝恍③的艺术幻境，"与日月争光"的人格魅力感染了一代又一代中国人，而"志洁行廉""忠君爱国"的政治人格成了中国传统文人士大夫的人格样板。因此，一代代人才不断通过文学艺术和学术活动的创造性转化，铸造了中华民族刚健有为、自强不息的精神之链。

名家名画
怀想屈原

注释

① 神祇（shén qí）：神祇是宗教观念之一，超自然体中的最高者，一般被认为不具物质躯体，但有其躯体形象。

② 姑孰（shú）画派：明末清初我国的一个奇峰独秀的画派，以太平府署所在地姑孰（今当涂）为名，创始人萧云从。

③ 迷离惝恍（chǎng huǎng）：形容模糊而难以分辨清楚。

学习小测

1. 将屈原诗歌反映在绘画上的首先是____作的《九歌图》。（　　）
   A. 傅抱石　　　　　　　B. 李公麟
   C. 萧云从　　　　　　　D. 张大千

2. 明文徵明绘《湘君湘夫人图》人物勾线采用东晋顾恺之的____法。（　　）
   A. 琴弦法　　　　　　　B. 铁线描
   C. 混描　　　　　　　　D. 高古游丝描

3. ____被称为"三百年来绘制《九歌》诗意最得神韵、最有创意的艺术大师"。（　　）
   A. 张大千　　　　　　　B. 郭沫若
   C. 傅抱石　　　　　　　D. 李公麟

知识拓展 5.2　《九歌》系列插图　　　新时代青年，用 CG 展示《楚辞》美学

学习活动

请根据"学习情境"，参考"学习评价"，以小组为单位，选取你最喜欢的历朝历代的名家名画并进行简单介绍，包括画家简介、创作背景、美学价值等，字数在 500 字左右。

学习评价

组别			学习成果	屈原文化名画讲解词				
评价内容			分值	满分	学生自评	学生互评	教师评价	其他评价
一级目标	二级目标							
讲解内容	内容全面，条理清晰，背景充分		20～25	25				
	内容较全面，条理较清晰，背景较充分		15～20					
	内容不够全面，条理不太清晰，无背景介绍		10～15					
讲解结构	结构合理，层次分明，详略得当，逻辑性强		20～25	25				
	结构较合理，层次较分明，详略得当		15～20					
	结构不太合理，层次不太分明，逻辑性不强		10～15					
讲解技巧	角度新颖，通俗易懂，表达清晰，富有感染力、亲和力		20～25	25				
	角度欠新颖，不太通俗，表达较清晰，较有感染力、亲和力		15～20					
	角度普通，不易懂，表达不太清晰，欠缺感染力、亲和力		10～15					
文化内涵	体现画作的文化内涵，有文采		20～25	25				
	较能体现画作的文化内涵，较有文采		15～20					
	未能体现画作的文化内涵，没有文采		10～15					

屈原文化

课后拓展

在课堂介绍的基础上，查阅资料，对屈原名画介绍词进一步拓展，撰写一篇完整的屈原名画研学讲解词，并配上图片，上传至学习平台。

[主题三]

世界文化名人屈原

● 学习情境

以"世界文化名人屈原"为主题开展一次交流研讨。课前全班分为四个小组，分别从屈原的生平经历、政治抱负、文学造诣和伟大人格等四个方面搜集资料，课上全班交流，用各自的资料呈现多方面、多维度的屈原，阐释为何他被誉为世界文化名人。

● 学习任务

全班分为四组，分别搜集屈原在生平经历、政治抱负、文学造诣和伟大人格等四个方面的相关材料，呈现和阐释屈原被誉为"世界四大文化名人"的历史文化原因。

● 学习目标

【知识目标】
1. 学习屈原生平，对屈原一生经历进行全面的了解。
2. 学习屈原的文化造诣和世界影响。

【能力目标】
1. 能够全面、有条理地介绍伟大爱国主义诗人屈原。
2. 能够充分理解屈原的伟大精神和高尚人格所涵养和传递的时代价值。

【素养目标】
1. 培养中华优秀传统文化的学习鉴赏能力。
2. 理解屈原文化的时代价值，坚定文化自信。

屈原文化

新课导入

2023年端午节，国际划联龙舟世界杯在屈原故里举行，这也是宜昌首次举办的国际赛事。来自世界各地的参赛队伍相聚龙舟的发祥地，共同见证这项古老运动焕发出的勃勃生机与活力，感受龙舟竞渡的魅力。龙舟赛至今已有两千多年的历史，龙舟竞渡的起源也与屈原密切相关。屈原作为我国伟大的爱国主义诗人，他的家国情怀和文学造诣在我国漫长的历史长河中留下了浓墨重彩的一笔，在世界范围内也享有盛誉，龙舟竞渡能一直延传至今，与其所承载的文化因素固然密不可分。今天我们就来了解和感受屈原的世界影响力。

知识介绍

一、世界四大文化名人

"世界文化名人"由世界和平理事会推出。1952年12月12—20日，世界人民和平大会在奥地利首都维也纳召开，会议通过了关于保卫文化的建议案：世界各国都庆祝并纪念人类的伟人。会议决定在1953年纪念中国最伟大的诗人和爱国者屈原逝世2230周年、波兰天文学家尼古拉·哥白尼逝世410周年、法国文学家弗朗索瓦·拉伯雷逝世400周年、古巴作家和民族运动领袖何塞·马蒂诞生100周年（图5-3）。"屈原是世界文化名人"的说法由此而始。1953年5月，世界和平理事会常务委员会在瑞典首都斯德哥尔摩举行会议，重申各国当年纪念这四大文化名人的建议。

世界和平大会与文化名人

图5-3　1953年中国人民邮政发行纪念世界文化名人邮票

二、世界文化名人屈原

屈原诞生于湖北省宜昌市秭归县,逝世距今已有 2300 多年,仍享誉世界。世界文化名人的声誉缘何而来,可从以下四个方面进行溯源。

(一)屈原的生平经历

帝高阳之苗裔兮,朕皇考曰伯庸。摄提贞于孟陬兮,惟庚寅吾以降。

——《离骚》

正如屈原在《离骚》中自述:出身贵族,既是颛顼大帝高阳氏的后裔,又是楚武王熊通之子屈瑕的后代。高贵的血统,显赫的家族,降生于大日,横溢的才华,浪漫的文学情怀,卓然出奇的相貌,使屈原生来就被赋予了振兴楚国的光荣使命。

公元前 340 年正月初七,屈原生于楚国丹阳(今湖北秭归)。屈原成长于秭归乐平里,自幼嗜书成癖,读书多而杂。7 岁前,屈原由父母教育;7 岁后,他在读书洞等处接受贵族教育,研读《诗经》等经典和礼乐典籍,在当地留下了"石洞读书"与"巴山野老授经"等脍炙人口的故事。屈原虽出身贵族,但因自幼生活在民众之中,加之家庭的良好教育,故十分同情贫苦百姓,屈原心系国家、情系百姓的爱国主义精神和为民情怀,即萌芽于此。

屈原早年受楚怀王信任,任左徒、三闾大夫,兼管内政外交大事。提倡"美政",主张对内举贤任能,修明法度,对外力主联齐抗秦。因遭贵族排挤诽谤,被先后流放至汉北和沅湘流域。公元前 278 年,楚国郢都被秦军攻破后,屈原自沉于汨罗江,以身殉楚国。

(二)屈原的政治抱负

博闻强识,明于治乱,娴于辞令。入则与王图议国事,以出号令;出则接遇宾客,应对诸侯。王甚任之。

——《史记·屈原贾生列传》

屈原少年时受过良好的教育,博闻强识,志向远大。早年受楚怀王信任,任左徒、三闾大夫,兼管内政外交大事。屈原提倡"美政",主张对内举贤任能,修明法度,对外力主联齐抗秦,积极辅佐楚怀王变法图强,使楚国一度出现了国富兵强的局面。

公元前 317 年,屈原担任楚怀王左徒,从事变法改革,制定并出台各种法令。数年来屈原持续深入变法改革,与旧贵族和一切顽固势力进行斗争。楚之形势大变,旧贵族面临覆灭的命运。

随着屈原对楚国变法的深入,变法改革触动了楚国贵族集团的利益,屈原遭贵族排挤诽谤,先后两次被流放至汉北和沅湘流域。屈原被迫远离家乡,远离楚国朝政,一腔爱国热忱和报国之志无法施展,只能眼见楚国在昏君庸臣的治理下逐渐走向衰败。

公元前278年，屈原在得知楚国郢都被秦军攻破后，万念俱灰，自投汨罗江身亡，以最后决绝一跃表达对楚国的深深眷恋与无悔守护。

（三）屈原的文学造诣

朝饮木兰之坠露，夕餐秋菊之落英。

——《离骚》

后皇嘉树，橘徕服兮。

——《橘颂》

举世混浊我独清，众人皆醉我独醒。

——《渔父》

屈原作为中国历史上第一位伟大的爱国主义、浪漫主义诗歌的奠基人，"楚辞"的创立者和代表作家，开辟了"香草美人"的传统，被誉为"中华诗祖""辞赋之祖"。

屈原的作品，根据刘向、刘歆父子的校定和王逸的注本，有25篇，即《离骚》1篇、《天问》1篇、《九歌》11篇、《九章》9篇，《远游》《卜居》《渔父》各1篇。据郭沫若先生考证，屈原作品共流传下来23篇，其中《九歌》11篇、《九章》9篇、《离骚》《天问》《招魂》各1篇。

《离骚》是屈原以自己的理想、遭遇、痛苦、热情乃至整个生命所熔铸而成的宏伟诗篇，其中闪耀着鲜明的个性光辉，是屈原全部创作的重点。《天问》是屈原根据神话、传说材料创作的诗篇，着重表现作者的学术造诣及其历史观和自然观。《九歌》是楚国祀神乐曲，经屈原加工、润色而成，在人物感情的抒发和环境气氛的描述上，充满浓厚的生活气息。《离骚》一组，《九歌》一组，构成了屈原作品的基本风格。

以屈原作品为主体的《楚辞》是中国浪漫主义文学的源头之一，《楚辞》中的代表作《离骚》与《诗经》中的《国风》并称为"风骚"，对后世诗歌产生了深远影响。屈原作品的出现，标志着中国诗歌进入了一个由大雅歌唱到浪漫独创的新时代。

（四）屈原的伟大人格

屈原一生忠君爱国、忧国忧民。他胸怀抱负却壮志难酬，在身处逆境、理想破灭之时，仍然心系楚国、牵挂民众，以顽强的意志和高洁的情操，坚守"美政"，独善其身。屈原的一生是为理想而奋斗的一生，是上下求索、受命不迁，最终以身殉国的光辉一生。这就是为何两千多年来屈原能被世代中华儿女铭记，让历代文人士子朝诵夜吟。

屈原是中华优秀传统文化的杰出代表，他浓烈执着的爱国主义精神、九死未悔的革故鼎新精神、矢志不渝的以民为本精神、锲而不舍的上下求索精神、孜孜不倦的好修为常精神，共同构成了他伟大的人格，具有深远的历史文化价值和深刻的时代传承价值。

屈原投江后，村民用粽叶包裹米饭、肉食和果品投入江中喂食鱼虾，希望鱼虾吃粽子而不吃屈原的身体；村民们划着龙舟、吆喝唱着悲壮凄厉的"我哥回哟！"，试图唤回屈原这位爱国爱民的伟大诗人。屈原笔下的《离骚》《天问》《橘颂》等经典作品被中华儿女世代传颂，并在世界范围内被译为多国语言文字。纪念屈原的端午节、龙舟赛走向世界，多个国家沿袭了端午传统，龙舟竞技发展为国际赛事。多年来，屈原深固难徙的爱国情怀、哀民多艰的民本思想、上下求索的实干精神、洁身自好的清白节操，激励着中华儿女奋勇向前。

屈原在思想上、艺术上的辉煌成就，为全人类提供了一份珍贵的文学遗产，也赢得了世界文化巨人的光荣称号。

三、屈原的世界影响力

（一）政治影响力

屈原文化不仅是中华优秀传统文化中伟大的文学符号，也是优秀的政治文化符号。他一生为了实现楚国的强盛而"上下求索"，建构了"美政"政治理念。屈原的"美政"理想："举贤才而授能兮，循绳墨而不颇"中，主要观点有"廉政""在德者在位""恤民""举贤授能"等。屈原一生的经历，也展现出他忠君爱国、不畏权贵、上下求索、独善其身的政治品格。新时代中国的相关政治理念，如爱党爱国、任人唯贤、以人民为中心、清廉从政等，都与屈原的政治理念一

屈原的政治影响力

脉相承，体现了深远的文化渊源，是马克思主义与中华优秀传统文化相结合的鲜明案例。屈原的"美政"思想，为新时代党的政治建设提供了丰厚的文化沃土、思想资源和精神滋养，体现了文化自信的根基作用和时代价值。

（二）文学影响力

屈原和《楚辞》两千多年来在世界上的传播影响甚广，从唐代开始就已走出国门、走向世界，在亚洲传播到日本、朝鲜、韩国、越南等，在欧美传播到意大利、德国、英国、法国、俄罗斯、美国等。《楚辞》走向世界是中国传统文化在世界传播的具体表现。

《楚辞》较早就流传海外，特别是在日本、朝鲜、韩国、越南等汉字文化圈国家。1581年，意大利传教士利玛窦来华，东方文明遂远播重洋，《楚辞》逐渐进入西方人的视野。1840年鸦片战争后，欧美世界开始广泛注意《楚辞》。

《楚辞》在世界范围内的传播和影响已有1400多年历史，从最初的收录和注释到现在的翻译和研究，《楚辞》在世界各国已愈发彰显其魅力，凭借独特的文学内容体裁和深厚的历史文化底蕴，加强与世界文学的交流与互鉴。

学习小测

1. 下列哪一部不是屈原的作品？（　　）
A.《离骚》　　　　　　　　B.《橘颂》

屈原文化

C.《大学》　　　　　　D.《九章》

2. 屈原是在哪一年被列为"世界四大文化名人"?（　　）

A. 1953 年　　　　　　B. 1952 年

C. 1962 年　　　　　　D. 1950 年

3.《楚辞》中的代表作_____与《诗经》中的《国风》并称为"风骚"，对后世诗歌产生了深远影响。（　　）

A.《橘颂》　　　　　　B.《渔父》

C.《远游》　　　　　　D.《离骚》

知识拓展 5.3
"屈原文化研究
国际论坛"

学习活动

以"世界文化名人屈原"为主题开展一次交流研讨。课前全班分为四个小组，分别从屈原的生平经历、政治抱负、文学造诣和伟大人格等四个方面搜集资料，课上全班交流，用各自的资料呈现多方面、多维度的屈原，阐释为何他被誉为世界文化名人。

学习评价

组别			学习成果	世界文化名人屈原			
	评价内容						
一级目标	二级目标	分值	满分	学生自评	学生互评	教师评价	其他评价
学习理解	能有条理地阐释屈原被列为"世界四大文化名人"的原因和内涵	20～25	25				
	能介绍屈原成为世界文化名人的原因	15～20					
	能简单介绍屈原是世界文化名人	10～15					
文案构思	文案构思巧妙，吸引力强	20～25	25				
	文案介绍全面，结构清晰	15～20					
	文案包含端午节元素，特点不突出	10～15					

续表

组别			学习成果	世界文化名人屈原				
	评价内容			满分	学生自评	学生互评	教师评价	其他评价
	一级目标	二级目标	分值					
语言表达	语言表达精练，突出重点		20～25	25				
	语言表达流畅，陈述清楚		15～20					
	语言表达普通直白		10～15					
文化拓展	文案充分体现宜昌本地特点		20～25	25				
	文案基本体现宜昌本地特点		15～20					
	文案未体现宜昌本地特点		10～15					

课后拓展

屈原是世界文化名人，也是宜昌重要的文化符号，屈原在宜昌留下的文化痕迹，体现在哪些方面？请你搜集屈原在宜昌留下的文化痕迹，并于周末去现场打卡，以"拍照留念＋简单文案介绍"的形式，撰写调研资料，并在班级进行展示。

[主题四]

楚辞文学世界传播

● **学习情境**

为了进一步推广和弘扬屈原文化，宜昌拟举办"我为《楚辞》代言"活动，我校学生将参与其中，用英语朗诵《楚辞》选篇。

● **学习任务**

《楚辞》诗歌英文朗诵。

● **学习目标**

【知识目标】

1. 了解《楚辞》在日本、英国、法国和美国等国家的传播历史和影响。
2. 了解不同的《楚辞》英译本。

【能力目标】

1. 能够分析不同国家对《楚辞》的接受程度。
2. 能够用英语朗诵《楚辞》选篇。

【素养目标】

1. 培养对中华优秀文化的自豪感和传承意识。
2. 能够认识到《楚辞》在世界传播的意义和价值，提升对中华文化的自信和认同感。

新课导入

《楚辞》是中国文学史上第一部浪漫主义诗歌总集。汉代文学家刘向将屈原的作品和战国宋玉、汉代淮南小山、汉代东方朔、汉代王褒等人"承袭屈赋"的16篇作品编辑成集，后由东汉文学家王逸增入己作《九思》共成17篇。《楚辞》以屈原作品为主，其余各篇也是承袭屈赋的形式。本节课让我们走进《楚辞》，一起探索它是如何跨越语言和文化的障碍，通过翻译、研究和演绎而为世界所接纳和传播的。

一、《楚辞》的影响

开创浪漫主义先河：《楚辞》对整个中国文化系统有不同寻常的意义，其参差灵活的体裁，"寄情于物""托物以讽"的表现方式，开创了中国浪漫主义文学的先河。

首领文坛"风骚"：《楚辞》在中国诗史上占有重要的地位；后人也因此将《诗经》中的《国风》与《楚辞》中的《离骚》并称为"风骚"，代表了中国古典诗歌现实主义和浪漫主义创作的两大流派。

开辟个人独创：《楚辞》之后，中国诗歌开始了从集体歌唱到个人独立创作的新时代。

传递精神力量：《楚辞》中蕴含的深沉的爱国主义情怀和坚韧不拔的斗争精神给后世追求光明、坚持正义的仁人志士提供了强大的精神力量。

二、《楚辞》海外流传情况

屈原和《楚辞》一千多年来在世界上的传播影响甚广，从唐代开始就已走出国门、走向世界，在亚洲传播到日本、朝鲜、韩国、越南等国，在欧美传播到意大利、德国、英国、法国、俄罗斯、美国等国。《楚辞》走向世界是中国传统文化在世界传播的具体表现。

《楚辞》较早就流传海外，特别是在日本、朝鲜、韩国、越南等汉字文化圈国家。1581年，意大利传教士利玛窦来华，东方文明遂远播重洋，《楚辞》逐渐进入西方人的视野。1840年鸦片战争后，欧美世界开始广泛关注《楚辞》。

（一）《楚辞》在日本的传播

《楚辞》传至外国，最早是在日本。相传《楚辞》于公元730年传入日本，在《古事记》等古老的日本史书中就出现了《楚辞》中《渔父》的词句，《日本书纪》中又有《河伯》的词句，《万叶集》中的反歌就源于《楚辞》。

之后，日本人进行了翻译解说，即和训本。较早的是秦鼎的《〈楚辞〉灯校读》、龟井昭阳的《〈楚辞〉玦》等，之后一直不绝。西村硕园的《屈原赋说》，从规模和深度上看最具价值，现今只存前半部分，是日本楚辞学研究的权威性著作。

20世纪，日本的楚辞学研究取得了显著成绩，出版专著30部左右，发表论文约300篇。注释本主要有青木正儿的《新释〈楚辞〉》等。专门研究的著作有桥川时雄的《楚辞》、藤野岩友的《巫系文学论》等。

（二）《楚辞》在英国的传播

英国著名汉学家翟理思从1883年起，在其初版、二版《古文选珍》以及《儒家学派及其反对派》中，选译了《卜居》《渔父》和《九歌》中的《东皇太一》《云中君》《山鬼》《国殇》《礼魂》等。翟理思于1901年出版了《中国文学史》，其中第一章中编写了《楚辞》一节。翟氏《中国文学史》是欧美第一部系统的中国文学史，后被英国多所高校的东方语言文学系作为教材，在一定范围内普及了东方古国的文明。

1895年，英国著名汉学家里雅各发表文章《〈离骚〉及其作者》，在英语世界造成了较大的影响。

英国学者阿瑟·韦利在1916年出版了包括《九歌》与《离骚》在内的《中国诗选》，1918年又增译了《国殇》，与之前译作一起收入《汉诗170首》，该书被多次重印，并被翻译成多个语种，受到了英国乃至欧洲社会的热捧。1919年《中国诗增译》一书出版，收录了英译《大招》。韦利为20世纪东西方文化交流作出了卓越的贡献，第一次以译介的方式向欧美世界广泛传播了《楚辞》。

（三）《楚辞》在法国的传播

1870年，法国汉学家圣德尼侯爵组织翻译包括《离骚》在内的中国古典诗歌及《今古奇观》。为了介绍屈原其人，圣德尼侯爵还将《史记·屈原列传》的法译本作为参考文献附于《离骚》之后。

1886年，法国诗人埃米乐·布雷蒙翻译《离骚》，与《诗经》《乐府》等一并辑录于《中国诗歌》中，该书于巴黎出版，但谬误颇多，多处篡改了文意。

1926年，法国汉学家沙畹完成了对《史记》前41章的翻译，旁征博引中外各种资料注解《史记》。之后，沙畹还完成了《天问》的翻译。

（四）《楚辞》在德国的传播

1815年，德国文学家歌德曾积极尝试翻译《离骚》，虽未有结果却开创了德译《楚辞》的先河。

1852年，德国文学教授奥古斯特在《维也纳皇家科学院报告》上发表了《〈离骚〉和〈九歌〉：公元前三世纪中国诗二首》，全文使用德语对《离骚》《九歌》进行了翻译。奥古斯特力求保持译文与原文的一致，但由于文化的差异与《楚辞》意义的复杂性，该文在文化意义的传达与诠释方面尚显不足。

1887年，旨在"研究和传授中国文化知识"的东方语言学院在柏林成立，学院开设中国文学课程，其中包括《楚辞》的讲授。

1902年，德国著名汉学家顾路柏编写《中国文学史》，其中先秦文学主讲儒道思想作品与《楚辞》。

（五）《楚辞》在瑞典的传播

瑞典汉学家高本汉汉学功底扎实，掌握古籍考证和辨伪知识。1946年，他在《古代中国的传说和崇拜》与《周代中国的一些牺牲》中引用了《九歌》，对中国古代仪式作了阐发。

（六）《楚辞》在美国的传播

美国汉学起步于19世纪末，1923年英美两国同时出版《郊庙歌辞及其他》，收录英国汉学家韦利英译《离骚》和《九辩》，第一次在新大陆引入《楚辞》。

1932年，美国温纳尔氏编纂《中国神话辞典》，其中收录了《楚辞》中的潇湘二妃的传说。

1938年，嘉德纳出版了《美国图书馆中有关西方汉学研究书目》，包括了鸦片战争以后欧洲学者研习《楚辞》的一些重要著作，为欧美的《楚辞》学习者查阅相关资料提供了捷径。

1947年，纽约约翰戴书局出版英国诗人白瑛译编的《白马集》。其中收录《九歌》《九章》《离骚》等篇目，更为广泛地译介了《楚辞》篇目。

《楚辞》在世界范围内的传播和影响已有1400多年历史，从最初的收录和注释到现在的翻译和研究，《楚辞》在世界上愈发彰显其魅力。《楚辞》是中华民族优秀文化中的珍贵遗产，积极向海外推介《楚辞》有利于弘扬中华民族文化经典，增进国际文化交流，坚定历史自信和文化自信。随着中国综合国力的增强和文化的繁荣发展，中国源远流长的优秀传统文化和经典文化作品将在世界范围内备受关注，闪耀出更耀眼的光芒。

《楚辞》在世界上的传播

三、《楚辞》外文译本介绍

《楚辞》法译本。1870年，法国汉学家德理文出版了《楚辞》作品的第一个法语译本《离骚章句》。

《楚辞》英译本。最早英译《楚辞》的是英国汉学家道格拉斯，他于1874年在《学术》上发表了《评德理文侯爵的〈离骚〉》一文，同时节译了《渔父》一文。1879年，英国汉学家帕克在《中国评论》上发表了《离骚》，译文采用了维多利亚式的韵体诗形式，注重意译。1884年，英国外交官、汉学家翟理思在上海出版了《汉文琳琅》。作为西方第一本系统介绍中国古典文学的英译著作，该书译介了《卜居》《渔父》《山

鬼》。1901年他编撰出版了第一部英文版《中国文学史》，并在第一章里译介了《离骚》。1915年翟理思翻译了《东皇太一》《云中君》，1923年译介了《国殇》《礼魂》。1895年，英国诗人、牛津大学首任汉学教授理雅各在《英国皇家亚洲学会学报》上发表了论文《〈离骚〉及其作者》，介绍了屈原生平、文章特点及全文注释，具有很高的学术价值。

《楚辞》德译本。1939年，德国第一位楚辞学博士、汉学家何可思英译了《大司命》《少司命》两篇，发表于当时最著名的汉学期刊《通报》上。1928年，德国学者比亚拉斯发表《屈原的生平与诗作》。

《楚辞》日译本。日本代表性的《楚辞》译注有1941年桥本循的《译注楚辞》、1989年牧角悦子和福岛吉彦的《诗经·楚辞》、1983年目加田诚的《楚辞译注》等。

与欧美译者相比，中国或华裔学者英译《楚辞》起步较晚，但发展较快，为《楚辞》在海外传播发挥了巨大的推动作用。1929年，林文庆英译《离骚》。1942年，林语堂译介了《大招》。1953年，杨宪益、戴乃迭伉俪合作英译了《离骚》，在国际上产生了较大的影响。1992年，许渊冲英译了《离骚》《云中君》《湘君》等。自1929年林文庆英译《离骚》至今，《楚辞》英译仅历经90余载，但国内名家辈出，译作迭出，且译品上乘，为中华文化更好地在异域传播作出了不可磨灭的贡献。

《楚辞》外文译本介绍

《楚辞》许渊冲译本赏析

《楚辞》杨宪益译本赏析

学习小测

1. 《楚辞》最早传入以下哪个国家？（　　）
   A. 日本　　　　　　　B. 德国
   C. 美国　　　　　　　D. 英国

2. 以下哪位汉学家在1916年出版了包括《九歌》与《离骚》在内的《中国诗选》？（　　）
   A. 西村硕园　　　　　B. 圣德尼侯爵
   C. 许渊冲　　　　　　D. 阿瑟·韦利

3. 以下哪个国家的汉学家组织了翻译包括《离骚》在内的中国古典诗歌及《今古奇观》？（　　）
   A. 日本　　　　　　　B. 英国
   C. 法国　　　　　　　D. 美国

知识拓展 5.4
《楚辞》英译欣赏

学习活动

请以小组为单位，根据主题内容，参考"学习评价"，在班级内组织开展"英语吟诵《楚辞》，我为《楚辞》代言"的诗歌朗诵比赛。

学习评价

组别		学习成果	英语朗诵《楚辞》				
评价内容							
一级目标	二级目标	分值	满分	学生自评	学生互评	教师评价	其他评价
理解程度	能够准确描述楚辞文学的艺术特点和世界影响及传播	20～25	25				
	能够大致描述楚辞文学的艺术特点和世界影响及传播	15～20					
	对于楚辞文学的艺术特点和世界传播理解较为欠缺	10～15					
分析能力	能够准确分析楚辞文学对世界文学的影响和启示	20～25	25				
	能够大致分析楚辞文学对世界文学的影响和启示	15～20					
	对楚辞文学的影响和启示分析较为欠缺	10～15					
综合能力	能够准确评估楚辞文学在世界的地位和作用	20～25	25				
	能够粗略评估楚辞文学在世界的地位和作用	15～20					
	对楚辞文学地位和作用的评估较为欠缺	10～15					

续表

组别			学习成果	英语朗诵《楚辞》			
评价内容		分值	满分	学生自评	学生互评	教师评价	其他评价
一级目标	二级目标						
表达能力	能够清晰、流畅地用英语朗诵	20~25	25				
	能够较为清晰、流畅地用英语朗诵	15~20					
	英语朗诵欠佳，不够清晰、流畅	10~15					

请根据课堂讲解内容，进一步查阅资料，基于课堂活动，以小组为单位拍摄英语朗诵视频，并发布到社交平台，向身边人介绍《楚辞》的世界影响，弘扬屈原文化。

参考文献

[1] 屈原,等. 楚辞 [M]. 北京:三秦出版社,2019.
[2] 楚辞 [M]. 林家骊,译注. 北京:中华书局,2009.
[3] 楚辞 [M]. 吴广平,译注. 长沙:岳麓书社,2011.
[4] 钟兴永,李明,龚红林. 屈原与岳阳综论 [M]. 南京:南京大学出版社,2017.
[5] 屈原. 英译屈原诗选——外教社中国文化汉外对照丛书第一辑 [M]. 孙大雨,译. 上海:上海外语教育出版社,2007.
[6] 颜翔林. 楚辞美论 [M]. 上海:学林出版社,2001.
[7] 王福利. 楚辞是一本故事书 [M]. 延吉:延边教育出版社,2019.
[8] 沈从文. 中国古代服饰研究 [M]. 香港:商务印书馆,2011.
[9] 孙机. 华夏衣冠 [M]. 上海:上海古籍出版社,2016.
[10] 傅亚庶. 中国上古祭祀文化 [M]. 北京:高等教育出版社,2005.
[11] 礼记 [M]. 胡平生,张萌,译注. 北京:中华书局,2017.
[12] 刘志雄,杨静荣. 龙与中国文化 [M]. 北京:人民出版社,1992.
[13] 杨雨. 屈原传 [M]. 武汉:长江文艺出版社,2020.
[14] 常森. 屈原及其诗歌研究 [M]. 北京:北京大学出版社,2012.
[15] 张岂之. 略论我国古代祭祀文化的特点 [J]. 华夏文化,2007(2):4-7.
[16] 孟美蓉,秦晓梅. 诗祖屈原 [M]. 武汉:长江文艺出版社,2022.
[17] 周建忠. 屈原考古新证 [M]. 北京:中华书局,2019.
[18] 吴广平. 屈原赋通释 [M]. 南京:南京大学出版社,2017.
[19] 龚红林,何轩. 屈原文化版图考 [M]. 南京:南京大学出版社,2017.
[20] 何继恒. 中国古代屈原及其作品图像研究 [M]. 北京:中华书局,2019.
[21] 龚红林. 屈原精神传承接受史论 [M]. 北京:中华书局,2021.
[22] 余三定. 当代屈原学史 [M]. 南京:南京大学出版社,2020.

[23] 吴修丽．屈原：虽九死其犹未悔［M］．南京：河海大学出版社，2021．

[24] 陈涛．楚文化论［M］．北京：新华出版社，2021．

[25] 陈亮．欧美楚辞学论纲［M］．北京：中华书局，2020．

[26] 江少川．《大学语文》导读［M］．武汉：华中师范大学出版社，2006．

[27] 西渡．名家读古诗［M］．北京：中国计划出版社，2005．

[28] 施仲贞．《离骚》新论［M］．北京：中华书局，2019．

[29] 张璐．《楚辞》服饰文化研究［D］．北京：中央美术学院，2014．

[30] 李萍．情同文融，思与境偕——楚辞美学意蕴探析［D］．长沙：湖南师范大学，2019．

[31] 李拓．《楚辞》植物意象实证研究［D］．开封：河南大学，2010．

[32] 杨雯．楚辞风俗研究［D］．成都：四川师范大学，2010．

[33] 刘圆圆．《楚辞》西方翻译与研究的现状、问题及对策研究［D］．荆州：长江大学，2020．

[34] 吕斌华．汉语国际教育视野下《楚辞》的文化价值与对外传播［D］．太原：山西大学，2022．

[35] 刘志宏．《离骚》"香草美人"抒情模式研究［D］．北京：首都师范大学，2003．

[36] 辛欣．1644—1949《楚辞·九歌》研究［D］．哈尔滨：哈尔滨师范大学，2021．

[37] 王琳．《楚辞·九歌》与楚地祭祀文化研究［D］．广州：暨南大学，2005．

[38] 张喻．论楚辞《九歌》中的自然崇拜［D］．武汉：华中师范大学，2014．

[39] 方芳．论《九歌》的双重性质［D］．北京：中央民族大学，2005．

[40] 陈玉洁．《九歌》性质、神祇及"代拟"艺术研究［D］．芜湖：安徽师范大学，2003．

[41] 廖勇鹰．《天问》神话传说解读［D］．银川：北方民族大学，2017．

[42] 唐英．《天问》神话与传说研究［D］．广州：暨南大学，2006．

[43] 邹海燕，龚红林．论汨罗屈子文化园对楚辞文本的历史还原［J］．岳阳职业技术学院学报，2023（38）：48-53．

[44] 钟昱彬，龙子文．论《九歌》中神灵的人格化［J］．名作欣赏，2023（12）：60-63．

[45] 舒瑜欣．论楚辞美学对赵孟頫艺术精神的影响［J］．美与时代，2023（6）：16-22．

[46] 张姝，江岳．基于中国古典文学《楚辞·九歌》的IP形象设计研究［J］．艺术科技，2022（23）：147-176．

[47] 申前程．声韵谐美、奇谲缤纷——古典文学《楚辞》的文辞之美［J］．佳木斯大学社会科学学报，2022（2）：115-117．

[48] 安萍．"凤"意象研究——以《楚辞》为例［J］．汉字文化，2021（11）：57-58．

[49] 龚红林，余三定，锺兴永．论屈原的爱国情怀及其当代价值［J］．云梦学刊，2015（6）：53-60．

[50] 龚红林．屈原作品韩国传播考［J］．云梦学刊，2010（3）：46-51.

[51] 龚红林．从历代封崇看屈原精神软实力的生成［J］．武汉理工大学学报（社会科学版），2012（1）：81-89.

[52] 龚红林．端午祭祀屈原源流考［J］．云梦学刊，2013（3）：52-56.

[53] 龚红林．屈原庙与屈原精神的传承［J］．三峡论坛，2012（3）：38-41.

[54] 刘伟生．刘勰论楚辞源流［J］．株洲师范高等专科学校学报，2002（4）：38-41.

[55] 乔清举．论儒家的祭祀文化及其生态意义［J］．现代哲学，2012（4）：93-98.

[56] 霍彦儒．黄帝陵祭祀与中华文化自信［J］．长安大学学报（社会科学版），2017（9）：1-5.

[57] 王恩全．论"楚辞"赖以产生的文化基础［J］．沈阳农业大学学报（社会科学版），2005（1）：121-123.

[58] 蔡守湘，朱炳祥．南方文化其表 北方文化其骨——论《楚辞》产生的文化背景［J］．江汉论坛，1992（6）：45-50.

[59] 江玉娥，饶晓明．楚地歌谣衍化为楚辞的渊源溯［J］．湖北省社会主义学院学报，2005（5）：47-48.

[60] 何林福．屈原精神之研究［J］．岳阳职业技术学院学报，2018（2）：11-18.

[61] 周若彤，马家骏，黄锐．屈原文化的对外传播策略研究［J］．E动时尚，2022（8）：115-117.

[62] 张佳．端午节的"屈原情结"与文化意义［J］．文化学刊，2019（11）：131-133.

[63] 袁训利，豆艳荣．关于世界文化名人屈原［J］．历史教学，2004（10）：68.

[64] 万建中．非物质文化遗产与"物质"的关系——以民间传说为例［J］．北京师范大学学报（社会科学版），2006（6）：45-49.

[65] 程世和．"屈原困境"与中国士人的精神难题［J］．中国文学研究，2005（1）：32-37.

[66] 安德明．口碑的力量——从传说看屈原形象的多样性［J］．民间文化论坛，2023（5）：31-38.

[67] 余远国，王曦萱，伍丹．对湖北非遗枝江楠管抢救保护及传承发展的思考［J］．中国民族博览，2020（6）：51-53.

[68] 咸立强．"《屈原》唱和"与话剧《屈原》的经典化［J］．华南师范大学学报（社会科学版），2019（3）：160-167.

[69] 李一赓．楚地人杰兮傲四海 九歌余韵兮传八方 观话剧《屈原》［J］．中国戏剧，2023（7）：50-51.

[70] 陈瑶瑶，周建忠．唐代书写屈原诗歌中的楚辞引用［J］．三峡论坛，2020（6）：60-64.

[71] 刘萍．欧美当代楚辞研究述评［J］．湘潭大学学报（哲学社会科学版），2021（2）：190-192.

[72] 吴伟昌．多重品读 对话赏读 个性解读——《离骚》教学设计及反思［J］．语文建设，2010（9）：14-16．

[73] 姚小鸥．离别之痛：《离骚》的意旨与篇题［J］．文史哲，2007（4）：120-126．

[74] 赵沛霖．两种人生观的抉择——关于《离骚》的中心主题和屈原精神［J］．北京大学学报（哲学社会科学版），2008（3）：59-64．

[75] 潘啸龙．《离骚》的抒情结构及意象表现［J］．中国社会科学，1993（11）：181-192．

[76] 郑承志，李郑迪．屈平乡国逢重五 湖北省秭归县龙舟民俗浅谈［J］．民族大家庭，2023（6）：35-36．

[77] 付珺．我为名人讲屈原［J］．湖北文史，2011（6）：207-215．

[78] 肖明雅，叶劲松．旅游品牌视觉形象设计——以"屈原故里"为例［J］．艺术家，2022（11）：11-13．

[79] 高华平．屈原"美政"思想与楚国的诸子学［J］．江汉论坛，2010（2）：60-67．

[80] 唐祖敏．论屈原的忧患意识［J］．梧州学院学报，2006（4）：54-58．

[81] 田贵华．屈原爱国主义的内涵、价值及其传扬［J］．学校党建与思想教育，2020（17）：10-14．

[82] 许富宏，赵迎迎．屈原以直谏为廉及其当代启示［J］．廉政文化研究，2019（2）：86-90．

[83] 谭家斌．屈原廉政文化内涵的挖掘与利用［J］．三峡大学学报（人文社会科学版），2015（3）：5-8．

[84] 罗漫．《天问》的博问与多重价值［J］．社会科学战线，1993（4）：224-229．

[85] 陈全新．从《天问》看屈原的怀疑精神［J］．青海社会科学，2008（2）：127-132．

[86] 曹胜高．《天问》的原创意图［J］．云梦学刊，2006（4）：43-47．

[87] 李鲜兰．《天问》中屈原对天道观怀疑思想的分析［J］．江西电力职业技术学院学报，2019（12）：167-168．

[88] 李丽．从《天问》看屈原的唯物思想［J］．廊坊师范学院学报，2005（4）：36-37．

[89] 丁文祥．数字革命与竞争国际化［N］．大众科技报，2000-11-20（15）．

[90] 让屈原文化从宜昌走向世界——市政协为打响屈原文化品牌聚智献力［N］．人民融媒体，2022-06-29．

与本书配套的二维码资源使用说明

本书部分课程及与纸质教材配套数字资源以二维码链接的形式呈现。利用手机微信扫码成功后提示微信登录，授权后进入注册页面，填写注册信息。按照提示输入手机号码，点击获取手机验证码，稍等片刻就会收到4位数的验证码短信，在提示位置输入验证码成功，再设置密码，选择相应专业，点击"立即注册"，注册成功（若手机已经注册，则在"注册"页面底部选择"已有账号？立即登录"，进入"账号绑定"页面，直接输入手机号和密码登录）。接着提示输入学习码，须刮开教材封底防伪涂层，输入13位学习码（正版图书拥有的一次性使用学习码），输入正确后提示绑定成功，即可查看二维码数字资源。手机第一次登录查看资源成功以后，再次使用二维码资源时，在微信端扫码即可登录进入查看（如申请二维码资源遇到问题，可联系肖丽华：13971168992）。